内蒙古自治区社会经济发展蓝皮书·第三辑

总主编 / 杜金柱　侯淑霞

内蒙古自治区
服务贸易发展报告
（2018）

主　编＼曹　荣　申秀清
副主编＼卢迪颖　汤晓丹　于海波　杨　娇

THE REPORT OF SERVICE TRADE
DEVELOPMENT IN INNER MONGOLIA（2018）

☆内蒙古规划办课题基金（2016NDC128）
☆内蒙古教育厅课题基金（NJSY16130）

经济管理出版社
ECONOMY & MANAGEMENT PUBLISHING HOUSE

图书在版编目（CIP）数据

内蒙古自治区服务贸易发展报告.2018/曹荣，申秀清主编.—北京：经济管理出版社，2019.2
ISBN 978-7-5096-6348-6

Ⅰ.①内⋯　Ⅱ.①曹⋯②申⋯　Ⅲ.①服务贸易—贸易发展—研究报告—内蒙古　Ⅳ.①F752.68

中国版本图书馆 CIP 数据核字（2019）第 017141 号

组稿编辑：王光艳
责任编辑：李红贤
责任印制：黄章平
责任校对：王淑卿

出版发行：经济管理出版社
（北京市海淀区北蜂窝 8 号中雅大厦 A 座 11 层　100038）

网　　址：	www.E-mp.com.cn
电　　话：	（010）51915602
印　　刷：	北京虎彩文化传播有限公司
经　　销：	新华书店
开　　本：	720mm×1000mm/16
印　　张：	19
字　　数：	320 千字
版　　次：	2019 年 8 月第 1 版　2019 年 8 月第 1 次印刷
书　　号：	ISBN 978-7-5096-6348-6
定　　价：	98.00 元

·版权所有　翻印必究·

凡购本社图书，如有印装错误，由本社读者服务部负责调换。
联系地址：北京阜外月坛北小街 2 号
电话：（010）68022974　　邮编：100836

内蒙古自治区社会经济发展蓝皮书·第三辑

丛书编委会

总主编： 杜金柱　　侯淑霞

编　委： 金　桩　　柴国君　　王世文　　王香茵　　冯利伟　　冯利英
　　　　　 吕　君　　许海清　　吕喜明　　张术麟　　张启智　　张建斌
　　　　　 金　良　　娜仁图雅(1)　　娜仁图雅(2)　　　　　　　赵秀丽
　　　　　 徐全忠　　陶克涛　　曹　荣　　贾智莲　　张智荣　　曹　刚

总 序

2018年是党的十九大的开局之年和改革开放40周年,在以习近平同志为核心的党中央坚强领导下,内蒙古自治区各族人民深入学习贯彻党的十九大和十九届二中、三中全会精神,全面落实党中央、国务院的决策部署,积极应对各种困难和挑战,锐意进取,扎实工作,全区经济社会持续健康发展,地区生产总值增长5.3%,一般公共预算收入增长9.1%,城乡常住居民人均可支配收入分别增长7.4%和9.7%,取得了令人瞩目的成绩,唤起了社会各界深度了解内蒙古自治区社会经济发展情况的迫切愿望。

为系统描绘内蒙古自治区社会经济发展的全景图谱,为内蒙古自治区社会经济发展提供更多的智力支持和决策信息服务,2013年、2016年,内蒙古财经大学分别组织校内学者编写了《内蒙古自治区社会经济发展研究报告丛书》,两套丛书出版以来,受到社会各界的广泛关注,也成为社会各界深入了解内蒙古自治区的一个重要窗口。2019年,面对过去一年社会经济发展形势的风云激荡,内蒙古财经大学的专家学者们再接再厉,推出全新的《内蒙古自治区社会经济发展蓝皮书》,丛书的质量和数量均有较大提升,力图准确诠释2018年内蒙古自治区社会经济发展的诸多细节,以文思哲为中华人民共和国成立70周年献礼。书目包括《内蒙古自治区体育产业发展报告(2018)》《内蒙古自治区服务贸易发展报告(2018)》《内蒙古自治区劳动力市场发展研究报告(2018)》《内蒙古自治区财政发展报告(2018)》《内蒙古自治区区域经济综合竞争力发展报告(2018)》《内蒙古自治区文化产业发展研究报告(2018)》《内蒙古自治区社会保障发展报告(2018)》《内蒙古自治区工业发展研究报告(2018)》《内蒙古自治区投资发展报告（2018）》《内蒙古自治区资源环境发展研究报告（2018）》《内蒙古自治区"双创"指数研究报告（2018）》《内蒙古自治区云计算产业发展报告（2018）》《内蒙古自治区农业发展报告（2018）》《内蒙古自治区战略性新兴产业发展报告（2018）》《蒙古国经济发展现状与展望（2018）》《内蒙古自治区金融发展报告（2018）》《内蒙古自治区旅游业发展报告（2018）》《内蒙古自治区物流业发展报告（2018）》《内蒙古自治区能源发展报告（2018）》《内蒙古自治区对外经济贸易发展研究报告（2018）》《内蒙古自治区中小企业研究报告（2018）》《内蒙古自治区区域经济发展报告（2018）》《内蒙古自治区商标品牌发展报告（2018）》《内蒙古自治区知识产权发展报告（2018）》。

中国特色社会主义进入新时代的伟大实践，需要独有的思想意识、价值意念和技术手段的支持，从而形塑更高层次的经济和社会发展格局。以习近平中国特色社会主义思想为指引，践行社会主义核心价值观，筑牢使命意识，恪守学术操守，应是当代中国学者的既有担当。正是基于这样的基本态度，我们编撰了本套丛书，丛书崇尚学术精神，坚持专业视角，客观务实，兼容并畜，兼具科学研究性、实际应用性、参考指导性，希望能给读者以启发和帮助。

丛书的研究成果或结论属个人或研究团队的观点，不代表单位或官方结论。受客观环境及研究者水平所限，特别是信息、技术、价值观等迭代加速以及杂多变国内外形势复杂多见，社会科学研究精准描述的难度和发展走向的预测难度增大，如若书中结论存在不足之处，恳请读者指正。

编委会

2019 年 7 月

目 录

第一章 综述 ·· 1

一、内蒙古自治区宏观经济运行状况 ··· 2
二、内蒙古自治区服务贸易发展现状及特征 ·· 7
三、内蒙古自治区服务贸易发展影响因素分析 ·· 11
四、内蒙古自治区服务贸易发展存在的问题 ··· 12
五、内蒙古自治区服务贸易发展对策分析 ·· 13
六、内蒙古自治区服务贸易发展保障体系 ·· 15

第二章 国际服务外包 ··· 17

一、内蒙古自治区发展服务外包的背景及特点 ·· 18
二、中国国际服务外包的成就 ·· 22
三、内蒙古自治区服务外包的机遇与挑战 ·· 24
四、内蒙古自治区发展服务外包的对策建议 ··· 30
五、服务外包的前景展望 ·· 34

第三章 国际运输服务 ··· 37

一、国际运输服务贸易概述 ··· 38
二、中国国际运输服务贸易发展总体情况及问题 ··· 40
三、中国主要国际运输形式及服务贸易情况 ··· 42

四、内蒙古自治区运输物流业发展现状及问题分析 …………… 44

第四章　国际工程服务 ………………………………………… 56
一、国际工程服务概述 …………………………………………… 57
二、中国对外承包工程服务发展现状分析 ……………………… 63
三、中国对外劳务合作现状分析 ………………………………… 65
四、对外承包工程和劳务合作发展现状及对策建议 …………… 70

第五章　国际旅游服务 ………………………………………… 76
一、内蒙古自治区国际旅游服务发展背景分析 ………………… 77
二、内蒙古自治区旅游服务业发展现状 ………………………… 78
三、内蒙古自治区旅游服务贸易面临的机遇与挑战 …………… 85
四、内蒙古自治区旅游服务贸易发展对策建议 ………………… 87

第六章　国际金融服务 ………………………………………… 94
一、发展金融服务贸易的必要性 ………………………………… 95
二、金融服务贸易的发展现状 …………………………………… 97
三、中国金融服务贸易发展过程中出现的问题 ………………… 99
四、内蒙古自治区金融服务贸易现状分析 ……………………… 101
五、内蒙古自治区促进金融服务贸易发展的对策建议 ………… 104

第七章　国际会展服务 ………………………………………… 110
一、内蒙古自治区国际会展服务贸易背景分析 ………………… 112
二、内蒙古自治区会展服务业发展现状 ………………………… 116
三、内蒙古自治区国际会展服务贸易发展面临的机遇与挑战 … 123
四、对策建议 ……………………………………………………… 124

第八章　国际教育服务 ………………………………………… 128
一、内蒙古自治区教育服务贸易发展背景分析 ………………… 130
二、内蒙古自治区教育服务贸易发展现状及特点 ……………… 131

三、内蒙古自治区教育服务贸易发展的机遇与挑战 …………… 136
　　四、内蒙古自治区教育服务贸易发展对策建议 ………………… 139

第九章　国际文化服务 ……………………………………………… 142
　　一、内蒙古自治区国际文化服务贸易发展背景分析 …………… 143
　　二、内蒙古自治区国际文化服务贸易发展现状及特点 ………… 147
　　三、内蒙古自治区国际文化服务贸易发展机遇与挑战 ………… 149
　　四、内蒙古自治区国际文化服务贸易发展对策建议 …………… 151

第十章　国际医疗服务 ……………………………………………… 154
　　一、内蒙古自治区国际医疗服务贸易发展背景分析 …………… 155
　　二、内蒙古自治区国际医疗服务贸易发展现状及特点 ………… 159
　　三、内蒙古自治区国际医疗服务贸易发展机遇与挑战 ………… 161
　　四、内蒙古自治区国际医疗服务贸易发展对策建议 …………… 163

第十一章　国际服务贸易发展的趋势及经验 ……………………… 165
　　一、国际服务贸易发展趋势 ……………………………………… 166
　　二、国外主要国家服务贸易发展状况 …………………………… 171
　　三、国际服务贸易保护政策的比较、选择及效应分析 ………… 179

第十二章　中国国际服务贸易现状及特点 ………………………… 184
　　一、中国国际服务贸易发展总体情况 …………………………… 185
　　二、中国服务贸易出口竞争力观察分析与发展展望 …………… 189
　　三、影响中国服务贸易可持续发展的主要问题 ………………… 193
　　四、中国主要服务贸易试点城市服务贸易发展现状及经验 …… 195
　　五、中国服务贸易可持续发展的路径选择 ……………………… 199

第十三章　内蒙古自治区现代服务业发展研究 …………………… 203
　　一、内蒙古自治区发展现代服务业的背景及意义 ……………… 204
　　二、内蒙古自治区服务业发展现状 ……………………………… 205

三、内蒙古自治区现代服务业发展中存在的主要问题……………… 209

四、内蒙古自治区服务业发展对经济增长影响的实证分析………… 211

五、促进内蒙古自治区服务业发展和经济增长的合理化建议……… 216

第十四章 "中蒙俄经济走廊"背景下内蒙古自治区服务业"走出去"战略研究………………………………………………………… 221

一、内蒙古自治区服务业"走出去"的必要性…………………… 222

二、内蒙古自治区服务业"走出去"的有利因素………………… 224

三、内蒙古自治区服务业"走出去"进程中的制约因素………… 225

四、推动内蒙古自治区服务业"走出去"的对策建议…………… 228

第十五章 内蒙古自治区口岸服务贸易发展研究………………… 231

一、内蒙古自治区口岸发展概况…………………………………… 232

二、内蒙古自治区口岸服务贸易发展……………………………… 243

第十六章 改革开放40年内蒙古自治区服务贸易发展历程与展望… 252

一、中国服务贸易发展历程与内蒙古自治区建设………………… 253

二、内蒙古自治区服务贸易繁荣发展……………………………… 256

附录 加快发展服务贸易文件汇总…………………………………… 259

参考文献………………………………………………………………… 287

第一章

综述

　　服务贸易作为中国外贸增长的新动力，稳就业、稳增长、稳预期，其重要性正日益凸显。2019年3月5日，国务院总理李克强向第十三届全国人民代表大会报告政府工作，提出"推动服务贸易创新发展"，推动中国全方位对外开放，培育国际经济合作和竞争新优势。内蒙古自治区作为中国向北开放的前沿，发展泛口岸经济，繁荣口岸服务业，必将进一步推进自治区服务贸易发展。

一、内蒙古自治区宏观经济运行状况

当前,中国与"一带一路"沿线国家服务贸易增速不断加快。2018 年 9 月 21 日发布的中华人民共和国商务部首个全面梳理"一带一路"经贸合作的报告——《中国"一带一路"贸易投资发展研究报告》中的统计数据显示,2017 年,中国与"一带一路"沿线国家服务贸易总额达 977.57 亿美元,同比增长 18.4%,占中国服务贸易总额的 14.1%。整体来看,中国与"一带一路"沿线国家在建筑领域的服务贸易合作发展较快,未来还需要加强其他领域的服务贸易合作,从而推进"一带一路"服务贸易国际合作迈向更高的水平。

面对错综复杂的宏观环境,内蒙古自治区积极推进供给侧结构性改革,努力促进新旧动能加速转换,坚持发挥优势和补齐短板共同推进、调整存量和做优增量同步进行的发展策略,使"十二五"后内蒙古自治区经济运行总体平稳、稳中有进、稳中提质、稳中向好,基本上实现了经济社会发展的总目标。

(一)发展概况

2017 年,内蒙古自治区全区实现地区生产总值 16103.2 亿元,按可比价格计算,比上年增长 4.0%。其中,第一产业增加值为 1647.2 亿元,增长 3.7%;第二产业增加值为 6408.6 亿元,增长 1.5%;第三产业增加值为 8047.4 亿元,增长 6.1%;三次产业比例为 10.2∶39.8∶50.0(见图 1-1)。第一、第二、第三产

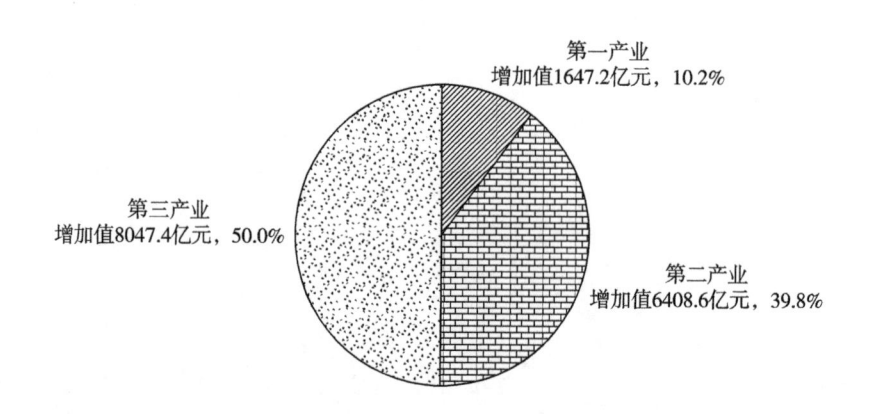

图 1-1 2017 年内蒙古自治区三次产业增加值占比分布

业对生产总值增长的贡献率分别为10.3%、14.8%和74.9%。人均生产总值达到63786元，比上年增长3.6%①。

（二）内蒙古自治区经济运行的特点

1. 农牧业基础继续巩固

种植业基本保持平稳。粮食生产克服干旱等自然灾害影响，2017年全年农作物总播种面积达798.3万公顷，比上年增长0.8%。其中，粮食作物播种面积575.8万公顷，下降0.5%；经济作物播种面积222.5万公顷，增长4.1%。粮食总产量为2768.4万吨，比上年下降0.4%；油料产量为222.7万吨，增长1.2%；甜菜产量为363.0万吨，增长36.4%；蔬菜产量为1364.6万吨，下降9.2%；水果（含果用瓜）产量为340.8万吨，增长7.7%。全区牧业年度牲畜存栏头数达12614.8万头（只），比上年下降7.2%；牲畜总增头数7148.6万头（只），总增长率达52.6%。牧业年度良种及改良种牲畜总头数为11392.9万头（只），良种及改良种牲畜的比重达90.3%。全年肉类总产量为267.6万吨，比上年增长3.4%。其中，猪肉产量达73.5万吨，增长2.0%；牛肉产量达59.5万吨，增长7.0%；羊肉产量达104.1万吨，增长5.2%。牛奶产量为693.0万吨，下降5.6%；禽蛋产量为53.2万吨，下降8.3%。土地确权实测面积完成81%，草原确权承包工作完成90%以上，龙头企业与农牧民利益联结机制进一步完善。2017年年末，全区城镇建立各种社区服务设施4469个，比上年增长7.5%。其中，社区服务中心984个。全区各类社会福利院床位1.7万张，各类福利院收养人数0.8万人②。

2. 工业经济实现提质增效

2017年，内蒙古自治区全年全部工业增加值达5109.0亿元，比上年增长3.6%。其中，规模以上工业企业增加值增长3.1%。在规模以上工业企业中，国有控股企业增加值增长15.3%，股份制企业增加值增长2.8%，外商及港澳台投资企业增加值增长5.8%；轻工业增加值下降9.7%，重工业增加值增长5.4%。2017年，全区规模以上工业企业实现主营业务收入比上年增长13.7%，实现利

---

①② 内蒙古自治区统计局. 内蒙古自治区2017年国民经济和社会发展统计公报[EB/OL]. http://nmgtj.gov.cn/nmgttj/tjgb/webinfo/2018/03/1520670790330259.htm, 2018-03-25.

润增长 1.2 倍。全年规模以上工业企业产品销售率为 98.2%，产成品库存额增长 8.8%。从主要工业产品产量来看，全区原煤产量达 90597.3 万吨，比上年增长 7.1%；焦炭产量达 3046.4 万吨，增长 8.2%；天然气产量为 299.5 亿立方米，增长 0.1%；发电量达 4435.9 亿千瓦时，增长 12.3%，其中风力发电量为 551.4 亿千瓦时，增长 18.8%；钢材产量 2002.7 万吨，增长 18.0%；铝材产量 214.6 万吨，下降 9.1%。

3. 投资结构调整加快

2017 年，内蒙古自治区全年全社会固定资产投资总额为 14404.6 亿元，比上年下降 6.9%。其中，500 万元以上项目完成固定资产投资 14219.3 亿元，下降 7.0%。从投资主体来看，国有经济单位投资 6647.5 亿元，集体单位投资 92.6 亿元，个体投资 225.5 亿元，其他经济类型单位投资 7439.0 亿元。从三次产业投资看，第一产业投资 891.1 亿元，增长 15.0%；第二产业投资 5617.6 亿元，下降 13.4%；第三产业投资 7895.9 亿元，增长 11.6%。按项目隶属关系分，地方项目完成投资 13746.6 亿元，中央项目完成投资 657.9 亿元。

2017 年，内蒙古自治区全年建筑业增加值为 1300.7 亿元，比上年下降 5.9%；全区具有建筑业资质等级的建筑施工企业 1010 家，比上年增加 19 家；施工企业房屋建筑施工面积 5453.9 万平方米，下降 13.3%；竣工房屋面积 2031.5 万平方米，下降 20.0%；房屋建筑竣工率为 37.2%。全年具有建筑业资质等级的建筑企业实现利润 56.6 亿元，比上年增长 13.2%。开工项目 17404 个，下降 11.5%；在建项目投资总规模达 39027.9 亿元，增长 5.6%。全年房地产开发投资额达 889.7 亿元。商品房待售面积为 1265.6 万平方米，下降 8.6%。

4. 消费活跃结构升级

2017 年，全年社会消费品零售总额达 7160.2 亿元，比上年增长 6.9%。按经营单位所在地分，城镇实现社会消费品零售额 6454.6 亿元，占社会消费品零售总额的 90.1%，增长 6.6%；乡村实现社会消费品零售额 705.6 亿元，增长 9.5%。

5. 对外贸易增幅较大

2017 年，内蒙古自治区全年海关进出口总额达 942.4 亿元，比上年增长 22.8%。其中，出口总额为 334.8 亿元，增长 15.8%；进口总额为 607.7 亿元，增长 27.0%。从主要贸易方式来看，一般贸易进出口额达 535.3 亿元，占进出口总额的56.8%；边境小额贸易进出口额达302.9亿元；加工贸易进出口额达22.7亿元。全年实际使用外商直接投资额31.5亿美元。年内全区在工商部门注册的外商投资企业有3453家，比上年增加91家。新设立外商投资企业50家。

6. 消费价格上涨较慢

2017年，居民消费价格总水平比上年上涨1.7%。分城乡来看，城市上涨1.7%，农村牧区上涨1.6%。分八大类消费类别来看，呈现"七升一降"。衣着上涨1.3%，生活用品及服务上涨0.7%，教育文化和娱乐上涨1.0%，医疗保健上涨10.0%，居住价格上涨1.7%，交通和通信上涨1.4%，其他用品和服务上涨1.2%，食品烟酒价格下降0.2%。从工业生产者角度来看，工业生产者购进价格和出厂价格分别上涨6.3%和10.6%。固定资产投资价格上涨3.4%，农产品生产价格下降4.4%。

7. 居民收入稳定增长

2017年，全体居民人均可支配收入达26212元，比上年增长8.6%，扣除价格因素后实际增长6.8%。全体居民人均生活消费支出为18946元，增长4.8%。城镇常住居民人均可支配收入为35670元，比上年增长8.2%，扣除价格因素后实际增长6.4%。从主要收入构成来看，工资性收入为21707元，增长6.6%；经营净收入为6349元，增长16.2%；财产净收入为1824元，增长5.3%；转移净收入为5789元，增长6.8%。城镇常住居民人均生活消费支出为23638元，增长3.9%。农村牧区常住居民人均可支配收入为12584元，比上年增长8.4%，扣除价格因素后实际增长6.7%。从主要收入构成来看，工资性收入为2649元，增长8.2%；经营净收入为6385元，增长2.7%；财产净收入为515元，增长13.8%；转移净收入为3036元，增长21.8%。农村牧区常住居民人均生活消费支出12184元，增长6.3%。城镇居民家庭恩格尔系数为27.4%，农村牧区居民家庭恩格尔系数为27.8%，分别比上年下降0.9个和1.5个百分点。

8. 供给侧结构性改革成效明显

(1) "三去一降一补"措施有效推行。2017年，内蒙古继续化解过剩产能，减少低端和无效供给，退出810万吨煤炭、55万吨钢铁产能，取缔"地条钢"243万吨。坚持分类指导、因城施策，商品房待售面积下降8.6%。扎实做好"去杠杆"工作，工业企业资产负债率继续下降。防范处置非法集资和乱办金融风险，开展农村牧区高利贷综合治理。推进简政放权、减税降费、电力市场化改革，降低实体经济成本。突出重点补短板，民生领域、生态环境、基础设施、"三农三牧"、科技创新等薄弱环节得到加强。乌兰浩特至白城快速铁路、呼和浩特至集宁高铁建成通车，赤峰、通辽京沈高铁连接线建设进展顺利，建制嘎查村通硬化路目标提前实现。

（2）加快产业转型升级。认真落实习近平总书记"五个结合"的要求，着力转变发展方式，促进资源转化增值。改造升级传统产业，产业链条进一步延伸，煤电、煤化一体化比重达90%以上，工业企业利润率明显上升。新能源、新材料、电子通信等产业增长较快，稀土化合物产能、云计算服务器承载能力居全国第一。农牧业结构进一步优化，粮食产量连续5年稳定在550亿斤以上，牧业年度牲畜存栏连续13年稳定在1亿头（只）以上。旅游、文化、体育、健康、养老、会展等服务业加快发展，游客总人数超过1亿人次，旅游总收入连续7年增长20%以上。发挥科技创新对产业升级的引领作用，建成自治区科技成果交易平台，设立协同创新股权投资基金，新培育自治区级众创空间93家，新增国家级高新技术开发区1家。蒙医学等13个新增博士学位授权点通过评审。内蒙古大学成为教育部和自治区合建高校，生物学入选国家一流学科建设项目。科技部与自治区共建草原家畜繁育国家重点实验室获得批准，实现省部共建国家重点实验室零的突破。

（3）加快改革开放步伐。持续推进简政放权、放管结合、优化服务改革，全面推行"多证合一"和"双随机、一公开"监管，向社会公布行政许可证明事项清单。国有企业混合所有制改革取得新进展。公立医院全部取消药品加成，分级诊疗试点实现盟市全覆盖，154家定点医疗机构接入国家跨省异地就医系统。土地确权实测面积完成81%，草原确权承包工作完成90%以上，龙头企业与农牧民利益联结机制进一步完善。财税金融、国土资源、行政执法等领域改革进一步深化。全面扩大对外开放，推进"一带一路"、中蒙俄经济走廊建设，中欧班列实现常态化运行，对外贸易保持快速增长，进出口总额超过900亿元、增长22.8%，口岸过货量稳中有增。成功举办外交部内蒙古自治区全球推介活动、第二届中蒙博览会、阿斯塔纳世博会内蒙古活动周，向国内外展示了内蒙古自治区繁荣、进步、开放、和谐的美好形象。

9. 人口总量平稳增长

2017年年末，全区常住人口为2528.6万人，比上年增加8.5万人。其中，城镇人口为1568.2万人,乡村人口为960.4万人;常住人口城镇化率达62.0%,比上年提高0.8个百分点。男性人口为1305.2万人,女性人口为1223.4万人。全年出生人口为23.9万人,出生率为9.47‰;死亡人口为14.5万人,死亡率为5.74‰;人口自然增长率为3.73‰。

二、内蒙古自治区服务贸易发展现状及特征

2017年,内蒙古自治区第三产业增加值为8047.4亿元,占生产总值的比重为50.0%,比上一年增长6.1%;是从2002年以来,在2015年首次快于第二产业增速0.1个百分点之后的继续提高;第三产业对生产总值增长的贡献率为74.9%。内蒙古自治区服务业呈蓬勃发展之势,服务业占GDP的比重逐年上升,三次产业结构逐渐优化,互动融合发展的趋势有所增强。伴随内蒙古自治区服务业的发展,内蒙古服务经济发展的理念在社会各界的地位和影响正逐渐增强,服务贸易作为促进外贸转型升级的重要支撑、推进供给侧结构性改革的重要抓手和大众创业、万众创新的重要载体,逐步受到内蒙古自治区社会各界的重视。

2016年5月21日,为贯彻落实《国务院关于加快发展服务贸易的若干意见》(国发〔2015〕8号)精神,加快发展内蒙古自治区服务贸易,扩大服务贸易规模,提升服务贸易质量和效益,打造服务贸易竞争新优势,内蒙古自治区人民政府发布了《关于加快发展服务贸易的实施意见》(内政发〔2016〕57号),作为指导内蒙古发展服务贸易的纲领性文件。现将内蒙古自治区服务贸易的发展现状归纳如下:

(一)服务贸易发展相对滞后

内蒙古自治区(以下简称内蒙古)东、西、南与8省区毗邻,跨越三北(华北、西北、东北)、靠近京津,北部同蒙古、俄罗斯接壤,得天独厚的地缘优势为内蒙古的外贸发展提供了先决条件,也使内蒙古成为国家向北开放的桥头堡。外贸进出口结构不断调整。"十三五"以来,内蒙古外贸进出口稳中有升。以人民币计算,内蒙古2016年外贸进出口为767.4亿元,2017年创940.9亿元的历史新高。2018年上半年,内蒙古外贸进出口为499.7亿元,较2017年同期(下同)增长1.4%。其中,出口185.8亿元,增长9.2%,进口313.9亿元,下

降2.7%。"十三五"以来，内蒙古自治区外贸整体运行稳中有升，但在贸易发展过程中，结构性问题凸显、加工贸易发展缓慢和企业发展过程中存在的外贸质量亟待提升、产业脱节、人才短缺等问题，不同程度地影响着内蒙古自治区外贸又好又快地发展。"十三五"以来，内蒙古自治区外贸运行的主要特点如下：

一是年度进出口平稳运行，月度有高点出现。"十三五"以来，内蒙古外贸月度进出口平稳运行，月度增幅呈现波动走势。自2017年4月首次突破90亿元的高点后，时隔1年时间，内蒙古进出口在2018年5月再次出现96.8亿元的历史高点，6月为80.6亿元，同比下降5.1%，环比下降16.7%。

二是一般贸易占据主导地位，所占比重均超过五成。"十三五"以来，内蒙古外贸贸易结构相对稳定，一般贸易占据主导地位。2016年，内蒙古以一般贸易方式进出口达427.9亿元，占同期内蒙古外贸进出口总值的（下同）55.8%；2017年为537.5亿元，占57.1%；2018年上半年为275.7亿元，占55.2%，所占比重较去年同期回落3.1个百分点。

三是民营企业成为外贸绝对主力，所占比重均保持在七成以上。"十三五"以来，内蒙古外贸企业结构稳定，民营企业成为绝对主力。2016年、2017年内蒙古民营企业进出口分别为541.4亿元、713.7亿元，占全区进出口总值的比重分别为70.5%和75.9%；2018年上半年内蒙古民营企业进出口为357.4亿元，占比71.5%。

四是蒙古和俄罗斯为最主要贸易伙伴，在进出口总额的占比近50%。"十三五"以来，内蒙古外贸伙伴主要是蒙古和俄罗斯。内蒙古2016年对蒙古进出口185.7亿元，占24.2%，对俄进出口183.2亿元，占23.9%，二者合计占48.1%；2017年对蒙古进出口264.1亿元，占28.1%，对俄进出口205.7亿元，占21.9%，二者合计占49.9%；2018年上半年对蒙古进出口148.7亿元，占29.8%，对俄进出口98.5亿元，占19.7%，二者合计占49.5%。

五是进出口商品结构稳定，进口单一，以资源性商品为主，出口以机电产品等传统产品为主，地方特色产品出口欠缺。"十三五"以来，内蒙古出口商品结构相对稳定，其中农产品、有机化学品、钢材、机电产品和服装及其附件为主要出口品种，农产品出口成为拉动内蒙古出口贸易的新动力。上述五大商品2016年出口合计占当年出口总值的80.5%；2017年出口合计占当年出口总值的73.8%；2018年上半年占77.2%。

2016年，内蒙古出口前10位的商品合计值为249.6亿元，占同期内蒙古出口总值的86%。2017年，内蒙古出口前10位的商品合计值为291.8亿元，占同期内蒙古出口总值的88.2%，比2016年同期所占比重提高了2.2个百分点。2018年上半年，内蒙古出口前10位的商品合计值为169.9亿元，占同期内蒙古出口总值的91.4%。

"十三五"以来，内蒙古进口仍以大宗资源性商品为主，其中煤炭进口成为内蒙古外贸的主导商品品种。内蒙古2016年煤炭进口达62.7亿元，2017年煤炭进口创143.4亿元的历史新高，2018年上半年煤炭进口为76.5亿元，分别占当年（同期）自治区进口总值的13.1%、23.5%和24.4%。进口主要品种包括铜矿砂、锯材、煤炭、单晶硅和铁矿砂，2016年上述五大品种合计占当年进口总值的63.3%；2017年上述五大品种合计占61.5%；2018年上半年上述五大品种合计占66.9%。

2016年内蒙古进口前10位的商品合计值为371.9亿元，占同期内蒙古进口总值的77.8%；2017年内蒙古进口前10位的商品合计值为446.1亿元，占同期内蒙古进口总值的74.8%，比2016年同期所占比重回落3个百分点；2018年上半年内蒙古进口前10位的商品合计值为254.4亿元，占同期内蒙古进口总值的81%。

（二）服务贸易统计相对滞后

由于内蒙古自治区服务经济和服务贸易整体上发展滞后，因此服务贸易的统计工作也相对滞后，在历年《内蒙古统计年鉴》中只对自治区对外贸易发展的整体数据、对外投资和合作、入境和出境旅游方面有较为系统的数据统计，专门的服务贸易系统统计数据缺失。内蒙古自治区在《关于加快发展服务贸易的实施意见》中也指出了这一点，具体责成自治区商务厅牵头，自治区统计局、贸促会、内蒙古外汇管理局参加，建立和完善国际服务贸易统计指标体系，定期发布服务贸易统计数据，开展重点企业数据直报工作。

2018年，受全球服务贸易快速增长的带动及中国服务贸易结构持续优化的影响，一是中国积极主动扩大服务业开放；二是中国国内经济结构调整；三是放管服务贸易改革步伐加快；四是服务贸易创新发展试点经验不断复制推广，服务贸易相关体制机制不断健全，内蒙古服务贸易持续快速发展。2018年，国务院发布的29条服务贸易创新发展试点经验中,"将服务贸易发展情况纳入地方政府考核体系"赫然在列。而作为该试点经验突出地区的上海市、威海市、杭州市和苏州市,地方政府高度重视服务贸易在促进地方经济发展中的作用,将服务贸易发展指标纳入地方政府目标绩效考核体系,服务出口增速及占外贸的比重、服务贸易市场主体成长情况等是其中的重点考核指标。可以看出,细化考核指标是试点地区压实服务贸易发展责任的抓手,根据目标指标的进展情况,切实推进各项重点工作。

(三) 服务贸易结构亟待优化

2017年,内蒙古自治区服务贸易进出口总额为13.26亿美元,同比增长13.16%。其中,出口2.53亿美元,同比增长64.69%;进口10.73亿美元,同比增长5.38%。服务贸易进出口主要以旅行、其他商业服务、运输服务、建设为主。其中,旅行8.5亿美元,同比增长0.74%;运输服务1.91亿美元,同比增长70.9%;其他商业服务1.001亿美元,同比增长8.34%;建设0.974亿美元,同比增长82.07%。文化、金融、保险、电信、计算机和信息服务增长较慢。2017年,内蒙古自治区文化和娱乐服务进出口为551.88万美元,同比增长10.45%;电信、计算机和信息服务进出口为477.21万美元,同比减少6.64%;金融服务进出口为275.79万美元,同比增长72.43%;保险服务进出口为21.47万美元,同比减少72.78%。

(四) 贸易伙伴相对集中

受地域经济的影响,俄罗斯和蒙古国是内蒙古自治区的主要贸易伙伴,长期以来,贸易伙伴的结构始终处于单一的格局,市场多元化发展步伐缓慢影响我区外贸的拓展。俄蒙两国的合计贸易份额一直在50%左右,2016年两国贸易值合计占同期内蒙古自治区外贸总值的48.1%,2017年占49.9%,2018年上半年占49.5%,单边国家贸易集中度过高。同时,从近年来内蒙古自治区对俄、蒙贸易实际情况来看,进出口商品结构固化,开辟多元化市场势在必行。目前,内蒙古自治区与澳大利亚和英国的贸易联系正在加强。服务贸易伙伴的过度集中,使内蒙古自治区的服务贸易结构和总量也受到很大的限制,服务贸易结构优化比较困难,服务贸易将处于更加被动的局面,贸易逆差情况可能更严峻。

三、内蒙古自治区服务贸易发展影响因素分析

(一) 服务贸易综合开放度低

中国的服务贸易在实际的发展当中,由于受到诸多层面的因素影响,还存在诸多问题有待解决,其中在服务贸易的综合开放度方面相对比较低。从中国的国民经济服务贸易的发展趋势来看,在低增长的水平上体现得比较显著,在服务贸易方面的很多层面都有很大发展,在发展的不断深化下,中国在经济贸易当中也得到了较好的发展。但是,综合开放度还相对比较低,在服务的总体进程方面还较为落后,中国的服务贸易出口量和发达国家相比较来说还有很大的距离,一些运营成本比较高的服务贸易还处在初期的发展阶段。内蒙古自治区关于服务贸易的发展政策是在国家整体框架下运营的,还没有地区性的系列措施。

(二) 服务贸易管理体制不完善

由于服务贸易发展的时间比较短,因此,在管理体制层面有待完善,其中还存在诸多漏洞,这会直接影响服务贸易的进一步健康发展。中国的服务贸易发展在管理体制层面还没有完善化制定,表现为以下两个方面:

一方面,缺乏健全的相关法律法规。中国作为一个新的开放国家,对外贸易立法不健全,新的服务贸易立法严重滞后。中国虽然为了促进服务贸易的发展先后颁布了《对外贸易法》《海商法》《加快发展服务贸易若干政策措施的意见》《关于对外商投资企业执行"企业会计制度"情况进行调查的通知》等法律条文意见、通知,但是具体的行业性法规仍不完善,如越来越受重视的知识产权法、金融服务贸易法规等。

另一方面,服务贸易低水平的管理。由于国际服务行业十分广泛,行业的合作组成多个相关行业,国际机构需要国家投入其国内服务业的整体协调和管理。此外,从管理体制的角度来看,中国目前是由商务部负责服务贸易和贸易的国际多边谈判协调、利用外资的服务政策等,这一体系使服务贸易的战略发展规划和服务贸易统计的年化率问题在服务贸易发展的迹象已经不能够得到显现,这种背离造成贸易的发展不能反映产业结构的变化。

(三) 服务业发展水平低

一个国家和地区的服务贸易发展水平是受其服务业的发展水平制约的，服务业的发展水平和结构直接影响到一个国家和地区的服务贸易水平和结构。中国服务业主要集中在旅游、运输、服务贸易，占55%左右，而金融、保险、电信等新兴服务贸易电子工业占不到8%。内蒙古自治区的服务业发展水平整体上低于全国平均水平，资源型为主的产业结构决定了地区的服务贸易结构和水平，整体上呈现出服务贸易的内在结构不合理、服务贸易出口增长速度慢于服务业发展速度。而由于开放程度及贸易政策等原因，这种贸易发展与产业发展的背离现象可能越来越严重。

四、内蒙古自治区服务贸易发展存在的问题

(一) 高级服务产业基础薄弱

内蒙古自治区的服务贸易虽然成长速度比较快，但目前服务业的发展还主要集中在传统服务业上，而在金融、保险、咨询等高级服务行业仍处于初级发展阶段。如银行业，发达国家的金融机构可以经营银行、保险、证券、租赁等相关业务，它们可凭借雄厚的资金、灵活的经营机制进入金融市场，多种金融产品和良好的服务质量来开拓业务，这增加了市场竞争的难度。

(二) 服务贸易专业人员匮乏

在服务贸易的发展过程中，专业化的人员相对比较缺乏。服务贸易的健康发展就需要人力资源加以支持，在占有的比重上也比较大，人力资源方面得到了保证，就能有助于服务贸易的快速发展。但是，在实际的服务贸易发展过程中存在诸多问题，比较突出的就是服务贸易的人员相对比较缺乏，这对服务贸易的进一步发展产生了很大的阻碍作用，还在人力资源的管理理念上相对比较滞后，这就对其实际的经营水平的提高有很大的影响，对于这些层面的问题要从多方面予以充分重视。

(三) 服务贸易企业竞争力薄弱

服务贸易发展过程中，一些企业在发展的竞争上处于劣势。内蒙古自治区服务贸易的外部竞争力比较薄弱，一些服务贸易企业还没有达到相应规模，在科技含量上还相对较低，这些方面就阻碍了企业的竞争力提高。内蒙古自治区从事服务贸易的企业中，民营企业成长较快，多数为微小企业，自身的科技含量的现代化水平还比较低，再加上服务业内部的竞争机制还没有得到有效完善，在参与到国际竞争方面就存在诸多困难。这些方面需要予以充分注重，只有这些问题得到缓解，才能有助于企业竞争力的提高。

五、内蒙古自治区服务贸易发展对策分析

(一) 扩大服务贸易规模

巩固和扩大旅游、建筑等传统劳动密集型服务出口领域的规模；重点培育运输、通信、金融、保险、计算机和信息服务、咨询、研发设计、节能环保、环境服务等资本技术密集型服务领域的发展；积极推动文化艺术、广播影视、新闻出版、教育、文化创意、数字出版、动漫游戏、演艺娱乐、创意设计、工艺美术等文化服务及衍生产品出口；加强蒙中医药、体育、餐饮等特色服务领域的国际交流合作。

(二) 深化与俄蒙的服务贸易合作

依托国家"一带一路"发展战略，充分发挥满洲里、二连浩特、策克等沿边口岸的优势，大力发展国际运输物流服务；重点扩大蒙中医药、信息服务、蒙文软件等特色服务出口。在俄罗斯、蒙古国建立蒙中医医疗服务机构和文化产品境外营销网络，支持文化企业在俄罗斯、蒙古国兴办文化实体。支持内蒙古自治区高校与俄罗斯、蒙古国教育机构开展合作办学项目。鼓励有条件的企业以带资承包、总承包、BOT等方式在蒙古国、俄罗斯开展基础设施建设，带动设备、技术、资金及劳务输出。

（三）加快服务贸易功能区建设

发挥现代服务业和服务贸易集聚作用，规划建设自治区服务贸易功能区。依托呼和浩特经济技术开发区、包头稀土高新技术产业开发区、赤峰蒙东云计算中心、赤峰保税物流中心、赤峰市敖汉中蒙药高新技术产业园、鄂尔多斯文化创业园区、满洲里综合保税区、内蒙古国际蒙医医院等园区、单位优势，积极发展研发设计、服务外包、文化、旅游、创意设计、影视、数字动漫、蒙中医药服务贸易，打造若干特色鲜明、具有较强国际竞争力的服务贸易功能区，逐步形成区域分工协作、优势互补、错位竞争、均衡协调的服务贸易发展格局。以呼和浩特市、包头市、赤峰市、鄂尔多斯市、满洲里市、二连浩特市等城市为重点，打造特色鲜明、具有较强国际竞争力的自治区服务贸易中心城市。

（四）培育服务贸易市场主体

鼓励企业通过兼并、收购、重组、上市等多种方式扩大规模和提升层次，形成一批具有较强国际竞争力的服务贸易龙头企业。加强与国际服务企业战略合作，吸引世界 500 强企业、境外大型企业在内蒙古自治区设立贸易总部。支持有特色、善创新的中小型服务企业发展，引导中小企业融入全球供应链。

（五）进一步扩大服务业开放

充分发挥外资企业在发展服务贸易中的地位和作用，有序扩大金融、教育、文化、蒙中医药等服务业领域对外开放，提升自治区服务产业发展水平和国际竞争能力。鼓励外资参与育幼养老、建筑设计、会计审计、商贸物流等服务业领域。

（六）积极推动服务贸易企业"走出去"

支持具有较强竞争优势的服务业企业通过新设、并购、合作等方式在境外开展投资合作，兴办服务产业实体，建立服务业产品营销网络，增加境外商业的数量。发挥区位优势，围绕"一带一路"沿线国家的市场需求，积极推动企业在蒙古国、俄罗斯及中亚、西亚、东欧等国家开拓市场，支持企业在建筑、运输、旅游、文化、商务咨询、跨境电子商务、分销服务等方面"走出去"开展投资合作。

（七）大力发展服务外包

按照《国务院关于促进服务外包产业加快发展的意见》（国发〔2014〕67号）精神和自治区相关工作部署，将呼和浩特市、包头市、赤峰市作为自治区服务外包重点发展城市，规划建设一批服务外包产业示范园区，发展壮大服务外包企业，提高服务外包承接能力。坚持"引进来"与"走出去"并举方针，在引进国内外大型知名服务外包企业的同时，采取有效措施，大力扶持本地服务外包企业，特别是龙头服务外包企业，培育一批服务外包品牌企业，支持服务外包企业积极开拓国际市场。

六、内蒙古自治区服务贸易发展保障体系

（一）强化组织领导

建立由发展改革、教育、经济和信息化、财政、交通运输、商务、文化、旅游、国税等部门参加的自治区服务贸易工作联席会议制度，联席会议办公室设在自治区商务厅。各地区要充分认识发展服务贸易的重要意义，结合本地区实际，积极培育发展服务贸易特色优势产业。各有关部门要密切协作，形成合力，促进产业政策、贸易政策、投资政策的良性互动，积极营造大力发展服务贸易的政策环境。

（二）完善统计工作

各地区、各有关部门要按照国家有关服务贸易统计工作规定，结合实际，逐步建立反映本地区服务贸易发展特点的统计指标体系。创新服务贸易统计方法，建立重点服务贸易企业统计直报制度，加强政府部门之间的数据信息共享与交流，定期发布服务贸易统计信息加强服务贸易发展的趋势分析，为服务贸易企业提供市场信息服务。

（三）强化人才培养

各地区、各有关部门要大力培养服务贸易人才，加快形成政府部门、科研院

所、高校、企业联合培养人才的机制。加大对核心人才、重点领域专门人才、高技能人才和国际化人才的培养、扶持和引进力度。鼓励高等院校国际经济与贸易专业增设服务贸易相关课程。鼓励各类市场主体加大人才培训力度，开展服务贸易经营管理和营销服务人员培训，建设一支高素质的专业人才队伍。

（四）优化发展环境

各地区、各有关部门要积极营造全社会重视服务业和服务贸易发展的良好氛围。清理和规范服务贸易相关法规规章和规范性文件，培育各类市场主体依法平等进入公平竞争的营商环境。推动行业协会、商会建立健全行业经营自律规范、自律公约和职业道德准则，规范会员行为，推进行业诚信建设，自觉维护市场秩序。

第二章

国际服务外包

近年来,全球经济缓慢复苏,不断地出现大大小小的起伏,国内经济尽管在2017年上半年平稳向好,但长期以来背负着巨大的下行压力。在这种经济大背景下,内蒙古自治区的服务外包表现为:一是稳步向前发展。合同金额和执行金额增长率在20%左右,离岸服务外包业务和在岸服务外包业务保持平稳发展态势。二是主要发包市场格局基本稳定。中国企业承接的服务外包主要来自美国、欧盟、中国香港和日本,内蒙古自治区的发包国来源与中国基本一致,而在上述发包国家和地区中,受到日元不断贬值的影响和中日政治外交关系的影响,内蒙古自治区乃至全国的服务外包企业承接日本市场业务的意愿下降,日本对内蒙古自治区发包呈下降态势。三是"一带一路"沿线国家的市场重要性显著提高。2017年,中国承接"一带一路"沿线国家服务外包合同金额达312.54亿美元,占离岸外包合同总额的28.1%。

一、内蒙古自治区发展服务外包的背景及特点

长久以来,内蒙古自治区和全国大部分地区一样,一直是以承接加工贸易为主的制造业外包模式,这尽管使内蒙古自治区乃至整个中国长期处于全球价值链的中低端,但其仍然成为拉动宏观经济增长的一股重要力量。然而,随着"人口红利"的渐渐弱化、环境的承载能力逐渐降低,过度依赖承接制造业外包已不符合可持续发展的目标。服务外包产业具有信息技术承载度高、资源消耗低、附加值高、环境污染少、吸纳就业能力强、国际化程度高等特点,所以,发展国际服务外包已成为内蒙古自治区乃至整个中国当前经济发展的必然选择,发展国际服务外包可以实现由"中国制造"转变为"中国服务",是当前实现产业结构调整升级的重要契机和新的经济增长点。

(一)内蒙古自治区发展服务外包的背景

综观全球服务外包的市场,离岸服务外包的发包国主要是欧洲、美国、日本等发达国家或地区,仅上述三个国家或地区的服务外包产业就占据了全球服务外包总量的95%。其中,美国独占2/3的业务,日本和欧盟合占1/3。在承接国方面,印度、中国、巴西等发展中国家是中低端服务外包的主要承接国。全球服务外包市场主要承接国可分为三个层次(见表2-1)。

表2-1 全球服务外包承接国三个层次划分

层次	国家
优先承接国	加拿大、印度、爱尔兰、俄罗斯、菲律宾
第二层次承接国	澳大利亚、新西兰、中国、马来西亚、墨西哥、西班牙
第三层次承接国	中东欧国家、印度尼西亚、以色列、泰国、巴西、埃及、巴基斯坦、南非

资料来源:中国服务外包行业研究报告(2010年)。

与此同时,服务贸易是当前乃至未来中国经济增长的有力支撑。2017年,中国对"一带一路"59个沿线国家的非金融类直接投资达143.6亿美元,主要流向新加坡、马来西亚、巴基斯坦、俄罗斯等国家。"一带一路"沿线国家众

多，政治、宗教、经济和文化等差异很大。根据各国的产业基础、对"一带一路"倡议的态度、政治经济稳定性等因素，可对这些国家服务外包合作分为"优先级""鼓励级"和"关注级"三个等级。

"优先级"国家有24个，包括东南亚的印度尼西亚、马来西亚、越南、新加坡，南亚的印度、巴基斯坦，中亚的哈萨克斯坦，西亚的沙特阿拉伯、以色列，以及东欧的波兰、匈牙利等国。对于这些国家，应坚持主动出击、"造船出海"的原则，发挥中介组织、领军企业、产业园区力量搭建合作平台，加快自贸区建设，营造便捷的金融支持、信用担保及通关便利环境，全方位加速服务外包企业"走出去"。

"鼓励级"国家包括东南亚的菲律宾、老挝、柬埔寨、文莱，南亚的孟加拉国、尼泊尔、斯里兰卡以及中亚、西亚、东欧、独联体等部分国家。对于这些国家，应建立跨国界、跨行业的联盟合作机制，借力发展与创新突破同步进行，推广服务标准及模式，支持兼并收购。

"关注级"国家主要是蒙古国、阿富汗、黎巴嫩、阿尔巴尼亚等。对于这些国家，要依托当地资源优势，坚持顺势而为、"借船出海"的发展思路，寻找服务外包发展机会。

目前，中国核电、高铁、电信等制造业产品"走出去"不断增多，也为服务"走出去"带来越来越多的机会。相关企业应重点关注旅游服务、基础设施运维服务、软件信息服务和跨境电商服务四大领域。

（二）服务外包的业务特点

外包的实质是企业对边界的一种重新界定，具体来说就是缩小经营范围，重新配置企业资源，将企业边界回撤。服务外包有以下几个基本特征：

1. 内部活动外部化

企业外包行为最直观的一个内容就是投入品（有形商品、服务、知识产权等）由内部生产转向外部供应商处购买。正是在这个意义上，外包代表了企业内生产经营活动的一种重新组合，意味着企业边界的重置。

2. 较长的合同期限

在一般情况下，采取外包战略的企业会同外部供应商建立起较长的契约关系，而非依赖现货交易市场。这是因为，针对每一个发包的企业而言，外包出去的服务都有企业的特性，发包商和接包商要进行一个很好的沟通和协作，方能顺利完成外包的服务。也正是因为这种特性，为了节约双方的沟通交易成本，稳定双方的共同利润，双方往往会选择较长期的合作。

3. 很大程度上依赖互联网和通信技术

绝大部分的服务外包合作双方处于不同的地区，双方合作关系的确立及业务的进行、交付均依赖现代化的通信手段——互联网和通信技术。对于互联网和通信技术的过分依赖使服务外包形成了一种新的风险：一旦通过网络出现问题，双方的业务马上就会被终止，无法继续下去。

4. 外包成果无形化，难以量化评估

外包最终形成的成果并非是实物化的产品，而是一种服务，这就难以对成果量化而进行评估。国际上逐渐有一些团体开始研究建立外包成果的评价体系，如软件外包领域内的 CMMI 国际标准，就是对软件外包接包商能力的一种评价指标。

5. 以服务提供为核心，客户追求高质量和专业化

企业与外部供应商间外包关系的实质内容在于，供应商提供的是一种服务，而非仅仅是看得见、摸得着的有形商品。在这一点上，外包是指企业将原来在内部完成的业务转移到企业外部由其他实体来完成的行为。承接服务外包的服务商往往是某个领域的专家级接包商，对于接包业务拥有更加专业的技术能力，服务水平也更高。同时，随着专业服务外包服务商在业务流程的优化、创新方面的开发逐步完善和用户业务流程的成熟，质量、效率、可依赖性成为客户追求的目标，这已经远远超越了单纯对降低成本的需求，进一步使服务外包提供商成为客户不可或缺的合作伙伴。

（三）服务外包的经济特点

众所周知，外包行业是从制造业的外包开始发展的，起初外包的目的就是降低成本，在全球范围内实现资源优化配置，充分利用各自的优势发展全球经济。而这种经营特殊策略进入服务业，最大的原因仍然是成本驱动，发达国家和发展中国家巨大的资源差异及要素禀赋的不同使很多发达国家的发包商将很多工作交由生产成本更低、生产效率更高的国家来做。

成本低廉不过是服务外包的一个特点，不断前进的脚步赋予了服务外包更多

的特点。

1. 与传统的制造业外包相比,服务外包的附加值更高、更加环保

国际服务外包发展的实践证明,服务外包具有低能耗、高附加值的显著特征。数据分析显示,制造业来料加工出口的国内增值部分是总规模的2%~3%,最高不超过5%,而服务外包出口的国内增值几乎是100%。也就是说,同样的出口额,服务外包对宏观经济的贡献是来料加工的20倍以上。另外,从单位GDP能耗方面分析,服务外包与制造业外包相比,服务外包运营过程中不用进行实物生产,除了一定的用水、用电等消耗,几乎没有大的原材料消耗和能源消耗,也没有废弃物的排放,不仅非常环保,其单位GDP能耗也只有制造业的20%。

当前,内蒙古自治区服务业占国民经济的比重较低,近年维持在40%左右,相对东部发达地区或者发达国家,仍存在较大增长空间,而且是绿色增长。因此,大力发展服务外包,对内蒙古自治区转变经济发展方式、推动产业结构优化升级、实现经济可持续发展具有重要的现实意义和深远的历史意义。

2. 服务外包吸纳就业能力强,人力资源要求高

服务外包以人力资源为核心。接受过高等教育的人力资源是产业的核心,服务外包企业价值与人员规模成正比。服务外包属于知识密集型产业,很多服务需要从业人员有相关的培训教育经历和丰富的实践经验,并非像制造业一样,只要对工人进行简单的技能培训就可以进行生产了。2006~2016年,中国服务外包行业从业人员由不足6万人猛增至855.77万人,其中大学以上学历人员551万人,占65%(硕士42.5万人,占4.97%;博士12.2万人,占1.43%),成为中国高学历人才集聚度最高的行业。现在的服务外包行业,是以互联网、大数据、云计算、区块链、人工智能等现代最先进的科学技术手段为基础的,从业人员必须对上述领域熟悉,并能熟练运用,方能更好地服务于服务外包行业。

3. 市场在外,对地方经济溢出效应明显

服务外包的接包商可以在本国提供服务,也可以在世界上任何一个角落提供服务,发包商不用担心对方在哪里,只要能提供高水平的服务,无论在哪里,都可以进行合作交流。这就意味着服务外包对任何地区和城市具有同等的机会,而且由于服务外包的服务对象大多并非本地客户,业务收入均来自本地市场以外,对地方来说全是新增收入来源,因此可以不受限制,发展空间巨大。另外,据统

计数据发现，服务外包企业的员工工薪普遍较高，且数量较大，对地方创造的人均税收远高于一般行业。Accenture 公司曾针对菲律宾的服务外包做过调查，发现服务外包行业每增加一名员工，就可以拉动相关行业 8~11 个新增就业机会，其社会溢出效应非常显著。

二、中国国际服务外包的成就

（一）综合实力跃居世界领先位置

近十年来，中国的国际服务外包实力有了突飞猛进的提升，跃居世界前列。具体表现在以下五方面：一是政策体系形成并日臻完善。这些政策覆盖了服务外包的方方面面，诸如税收优惠、融资保险、人才培训、资质认证、公共服务平台建设和资金支持、特殊工时、通信基础设施、政府采购、出入境管理、外汇管理、数据安全、知识产权保护、市场开放、通关便利化等。有了这些政策的支持和鼓励，中国服务外包产业迅速成长，成为中国现阶段战略性产业的重要选择。二是服务外包企业数量和从业人员数量骤增，产业规模迅速扩大。三是国际竞争力有了显著提升，成为继印度之后的全球第二大服务外包承接国，接包来源地覆盖了日本、北美洲、欧洲、东南亚、中东欧、西亚、北非等 200 多个国家和地区，主要离岸市场格局稳定，"一带一路"市场重要性凸显。四是产业区域集聚效应显现，形成了以北京、上海、大连、深圳为核心的、向周边辐射的产业格局。五是服务外包企业迅速成长，营业额、企业规模、人员队伍规模等不断攀升。

（二）产业发展水平不断提升

数字化创新代替投资，促进产业转型升级。中国企业的服务外包紧密结合及利用互联网、物联网、大数据、云计算、人工智能、虚拟现实等方面的创新，培育并催生了全新的数字化服务业务；借助这些先进技术，服务外包产业正在向信息服务业、制造业、交通运输业、批发零售业、金融保险业、卫生健康业、政府与教育业、能源业等高端产业链攀升；服务外包产业由成本导向转变为技术和价值驱动，接发包双方成为更为紧密的战略合作伙伴关系；离岸业务蓬勃发展的同时带动了在岸业务的发展，使在岸业务市场潜力得到极大释放，形成"离岸带动在岸，在岸促进离岸"的良性互动循环；知识产权保护及信息安全环境得到极大改善，促进服务外包业务进一步发展；打造了"中国服务"的品牌形象，品牌建设和品牌效应成果显著。

（三）促进经济社会的和谐发展

近年来，中国经济社会和谐发展，服务外包领域做出了重要贡献，主要表现在以下几个方面：一是服务外包成为经济创新增长的新引擎。如今，中国服务业占 GDP 的比重已经超过了一半以上，成为国民经济增长的第一大产业。而作为知识、智力和人才密集型的服务外包产业，激发和促进了服务业的新领域、新动力、新模式，提升了服务业的总体水平，促进了服务业对宏观经济的重要支撑。二是服务外包成为开放型经济的新亮点，吸引外资和企业海外并购的新生力量。越来越多的跨国公司将研发中心、交付中心、共享中心、接包中心、人才集聚中心、人才培训中心等设立在中国，将设计、金融、软件与信息技术研发、物流采购、财务、咨询、人力资源管理等业务发包给中国分支公司。另外，国内服务外包企业"走出去"成为中国企业海外并购的新生力量。同时，中国服务外包企业加速在境外设立研发、交付中心，业务范围覆盖美国、日本、芬兰、英国、瑞典、澳大利亚、印度、越南等国家和地区。随着"一带一路"倡议的实施推进，中国服务外包企业在与"一带一路"沿线国家的基础设施互联互通、国际产能合作、重大项目建设等领域开展合作，并取得显著成绩。三是服务外包成为国际贸易结构优化的新标志。近年来，受 2008 年金融危机的影响，国际货物贸易大幅下滑，相比之下，服务贸易外包却表现良好。2011~2015 年，中国服务外包离岸业务合同执行金额年均增长率为 36%，高于同期货物贸易出口和服务贸易出口年均 28.16 个百分点和 28.21 个百分点。服务外包业务作为开放型经济体系中极具活力的重要组成部分，对于转变贸易增长方式、促进新型现代服务贸易的出口格外重要。四是服务外包是绿色共享发展的新动能。目前，中国面临土地供给有限、各种能源和资源短缺的现实情况，同时企业也面临"转方式、调结构"的迫切需要，服务外包的核心资源并非上述提及的资源，而是高学历高素质的复合型人才，其投入是智力、办公场地、电脑等，其产出是数字化的服务产品。和其他产业相比，服务外包是低排放、零污染，很少的能源消耗和很少的土地资源占用，业务基于共享理念建立，是典型的绿色产业，是共享经济和共享平台的典范。

（四）促进服务业各领域的融合加深

自 2015 年中国正式实施"互联网+"战略和行动计划以来，以互联网和现代信息技术为基础的专业化生产组织方式得到广泛应用，服务外包与信息服务业、批发和零售业、制造业、交通运输业、金融业、能源业、卫生健康业等垂直产业的深度融合进一步加深。2015 年，中国信息服务业、制造业离岸服务外包执行金额分别为 315.6 亿美元和 177.3 亿美元，分别占全行业的 48.8% 和 27.4%。服务外包模式的广泛应用，在提高了国内企业专业服务能力的同时又促进了产业结构转型升级，还能够提升宏观经济的整体生产效率，较好地实现经济效益和社会效益。

三、内蒙古自治区服务外包的机遇与挑战

（一）内蒙古自治区服务外包的机遇

近年来，诸多发展战略的实行和推进，"一带一路"倡议的蓬勃发展，信息安全以及知识产权保护的不断完善，人才、资本和技术等生产要素的合理化配置，为内蒙古自治区服务外包行业的市场拓展、水平提升等创造了更广阔的空间。与此同时，在大数据、云计算、区块链、物联网、人工智能的推动下，在高端制造、绿色低碳、生物工程、数字创意等领域逐渐深化融合中，服务外包也必将步入商业模式创新、发展理念创新、发包与交付方式创新、人才集聚渠道创新、共享平台创新的崭新时代。未来，内蒙古自治区的服务外包必将迎来前所未有的机遇期。

1. 政府层面战略布局孕育新机遇

面对数字化的浪潮，中国政府在战略上高度重视，连续出台并实施各种相关政策和举措，诸如"中国制造 2025""大数据行动""互联网+""一带一路"等，为服务外包产业未来的发展提供了宝贵的机遇环境和良好的市场氛围。在这些战略中，"互联网+"和"大数据"发展战略的实施推进，将极大推动中国服

务外包产业与传统产业的融合发展，极大拓展服务外包新领域；"创新驱动发展"和"大众创业，万众创新"战略，鼓励服务外包企业建立众包平台和众创空间，有利于推动服务外包企业的商业模式创新、技术创新、服务模式创新；人才发展体制改革与人才培养机制的改革，将为中国服务外包产业解决人才问题，尤其是为突破中高端人才匮乏的"瓶颈"提供新的方向；"一带一路"倡议与自贸区、自由贸易协定等发展战略，为服务外贸离岸市场的广阔性提供新空间；战略性新兴产业发展规划，为服务外包产业的发展提供了位置保障。

2. 服务贸易创新推进服务外包新发展

2016年2月，中国国务院印发《服务贸易创新发展试点方案》，把创新提到了服务贸易发展的核心位置，提出了15个试点地区，在管理体制、政策体系、促进机制、监管模式等服务贸易管理制度方面进行试点。服务贸易的创新发展与服务贸易的结构调整，同服务外包业的发展息息相关，既以服务外包为支撑，也为服务外包发展拓展更广阔的空间。

据WTO公布的数据显示，目前，全球以计算机、通信服务、信息服务、金融服务、咨询服务为代表的新兴服务贸易额所占比重超过了50%，将推进服务贸易向智能化、网络化和数字化转型升级。内蒙古自治区服务贸易在"互联网+"、信息化的背景下，运用大数据、云计算、物联网、区块链、人工智能等先进技术，服务内容、服务方式和服务模式都在创新。其中，作为发展最快的服务贸易，跨境电子商务与服务外包密切相关，跨境电子商务衍生出了大量第三方服务，逐渐成为服务外包行业发展的重要领域。

3. 制造业转型升级拓展服务外包在岸市场新空间

近年来，中国政府陆续出台了诸多政策保障和激励措施，扶持制造业转型升级。例如，2015年5月，国务院推出"中国制造2025"战略，其中，智能制造被定为中国制造的主攻方向。2016年5月，《国务院关于深化制造业与互联网融合发展的指导意见》（以下简称《指导意见》）发布。该《指导意见》安排专项资金，支持工业云、工业大数据、信息物理系统等重大工业工程项目。政府资金投入带动社会资金投入，"制造业+互联网"领域的发展有了资金保障。服务外包恰好是以推进信息技术与制造业深度融合为己任，在"中国制造2025""制造业+互联网"战略中必会大有可为。2016年7月，《发展服务型制造专项行动指南》（以下简称《指南》）发布，该《指南》明确提出"支持服务外包发展"，包括鼓励制造业企业发展服务外包。

制造业服务化乃大势所趋。在未来，制造业与以服务外包为代表的现代高端服务业的融合发展，必将形成倍增效应、聚合效应、叠加效应，潜力巨大，前景广阔。制造业在升级转型的过程中将释放出大规模的服务外包在岸业务，从而使内蒙古自治区服务外包业务形成"离岸带动在岸，在岸促进离岸"、国内外两个市场共同发展的良好局面，挖掘出巨大的市场机遇和产业动力。

4. 跨行业融合形成服务外包新增长点

近年来，随着"互联网+"行动计划的提出与落实，除制造业外，还有金融、医疗保健、教育、能源、农业、通信、政府、物流等各个行业也都在逐步实施"互联网+"，将最先进的互联网技术应用于生产方式的转变，提高生产力水平，提高生产效率。这种"互联网+"的跨界融合逐渐挖掘出新的经济潜能，并带来了服务外包的新增长点。

另外，内蒙古自治区的服务外包行业尽管尚处于起步阶段，但已经开始向垂直领域和细分领域纵深发展，从为用户提供最基础的运维服务到深入用户的业务运作，从单纯为用户节省成本、实现企业管理便利化到帮助用户开发新的业务，积累了大量丰富的行业解决方案、经验和能力。在各种传统产业转型升级的过程中，服务外包有能力发挥更大的作用。

5. "一带一路"倡议与自贸区的建设拓展服务外包离岸市场

2013年，《中共中央关于全面深化改革若干重大问题的决定》中提出"建立开发性金融机构，加快同周边国家和区域基础设施互联互通建设，推进丝绸之路经济带、海上丝绸之路建设，形成全方位开放新格局"，"一带一路"被提升为国家战略，成为中国新一轮对外开放的重要内容之一。

在"一带一路"沿线国家进行基础设施互联互通建设、重大产能项目合作的同时，服务外包企业面向沿线国家和地区积极主动构建服务外包新的合作体系，拓展服务外包离岸市场新渠道的难得机遇。其中，东南亚市场规模较大，增速较快，区域合作市场空间较大；西亚、北非市场增速较快；服务外包企业与中东欧国家在信息技术服务、工业设计等领域的合作将不断增强。

另外，中国在自贸区建设方面已签署了14个自贸协定和1个优惠贸易安排，正在谈判的自贸区有11个，正在研究的自贸区有11个，中国的自由贸易伙伴遍及全球各地。内蒙古自治区服务外包企业可依托此优势进一步扩大和拓展市场空间。

6. 中国构建服务外包中心，带来服务外包发展新机遇

中国正逐渐成为接包与发包并举、国内外市场协调发展的全球服务外包中心。在此过程中，越来越多的企业将进入数字经济领域，逐渐成为有影响力的发包商。服务外包的主体也会越来越多元化。

服务外包产业必将成为内蒙古自治区高端人才的集聚地。随着国家创新驱动发展战略的逐年推进，海外留学人员回国创业热情逐年高涨，留学归国人员和华侨向以服务外包为代表的战略性产业集聚。随着中国服务市场的扩张，内蒙古自治区服务外包企业也将吸引来更多的跨国服务供应商入驻，带动全球各地高端人才流入。

服务外包企业的国际竞争力将明显改善。"一带一路""中国制造2025"和"互联网+"等战略的实施，必将促进传统产业与服务业、传统服务业与现代服务业的加速融合。服务需求和服务供给的双方从单纯的买卖逐步演变为相互依存、共生共荣的合作伙伴，也将不断推动服务外包企业优化业务、驱动创新，向价值链的更高端迈进，向国际同业领先队伍进军。

服务外包的国内市场规模将快速扩大。"十三五"规划的发展目标是"产业迈向中高端水平，农业现代化进展明显，工业化和信息化融合发展水平进一步提高，先进制造业和战略性新兴产业加快发展，新产业新业态不断成长，服务业比重进一步提高"。随着各种类型的服务需求不断快速增加，服务外包离岸业务量不断扩大的同时，内蒙古自治区的服务外包国内市场规模也将迅速扩大，因此竞争也会愈演愈烈，为此应该做好充分的心理准备。

(二) 内蒙古自治区服务外包的"瓶颈"和挑战

尽管服务外包产业发展享受众多激励和扶植政策，发展潜力巨大，但也要清楚地认识到，当前服务外包产业仍面临诸多发展"瓶颈"和挑战。在竞争愈演愈烈的局势下，想要胜出，必然要应对严峻的挑战，疏解打破"瓶颈"，了解并解决发展中遇到的主要问题。

1. 缺乏明确的发展规划

为了能够推进本地区服务外包产业的发展，国内很多省市推出了服务外包相关的产业发展规划，如北上广、江浙等地，同时推出了鼓励政策和促进外包产业发展的措施，其中主要包括设立扶持基金、税费优惠、人才引进等。然而，作为

服务外包领域的后来者，内蒙古自治区相对于"珠三角""长三角"地区尚不能够享受国家对服务外包产业给予的优惠政策，如示范性城市，且内蒙古自治区自主的一些优惠政策或者配套服务业还处于研究探索中，由于种种原因，落实的情况也未尽如人意。所以，如何更科学地进行服务外包产业规划、制定更具有吸引力的产业促进政策，就理所当然地成了内蒙古自治区服务外包领域的重要议题。

2. **内蒙古自治区承接国际服务外包的起步较晚，产业集聚效应尚未体现**

近年来，国际服务外包的发展势头十分迅猛，然而中国承接国际服务外包的产业起步却比国际上一些国家晚了许多，相应地，内蒙古自治区的服务外包产业也就被划入了起步晚的行列。较晚的起步，使内蒙古自治区的服务外包在技术、管理等很多方面都落后于全球平均水平。这种落后主要表现在以下两个方面：一是内蒙古自治区的国际服务外包方式仍是沿用传统的服务外包方式，在全球服务外包产业链条中处于中低端，投入较多但收益较少，投入和产出不成正比，相应地，内蒙古自治区服务外包的中高端市场份额就很小，这使内蒙古自治区在整个服务外包行业中处于不利地位。二是内蒙古自治区的服务外包以呼和浩特和包头两市为龙头，其他盟市为衬托，形成了"双核多点"的特色。但是，也正是此特色，在服务外包的份额占比上，呼和浩特市和包头市占全区的绝大部分比例，其他各盟市如赤峰、通辽、鄂尔多斯等虽然也各自有了较大的发展，但是这种发展是分散性的、局部性的发展，对内蒙古自治区服务外包的长远发展是不利的。尤其是各盟市的各自为政，造成了不必要的资源浪费，长期无法形成集聚效应的事实也使内蒙古自治区服务外包产业的发展遭受到了极大的限制。

3. **政策覆盖面有限，创新意识欠缺**

近年来，国务院和自治区政府出台了一系列的支持鼓励服务外包发展的政策措施，但是，由于种种原因，部分政策落实不到位，如离岸服务外包业务零税率、人才培训补贴、拨付到部分城市的服务外包产业支持资金趋减等。服务外包企业反映，政府审批事项多，优惠政策申请、海外并购等涉及的部门繁杂，流程烦琐，耗时较长，这不但会增加企业运营成本，同时也会令其错失商机。

另外，政策创新不足，拉动作用有限。想要服务外包产业健康、高效地发展，必然要不断地创新支持政策。内蒙古自治区服务外包产业面临着国际、国内的激烈竞争，与之相比，内蒙古自治区的政策支持力度相对严重不足。例如，企业的中高端人才需求旺盛，但是缺乏中高端人才培训的优惠政策；企业税费成本、人力成本逐年增高，但是缺乏有效的脱困途径；并购和融资是企业做大、做强的必要条件，但是缺少针对人力资源和以脑力为核心的轻资产企业国内外上市、融资的相关政策；企业创新、技术提升需要研发投入，但是缺少明确的研发激励政策；在岸服务外包业务缺乏更有力的政策支持和引导，政府发包购买服务仍待进一步加强。

4. 内蒙古自治区服务外包从业人员的知识结构不合理，复合型人才匮乏

近年来，内蒙古自治区在引进人才、留住人才、培训人才等方面做了大量工作和努力，成效显著。但是，在一些新兴的服务贸易领域，如服务外包产业，仍然存在人员知识结构不合理、复合型人才匮乏的现象。主要表现如下：一是工程与计算机专业方面的人才缺乏实践锻炼经验，所以实际操作能力不足。二是英语水平有待提高。多年来，内蒙古自治区乃至全国已经十分注重英语在当前教育体系及人才培养方面的地位，但是，缺少的却是能够熟练运用英语的服务外包专业人才。三是内蒙古自治区严重缺乏服务外包方面的高端复合型人才，服务外包行业要求从业人员既懂经营管理，又懂操作流程；既懂专业技能，又懂人际沟通；既有国际视野，又要眼光独到，而这种素质全面的高端复合型人才，在内蒙古自治区当前情况下还是储备不足。

5. 相关产业园区发展滞后，不足以对外包企业形成有力支撑

相关产业园区是服务外包企业发展的良好平台和扎实基础，爱尔兰的香侬开发区、杭州的下沙开发区、武汉的光谷开发区等，都是通过产业园区或者开发区的形式促进服务外包产业的发展。虽然内蒙古自治区的呼和浩特市、包头市也有类似开发区的建设，在缺少前期的长久发展积淀和国家政策配套支持的情况下，这些开发区的服务外包平台在政策导向、资金投入、园区定位等各方面问题上都面临各种严峻挑战，如产业集聚效应不明显、基础设施建设不到位、缺少特色等。内蒙古自治区其他盟市的园区建设更是起步较晚，基础非常薄弱，有的甚至还处于硬件基础设施的建设施工阶段。整体来看，内蒙古自治区服务外包产业园区发展滞后，很难对服务外包企业形成强有力的支撑。

6. 相关企业规模较小，业务层次较低

由于内蒙古自治区服务外包起步较晚，现有的外包企业大多处于起步阶段，规模普遍偏小。目前，内蒙古自治区服务外包企业以100~300人规模的中小企业为主。这些中小企业在运营能力、市场推广以及专业服务水平等方面都或多或

少存在一定困难，且因为缺少带动力和领导力强的龙头企业，所以整体产业的国际竞争力提升就相对缓慢。也正是因为企业规模小、发展起步晚，这些企业在开展服务外包的时候更多地选择承接国内的产业转移，而很难开展更高层次的离岸外包业务。

四、内蒙古自治区发展服务外包的对策建议

随着世界经济的变革，新一轮科学技术革命锐不可当，新的工业革命洪流涌现。在不远的将来，在新工业革命和数字经济的时代，服务外包的提供商必将率先成为数字化服务提供商，以算法、智能、数字、格网、云服务等先进的技术创新应用为核心驱动力，以互联网、移动互联、物联网等为发包、交付平台，以为制造业、金融、通信等产业提供数字服务为主业的服务外包产业必将步入蓬勃发展的黄金时代。

在瞬息万变的经济发展环境下，政府层面的政策鼓励和公众舆论的正面引导，对服务外包行业突破发展"瓶颈"、实现新的增长必将起到积极的作用。为此，提出下述政策建议：

（一）明确内蒙古自治区服务外包发展思路和规划

服务外包产业要发展，必须进行系统的规划，必须在科学规划的基础上才能够有序地向前发展。内蒙古自治区服务外包产业的起步较晚，基础比较薄弱，在规划和推进外包产业发展的过程中一定要坚持"政府引导、市场主导""以点带面、重点突破"的思想，充分发挥内蒙古自治区的后发优势。具体地说，主要是从以下几个方面考虑：一是要制定明确的内蒙古自治区服务外包产业的发展规划，统筹规划内蒙古自治区服务外包产业的地区分布和产业布局，明确发展思路、发展目标以及特色定位等。二是要重点扶持自治区级的服务外包产业基地城市，如呼和浩特市、包头市，要结合各个城市的实际情况和发展条件选择适合的产业作为切入点，避免出现自相冲突或者恶性竞争的局面，以推动服务外包产业区域性的协调发展。另外，集中优势力量，推进重点区域服务外包产业的发展，打造出在国内乃至国际上有知名度的服务外包产业基地。三是要参照国内外服务外包较为发达的国家或者地区的做法，有针对性地制定税费优惠政策和相应的扶

持政策。有人把印度班加罗尔的服务外包产业成功的原因归结概括为：政府支持、环境优美、教育优良。其中，教育状况和自然环境的改变需要一个漫长的时间与精力的持续投入，而政府政策和资金的支持相对而言就比较立竿见影，成效显著。所以，政府政策及资金投入是快速提升服务外包产业水平的有效途径。

(二) 强化政府职能，服务外包企业

服务外包产业要发展，相关政府部门应该加强沟通合作，尽量为企业更加高效、便捷地服务。主要应该从以下几方面考虑：一是政府要提高服务效能和办事效率。政府要为服务外包企业的审批、工商登记等提供便利，为服务外包企业的结付汇和员工的出入境等提供方便，在示范性园区加快建立和完善工商登记、税务、项目申报、审批等"一站式"的便捷窗口服务，个别政府部门的服务意识有待加强，要主动为企业排忧解难。二是政府强化对知识产权的保护力度。政府要为服务外包的企业建立方便的、专业的，利于知识产权的创造、运用、管理和保护的良好环境，以便支持和鼓励企业注重和加强对知识产权的研发投入，为国外企业把专利技术等知识产权带到内蒙古自治区来创造放心良好的环境氛围。三是政府要倡导建立公共信息服务平台。这类信息平台要覆盖相关的政府机构、产业园区、培训机构、外包企业及其员工等各方面相关主体，要及时公布国家或地区的服务外包政策、投资环境状况、产业园区建设情况、企业重大活动情况、国内外重要外包事件、企业用人需求与招聘等，还要收集和统计服务外包数据并及时发布，便于科研利用，以更好地指导于外包实践。

(三) 强化政策落实与政策创新

随着国家和内蒙古自治区服务外包的发展，国家和地方政府已陆续出台了一系列鼓励和扶持政策，但是这些政策的落实和执行存在一定程度的不到位，同时也存在政策推出落后于外包企业的发展以及国际外包产业发达的国家的做法，政策创新有待加强。国际服务外包的发展经验表明，跨国公司在选择接包地点时，首要考虑的因素包括人才素质、战略性的方案集成以及核心的服务水平，同时还要考虑语言、文化、教育、知识产权保护等。对于这些基本要求的满足，内蒙古自治区的服务外包产业还需政府的大力推动和政策扶持，努力发展离岸服务外包业务。主要考虑以下几方面：一是要利用和落实好国家政策。内蒙古自治区应结

合自身情况，将国家政策执行到位、落实到位，发挥好国家政策的引导作用。二是要建立健全区内政策。在把服务外包产业鼓励扶持为主导产业的过程中，政府的作用和责任就显得尤为重要，要通过加强引导、支持、鼓励服务外包产业发展的若干措施，形成服务外包产业发展的良好氛围。首先，建议加快建立和实施有关部门季候协调管理机制，以便于对承接服务外包给予统筹规划指导和科学有效监管；加快建立由政府主导和相关部门机构组成的服务外包协调机构，及时有效地研究解决服务外包产业发展的各种实际问题。其次，研究制定并实施鼓励承接服务外包的金融扶持政策，将服务外包列入外商投资指导目录，吸引并推动跨国公司把服务外包业务转移到内蒙古自治区，对列入指导目录的企业予以金融方面的优惠照顾。最后，借鉴印度等服务外包产业比较领先的国家的经验，在当前和今后短时间内，必须抓紧制定和实施推进服务外包拓展国际市场的政策措施，包括在投融资、进出口、财政税收、信贷和保险、境外研发和营销机构的设立、人才进修及培训、知识产权保护等方面的优惠政策。三是要借鉴国内先进地区的成功经验。服务外包产业发展得较好、较快的地区，它们的优惠政策是经过实践检验的、切实可行的、行之有效的，所以内蒙古自治区要借鉴、消化和吸收。另外，政府要大力推出鼓励企业自主创新的政策。承接服务外包不是发展服务外包产业的最终目的，如何在承接外包中使服务业转型升级才是关键所在。从产业转移的历史以及经济发展的规律来看，服务外包的承接方经过一段时间的离岸接包服务后，往往转变身份，成为独立发包方。而如果要在众多的竞争者中脱颖而出，只有自主创新，掌握当前的核心技术和优质服务，才能真正实现产业的转型升级。

（四）优化人才培养模式和人才引进机制

服务外包行业对人才素质要求较高，因此也成为中国高学历人才聚集度最高的行业。正是因为如此，内蒙古自治区应该优化人才培养模式，建立健全人才引进机制，建设一支优秀的服务外包从业人员队伍。应该主要考虑以下两个方面：一是优化人才培养模式，建立"校企培"合作机制。内蒙古自治区服务外包高端人才稀缺，在引进不足的情况下，政府可以协调，建立行之有效的"校企培"合作机制，这是高质量、高效率培养人才的途径。自治区各高校要根据自身专业和师资队伍情况及企业需求情况，调整人才培养方案，开设服务外包相关的专业课程。服务外包企业也要加强与各级各类高等院校的合作,提供实训基地,接纳和开展大中专在校学生的业余实训和毕业实训,为在校生提供实训机会的同时,也为企业自身培养了潜在的高质量人才。目前,内蒙古自治区各级各类高校较多,服务外包企业也在蓬勃发展,政府、企业、高校及培训机构可以在此基础上深入合作,努力探索,共同填补内蒙古自治区服务外包的人才缺口。二是研究有吸引力的人才引进机制。内蒙古自治区地处祖国正北方,经济、文化、社会、自然环境等各方面发展落后于国内的东南沿海地区,在人才引进和留住人才方面确实存在许多难以克服的客观困难,在高端的人才引进方面就更是难上加难了。为此,要想发展服务外包业,政府和用人企业必须推出更有吸引力的优惠政策,方能引进人才、留住人才。例如,为这些高端管理人才提供广阔的职业发展空间,福利待遇落实到位,提供进修再教育机会,提供温暖的人文关怀,同时宏观环境也应大力改善。

(五) 支持产业园区的建设和发展

近年来,为了促进服务外包产业在本地的发展,国内各省市兴建了许多外包产业园区,目前来看,这些产业园区已经表现为严重的同质化倾向——产业相近、优惠政策相近、建设风格趋同、发展规划趋同等。内蒙古自治区要依据各盟市产业状况、人力资源状况、发展潜力等条件,从专业化、特色化、品牌化角度入手,明确产业园区定位,通过引入特色企业或者打造龙头企业加强园区定位。此外,专业化会带动同类企业的入驻,可以产生产业集群效应,形成规模经济,培育良好的产业生态体系。

(六) 帮助企业扩大规模,集中力量打造龙头企业

服务外包产业的发展需要依托各种规模企业的共同成长,所以,内蒙古自治区既要加强引进国际著名外包企业,又要着重培养本土服务外包企业的成长。经过近些年的快速发展,内蒙古自治区已经拥有了一批有一定知名度的并且初具规模的本土企业。因此,内蒙古自治区要依据实际情况,大力培育本土的外包企业,具体可以考虑如下几方面:一是鼓励服务外包企业在国内外通过联合、并购或者重组等形式组建大型企业,提高国际竞争力和自主创新能力;二是为企业拓展海外市场提供必要的金融支持;三是推进政府或者国有企业将业务发包给本土

企业，拓展企业的在岸业务市场；四是制定服务外包行业标准和规范，鼓励国内外跨国公司将业务发包给国内的服务提供商；五是鼓励各种投资机构将资金投入服务外包产业；六是建立健全各项法律法规制度，加强对服务外包企业的知识产权保护力度；七是拓宽服务外包的业务管理范围，将以发包、交付业务为主的共享中心纳入管理范畴，享受相关政策。总之，政府要给企业创造一个做大、做强的宏观环境，使企业规模扩大，获得规模经济。

五、服务外包的前景展望

（一）创新仍然是外包产业发展的新动力

创新是服务外包产业发展的关键因素，培育创新企业、建立创新机制、拓展新市场、拓宽新领域、创新管理政策是事关服务外包产业的全局性工作。当前，全球价值链的重构和延伸已经广泛地拓展到服务领域，国际服务分工网络体系的快速发展使服务产品渗透到生产的每一个环节，协调整合着全球化生产的方方面面，服务外包也因此成为全球价值链的关键节点和核心环节。服务外包的离岸业务极大地促进并强化了全球化生产的"碎片化"的趋势与特征。越来越多的企业需要通过整合资本、技术、人才、市场、渠道、信息、管理等国际优势资源上市或投资并购，在世界范围内设立交付中心、研发中心、服务中心、共享中心、管理中心和营销中心，逐渐提升产业技术的研发创新能力，扩大国际市场的业务规模，创新业务模式与服务产品组合，培育企业转型升级过程中以研发、设计、服务、营销为核心的增长新优势。

（二）新技术催生新业态

云计算、大数据、区块链、物联网、移动互联、人工智能等先进技术的快速研发与应用，推动及促进云服务、大数据征信、互联网反欺诈、工业物联网、供应链金融服务、场地智能化设计、新能源汽车服务、知识产权管理服务、创意设计、空间地理信息服务等价值含量较高的业务发展得更加成熟，为服务外包产业注入新动力。互联网使服务外包共享经济、网络协作变为可能，通过大数据与平台化，线上线下融合，打破了资源、成本与地域的限制。众包模式为服务产品的提供者与需求者的对接提供了崭新的渠道，不仅形成新的平台数据价值，提高了资源整合效率，更为重要的是使服务外包成为促进大众创业、万众创新的重要载体。

（三）发包市场有望实现快速发展

已经过去的2005~2016年，是中国服务外包起步的十年，以承接国际服务外包即服务的出口为主，而作为服务进口的发包业务尚未纳入产业的统计规划范畴，对服务贸易贡献度较低。服务外包作为整合配置全球资源的重要模式，不但要拓展全新的国际市场空间，进一步扩大离岸外包业务的承接，提升国际竞争力，加大服务出口能力，而且要服务于本地化建设和全球化投资，形成双向互动的国际服务外包合作伙伴关系。因此，这就要不断挖掘中国发展服务发包市场的巨大潜力，鼓励支持制造、能源、金融、医药等行业的大型企业和大型机构扩展发包规模，科学合理地引导在境外的中国企业在开展对外投资合作时购买当地服务，实现资源最优化配置，价值链分工地位的提升。与此同时，发展发包业务与传统产业的融合，可以释放在岸外包业务的市场空间，形成"服务外包+金融""服务外包+能源""服务外包+制造""服务外包+医药""服务外包+信息技术"等"服务外包+"模式，促进这些传统产业发展和升级。

（四）产业融合显著提升

服务外包正加速与相关技术、相关行业和相关国家战略广领域、深层次、全方位的融合发展。在相关技术方面，新的信息技术与传统服务外包融合，云端交付、软件即服务、按需付费等基于云的服务模式被广大传统服务外包企业接纳、认可。行业融合领域，"服务外包+"模式下催生新型农业、制造业、现代服务业等，实现传统产业数字化、信息化、服务化和智能化。越来越多的服务外包企业通过行业内外的并购实现业务拓展和资源整合。战略融合上，服务外包与"中国制造2025""大数据行动""互联网+""一带一路"等国家战略深度融合。目前，已经进入服务经济引领和创新国际竞争优势的关键时期，从"中国制造"转变为"中国智造"和"中国服务"的进程中，服务外包产业发挥着吸纳就业、推动产业转型升级、培育竞争优势、提升全球价值链的位置的强有力的作用，尤其在制造业转型升级进程中发挥着关键作用。

（五）外包新理念创造外包新价值

帮助客户创造价值是服务外包的新理念。境内服务提供商通过不断地技术创新、经验积累，通过服务外包的方式实现优势互补与资源共享，向更深、更广的领域参与国际分工，服务供给能力大幅度提升。从最初的承接非核心业务或中间环节业务，到逐步进入核心业务的尝试，服务的发包方与接包方从雇佣关系变为风险共担、利益共享的合作关系。

（六）数字贸易有望成为新的经济增长点

当前，数字贸易规则正在全世界范围内展开激烈的讨论和利益博弈，如美欧等可能就互联网安全、个人隐私保护、电子支付相关的数字货币、知识产权、工业互联网等相关领域的跨境交付规则开展谈判讨论。这些规则一旦落地实施，在数字贸易突飞猛进的背景下，将给企业从事服务外包业务提供制度保障，增强服务外包企业全球发包的意愿，也将促使服务外包与数字贸易更加融合。

（七）多元市场促进产业新格局

一直以来，中国服务外包的传统市场都集中在美国、欧盟、日本等发达国家和地区，但是随着"一带一路"倡议的实施推进和中国传统产业的转型升级，尤其是制造业的转型升级，"一带一路"沿线国家服务外包业务加速向外释放，服务外包在岸市场规模快速增长，中国服务外包产业有望形成以发达国家、新兴国家和国内市场组成的"三位一体"新产业格局。

第三章

国际运输服务

中国运输服务贸易在新时代运输产业开发力度不断增大的背景下，一方面蓬勃发展，另一方面又面临着贸易逆差过大、国际竞争力弱等问题。中国货物贸易的飞速发展推动了派生需求的运输服务贸易的发展。在港口的建设上，2017年全球十大港口中，中国占据绝对数量七个，其中中国上海港2017年集装箱吞吐量达4018万TEU，比上年增长8.4%，位居世界首位。中国运输服务贸易作为货物贸易发展到一定时期的产物，不仅在发展速度和规模上落后，而且在一定程度上限制自身的货物贸易增长；总体上来看，运输服务贸易发展快，但规模不够大，且一直处于巨大逆差额中，与中国货物贸易在全球的领军地位甚是不符。

一、国际运输服务贸易概述

内蒙古自治区服务贸易发展晚、起步低，但发展较快，经过近十年的发展，服务贸易进出口规模由 2007 年的 5.04 亿美元扩大至 2016 年的 11.7 亿美元，十年间全区服务贸易进出口额累计实现进出口 110.41 亿美元。党的十八大以来，全区外贸进出口达到历史最高水平，2014 年全区外贸进出口额达到 145.5 亿美元，是历史最高点，2012～2016 年五年累计进出口总值为 622.9 亿美元（其中加工贸易进出口总值为 17.37 亿美元，机电产品进出口总值为 85.9 亿美元），是"十一五"时期的 1.63 倍，占自治区成立 70 年以来进出口总额的 42.9%。党的十八大以来，是全区服务贸易发展较快时期，2012～2016 年五年服务贸易累计进出口 62.73 亿美元。

（一）国际运输服务贸易的界定

国际运输服务贸易主要是指以国际运输服务为交易对象的贸易活动，是在不同国家的当事人之间所进行的，由一方向另一方提供运输服务，以实现货物或旅客在空间上的跨国境位移，由另一方支付约定报酬的交易活动。

（二）国际运输服务贸易的分类

国际运输服务贸易，按其所运输的对象可分为国际货物运输服务贸易和国际旅客运输服务贸易两大类。然而，无论是货物运输，还是旅客运输，国际运输服务均表现为一种合同关系。合同的一方当事人为货物的托运人或乘客，合同的另一方当事人为承运人（船公司、铁路运输公司、航空公司等）。国际运输服务合同规定的基本权利义务关系是：承运人将乘客或托运人的货物在约定的期间内运抵约定的地点（货物运输中承运人还要将货物交付给特定的收货人）；乘客或托运人按约定的方式向承运人支付约定的费用。

国际运输服务贸易除可以由相关国家的国内法（如合同法、海商法等）以及相关国家的判例法调整外，还可由国际条约、国际惯例来调整。

（三）国际运输服务贸易的特点

国际运输服务贸易主要具有以下三个特点：①运输服务贸易派生于商品贸

易；②运输服务的提供者不生产有形产品，也就无产品可以贮存，能贮存的只有运输能力；③在运输服务贸易中，中介人或代理人的活动非常活跃，对贸易的开展起着很重要的作用。

（四）国际运输服务贸易的作用

运输服务贸易的产生是与社会生产力的发展相适应的。随着商品生产的不断发展和交换范围的日益扩大，运输服务贸易也得到相应发展，而运输服务贸易的发展又为国际贸易开拓更广阔的市场提供了可能和便利。因此，运输服务业在国民经济中主要具有以下作用：

1. 有利于改善国际收支

以海上运输服务为例，讨论海上运输服务业在中国进出口贸易中对于改善国际收支所发挥的作用。

第一，中国出口在采用离岸价格（FOB）的情况下，运费由外国进口商支付。如果由中国船运公司承运，就能获得一笔外汇收入。

第二，中国出口在采用到岸价格（CIF）的情况下，运费由中国出口商支付。如果由中国船运公司承运，运费就由中国的出口商支付给中国的船运公司，即国内公司间资金的转移。同时，中国出口商通过向外国进口商收取 CIF，可将运费收回，这样就相当于获得了一笔外汇运费收入。

第三，中国进口在采用 FOB 的情况下，运费由中国进口商支付。如果由中国船运公司承运，运费也在国内企业之间转移，则不发生外汇收入，但这样可以节省向外国船运公司支付运费的外汇支出。

第四，中国进口在采用 CIF 的情况下，中国进口商在向外国出口商支付 CIF 时已经包含了外汇运费，再由外国出口商支付给承运人。如果由中国船运公司承运，支付给外国出口商的外汇运费就重新收回中国，这是对外汇支出的节省。

以上讨论的仅仅是为本国进出口贸易提供运输服务对改善国际收支的作用。至于第三国运输（即为其他国家之间的贸易提供运输服务）对于改善国际收支的作用就更明显了。

2. 运输服务贸易是国际商品贸易、服务贸易的桥梁和纽带

国际商品贸易中的一切商品都必须通过运输才能从出口所在地位移到达进口所在地，国际运输是国际商品贸易业务过程中不可或缺的重要环节之一，是国际

商品贸易的桥梁和纽带。运输环节开展得顺利与否，运输的快速性、安全性、可靠性和运价的高低，都对商品贸易的范围与规模产生重要影响。

国际运输还与国际服务贸易有密切的联系，一方面，国际运输服务本身是国际服务贸易的重要组成部分；另一方面，国际服务贸易四种提供方式中，除跨境交付模式外，其他三种提供方式（境外消费、商业存在和自然人移动）都需要依托国际运输服务作为提供服务的途径和工具。

（五）国际运输服务贸易主体与客体

国际货物运输服务的主体是运输服务的提供者与消费者。运输服务的提供者通常是拥有运输工具，负责将货物由一国的某一地点运送到目的地的承运人。而运输服务的消费者则往往是国际货物贸易中的卖方或买方，他们需要借助于承运人的运输工具，通过承运人的运输服务行为，将其出售或购买的货物由起运地送到目的地，他们一般被称为托运人。除托运人与承运人外，还会涉及从事国际货物运输服务辅助工作的当事人，这些当事人主要包括各种代理人，其中主要有作为托运人的代理人办理托运手续的货方代理和作为承运人的代理人接揽运输服务业务或帮助办理承运人委托的其他事务的代理人。除代理人外，还会涉及运输服务所需的各种基础设施、辅助设施的管理人，如港口、车站、码头、机场、仓库、堆场等设施的所有人与管理人，他们不是货物运输服务的提供者，但他们却是在国际货物运输服务过程中不可缺少的。

国际货物运输的客体是运输服务，而不是所运输的货物。当事人之间的权利义务都是围绕运输服务这一客体展开，而不是以货物为对象的。

国际货物运输服务根据运输服务的方式不同，可以分为海上货物运输服务、航空运输服务、公路运输服务、铁路运输服务、管道运输服务和国际多式联运服务等。在以上各种方式中，海上货物运输服务是最重要的方式，它占整个国际货物运输量的2/3以上。

二、中国国际运输服务贸易发展总体情况及问题

（一）发展速度快，但规模小

随着对外开放的不断深入，中国货物贸易呈跳跃式增长。作为其衍生需求，

中国运输服务贸易虽然起步晚，但仍取得了显著成果。2007~2016年的十年间，根据中国商务部显示的数据得到中国运输服务贸易年均增长为5.3%，2007年中国运输服务贸易总额为746亿美元，到2016年增加到1145亿美元，从总体时间上看，中国运输服务贸易发展迅速；以2009年全球遭受金融危机为界限，前三年运输服务贸易逆差额相对小，之后七年运输服务贸易处于恶化状态且逆差额进一步增大，这与中国货物贸易位居世界首位的地位极其不符。

（二）占主导地位，但比重下降

作为传统服务项目，中国服务贸易收支主要集中于运输和旅游两项。2007~2016年，中国运输服务贸易出口年均增长为1%，占整个服务贸易总出口的17%，运输服务成为服务贸易第二大服务出口项；随着科技产业化的进一步发展，传统服务贸易逐渐被以知识技术和资本密集型为核心的现代化服务贸易取代，服务外包、通信金融等新兴服务产业也在快速发展，尽管运输服务贸易比重逐渐下降，但运输服务贸易在服务贸易中所占的比重仍然很大，它仍然是促进服务贸易的重要推动力。

（三）贸易结构失衡，逆差严重

中国运输服务贸易在总额稳步增长、贸易规模持续扩大的同时，贸易结构却始终处于不平衡的状态，导致常年高额逆差且逆差持续增大的趋势。

2007~2016年的十年间，中国运输服务贸易的进出口额除2009年受金融危机影响外，基本维持逐年增长的状态，这表明中国运输服务贸易日益增长，同时也表明运输服务贸易出口实力较进口落后，进出口总体贸易水平需要进一步提高。

（四）贸易主体规模小，产能不足

货物贸易的大幅增长必然带来运输服务需求的大幅上升，但中国的运输服务并未如货物贸易一样迅速发展起来。中国虽涌现出了中远、中海等具有一定竞争力的国际运输企业，但仓储、运输、货代等运输服务贸易主体普遍规模较小、功能单一。目前，国内物流集中度低，综合运输体系缺乏，运输管理、技术和服务方式落后。恶性竞争又造成运输成本居高不下，进一步加剧了中国运输服务效率、供给能力低下的问题，制约中国运输服务业的发展。同时，中国海运市场开放程度已接近甚至超过部分发达国家。中国货物贸易发展引致的巨大需求吸引了全球各大运输企业，运输服务市场的过度开放为其提供了直接参与竞争的机会。中国的运输服务业尚未发展成熟，竞争力较弱，跨国运输企业则利用自身规模优势形成垄断，抢占并控制运输市场，致使中国只能依靠海外运输企业来弥补运输服务的需求缺口。自由化的竞争市场、国内运输业产能不足，共同造成了中国运输服务贸易的持续高额逆差。

三、中国主要国际运输形式及服务贸易情况

国家外汇管理局发布的数据显示，2017年前三个月，中国国际运输服务贸易差额分别约为37亿美元、36亿美元和50亿美元，累计逆差123.6亿美元，同比增长34%（去年同期运输差额为91亿美元）。值得注意的是，2017年3月，单月的差额是自2016年1月以来的最大值。

（一）国际铁路运输服务

铁路陆运需要完善服务运输体系。以中欧班列为代表的国际铁路运输发展迅猛，截至2017年底，中欧班列已经开行6年。根据官方统计，6年来，中欧班列已经累计开行6235列，2017年开行量达3271列，超过此前五年总和。由此，2017年成为中欧班列的"提速年"。2017年，中欧班列安排班列运行线57条，国内开行城市达到35个，顺畅连接欧洲12个国家34个城市。如此一来，从中国通往欧洲就有了较为完善的运输服务网络。

铁路陆运比海运快、运时可控性强，比空运便宜。通过中欧班列运输汽车、笔记本等外贸商品性价更高，所以中欧班列增长幅度惊人，仅历时3年，就从2013年全年80列的开行量一下飙升至2017年的3271列。足见中欧班列作为新生的物流力量，有实力和潜力吸引物流资源，获得市场的认可和青睐。

近年来，中国铁路"走出去"步伐加快，一批境外项目取得重大进展，印尼雅万高铁、中老铁路已经开工建设，中泰铁路、匈塞铁路塞尔维亚段正式启动，俄罗斯莫斯科—喀山高铁、美国西部快线等项目加快推进。中国铁路呈现出"装备、技术、标准"体系化"走出去"的特点。

中欧班列的快速发展对于带动地方经济发展和产业转型，推动国际贸易发展

和国际产能合作起到了重要作用。在《服务贸易"十三五"规划》的指导下，中国铁路的服务贸易在服务功能、服务范围、服务水平、服务模式等方面将会有快速发展。其中，铁路技术和标准"走出去"的步伐将进一步加快，覆盖范围将进一步拓展到"一带一路"沿线的中东欧国家。中欧国际班列将保持迅猛发展势头，并逐渐向去程返程平衡运输发展，其带动效应将进一步显现。同时，国际铁路技术交流、培训、教育等领域的发展将进一步加快。《规划》中提出要基本形成路网布局优化完善、装备水平先进适用、运营管理现代科学、运输能力和服务品质全面提升、市场竞争力和国际影响力明显增强的铁路网络，形成功能完善、衔接顺畅的对外铁路运输通道，对外经济和技术合作迈上新台阶，而这同时也是当前中国铁路运输中存在的不足之处。

（二）国际海运服务发展

在国际货物运输方式中，海上货物运输服务是最重要的方式，它占整个国际货物运输量的2/3以上。"中国货物贸易数量庞大，需求旺盛，但海运服务业落后，第三方运输服务不发达。"王宏淼分析认为，其一，中国海运专业化和产业化发展水平较低，运力不足，国际营销网络不健全，航运企业大面积亏损，经营状况不佳；其二，在国际贸易中的谈判地位不强，缺乏安排运输的主动权，尤其是高端服务业水平与发达国家相比竞争力较弱；其三，中国海运企业承运中国进出口货运量的份额偏低，约占总货量的1/4。

中国海运企业承运中国进出口货运量的总体份额偏低是造成运输服务贸易长期处于逆差状态的原因之一。此外，中国海运高端服务业水平与发达国家相比竞争力较弱，中国船队的总体规模偏小，运力结构、专业化船队、技术水平有待优化和提高。

业界人士指出，欧洲、日本和美国的原油进口采用的是FOB（装运港船上交货）条款，出口采用CIF（目的港码头交货）条款，而中国的进口商和出口商则与上述国家和地区的传统做法完全相反。由于航运公司无法介入贸易合同的签订，只能被动地等待市场上拥有话语权的租船方租用船舶承运货物，因此中国航运业难以承运"国货"。

近几年来，世界集装箱航运业经过一系列的并购重组，已经形成集装箱五个最大的班轮公司格局，中国的中远海运已经跻身于全球前五，仅次于马士基（丹麦)、地中海航运(瑞士)、达飞轮船(法国)。

据中国各大航运企业发布的2017年第一季度财报,中远海运集团旗下中远海控实现营业收入201.01亿元,同比增长48.14%;实现归属于上市公司股东净利润2.70亿元,同比扭亏为盈。财报显示:中远海控经营的集装箱船队规模达327艘,运力达170万TEU;第一季度完成货运量465.5万TEU,同比增长53.9%。

招商局集团旗下的招商轮船发布了2017年第一季度财报,前3个月实现营业收入17.60亿元,同比增长6.41%,港口航运行业平均营业收入增长率为8.48%;归属于上市公司股东的净利润为3.02亿元,同比下降27.99%,港口航运行业平均净利润增长率为14.14%。

招商轮船财报指出,中国、印度等主要原油进口国需求仍然强劲,市场结构依然稳定,船东对后市继续抱有信心;国际干散货航运市场需求强劲,虽然新运力交付仍然较多,但业界信心明显恢复,市场出现良好的复苏苗头。

上海国际航运研究中心发布了2017年第一季度中国航运景气报告。其中,航运信心指数值为115.42点,超过景气指数值(103.45点),说明中国航运企业家对未来的市场前景充满期望。此外,船舶运输企业、港口企业与航运服务企业经营状况预计均处于景气线之上。

四、内蒙古自治区运输物流业发展现状及问题分析

(一)发展现状分析

1. 基础设施不断完善,运输网络基本成型

"十二五"期间,内蒙古自治区不断强化物流基础设施建设,逐步完善铁路、公路、航空等多式联运网络,先后建成至锦州港、哈密等连接新疆、通达港口的铁路和甘其毛都等口岸铁路,建成30条高速、一级公路出区通道和满洲里等口岸一级公路,建成12个民用和通用机场,初步构建了南连北开、承东启西、通疆达海、连接口岸的物流通道格局。截至2015年底,全区公路网总里程达17.5万公里,铁路营业里程达1.35万公里,民航机场24个。

公路方面,内蒙古自治区14条出区高速公路和16条一级出区公路全部建成通车,85个旗县实现高速或一级公路连通,全区干线公路网技术等级和通行能

力得到稳步提升。东西部公路网基本完成贯通和对接,重要资源运输通道建设高速或一级公路进展迅速,重要口岸基本连通一级公路。以呼包鄂为主的中西部地区高等级公路网络较为完善,由国家和地方高速公路构成的高速公路网对各旗县的通达能力较强,且与宁夏石嘴山、银川,陕西榆林,山西大同、朔州,以及京津冀等周边主要城市之间都有高速公路连接;东部地区各盟市的对外交通则主要与相邻的东北地区主要城市相连,形成了呼伦贝尔连通哈大齐,乌兰浩特连通长吉图,赤峰、通辽连接沈阳、长春等若干条对外连接通道。2015年,全区公路运输完成营业性货运量12.0亿吨,货物周转量2239.96亿吨/公里。

铁路方面,内蒙古自治区对外铁路通道在西部有嘉策线通往甘肃,包兰线通往宁夏、青海、甘肃等西北地区,包神线通往陕西及西南地区,京包线通往山西、河北及京津地区;东部有叶赤线、大郑线通往辽宁,平齐线、白阿线通往吉林,滨洲线、通让线通往黑龙江,京通线联系河北及京津地区。内蒙古自治区内部连接东西部的铁路主要为集通线,是连接华北与东北的铁路干线,主要承担蒙西、宁夏与蒙东的物资交流。满洲里和二连浩特是两个大型陆运口岸,连接着俄罗斯和蒙古国,并可直达欧洲诸国。2015年,全区铁路货物发送量完成6.7亿吨,货物周转量为2023.9亿吨/公里。

民航方面,截至2015年底,内蒙古辖区正式运营的运输机场为24个。此外,阿拉善通勤航空试点、呼伦贝尔拓宽通用航空服务领域试点稳步推进,乌兰察布机场已完成选址,扎兰屯机场、霍林郭勒机场正在筹建。2012年,乌兰浩特机场新建仪表着陆系统及助航灯光系统工程、二连浩特机场新建导航台工程、鄂尔多斯机场航站区和飞行区扩建工程、通辽机场航站区改扩建工程已顺利完工并投入使用。2015年,内蒙古自治区货邮吞吐量达7.6万吨。

2. 物流市场特征鲜明,集中化趋势凸显

(1)运输总量增速较快,公路运输处于主导地位。从2000年以来,内蒙古自治区货运量和货运周转量呈快速增长的趋势。如表3-1所示,2017年,内蒙古自治区全年完成货物运输总量22.7亿吨,比上年增长13.5%;完成货物运输周转量5206.5亿吨/公里,比上年增长16.9%。其中,铁路货运量完成79968.5万吨,比上年增长14.5%;铁路货运周转量完成2442.0亿吨/公里,比上年增长20.3%(见图3-1)。公路货运量完成147483万吨,比上年增长12.9%;公路货物周转量完成2764.5亿吨/公里,比上年增长14.1%。航空货运量完成2.9万吨，比上年增长 2.9%（见图 3-2）。

表 3-1　2017 年内蒙古自治区各种运输方式完成货物运输量、周转量及增速

指标	2017 年	比上年增长（%）
货物运输总量	22.7 亿吨	13.5
铁路	8.0 亿吨	14.5
公路	14.7 亿吨	12.9
民航	2.9 万吨	2.9
货物运输周转量	5206.5 亿吨/公里	16.9
铁路	2442.0 亿吨/公里	20.3
公路	2764.5 亿吨/公里	14.1

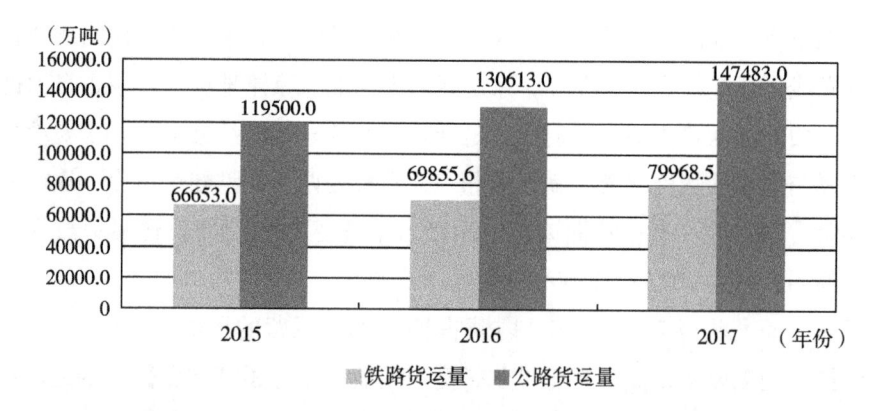

图 3-1　2015~2017 年内蒙古自治区全区货运量完成情况

资料来源：中国统计局。

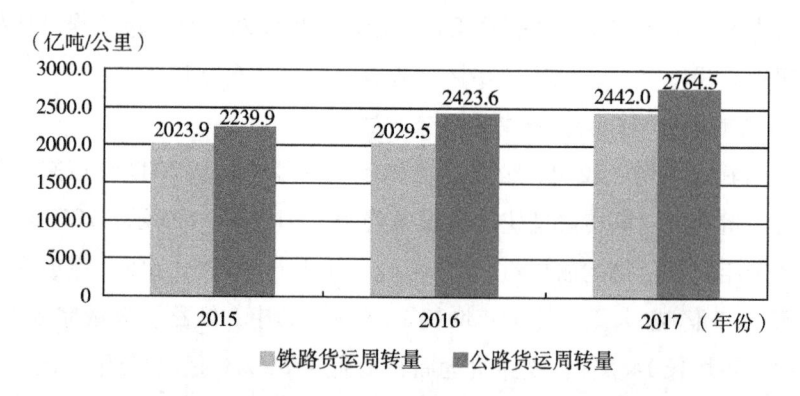

图 3-2　2015~2017 年内蒙古自治区全区货运周转量完成情况

资料来源：中国统计局。

据内蒙古自治区人民政府于2018年8月20日召开的自治区交通运输发展新闻发布会公布的数据显示，截至2017年底，全区铁路运营里程达1.4万公里，位居全国第一，覆盖12个盟市，与周边8个省区连通，已对俄蒙11个陆路口岸中的5个通达铁路，初步形成了连接"三北"、通疆达海的铁路运输网络。下一步，按照国家和自治区铁路网规划，将以高铁建设为重点，进一步完善路网结构，提升路网质量，为促进经济社会高质量发展提供强有力的保障。全区公路通车总里程19.9万公里，全国排第9位。其中，高速公路6320公里、一级公路7056公里、二级公路17235公里，分别在全国排第6位、第4位和第8位，农村公路总里程15.9万公里。全区12个盟市所在地均通了高速公路，103个旗县（市区）有99个通高速公路和一级公路，所有苏木乡镇和具备条件的嘎查村通了沥青水泥路。下一步，将在最大限度争取国家规划、项目、资金和政策支持的基础上，合理确定公路建设发展目标、规模和重点，加大前期工作研究和项目储备，加快续建和新开工项目建设，确保全面实现规划目标。截至2017年，全区有民用机场28个，其中运输机场20个，居全国第一位，实现了12个盟市运输机场全覆盖。2017年，全区共引入58家航空公司，开通航线429条、通航点116个，其中国际航线37条、国际通航点21个。

（2）物流市场集中趋势凸显。主要体现在以下几方面：首先，区域分布集中。公路货运量及货物周转量与各盟市经济总量、发展速度、产业结构具有一定的关联性。据统计，截至2017年，全区公路客运量达9000万人次、货运量达14.7亿吨，分别是改革开放之初的5.4倍和33倍。全区公路客货运输站场791个，是改革开放初期的8.6倍。全区客运线路达5204条，是改革开放初期的124倍。

其次，车轮上的经济迅猛发展。截至2017年8月，内蒙古自治区共建成等级货运站82个、客运综合运输枢纽2个、公路货运枢纽3个，重点建设了9个国家公路运输枢纽，建成投资亿元以上的交通物流园区54个，年营业额达270亿元，初步形成了"两区一带"（东部地区、西部地区、沿边口岸经济带）的现代物流发展格局，全区道路运输从业户数、营运车辆、从业人数分别达到20.7万户、33.2万辆、56.5万人。同时，2018年1~7月，全区民用机场累计完成旅客吞吐量1428.3万人次，同比增长17.6%。按照自治区航空建设规划和"十三五"时期通用航空发展规划，全区民航业发展将以强化区域性枢纽机场功能、升级改造既有运输机场、完善通用机场布局为重点，初步构建"1干19支4个通用机场群",为内蒙古自治区经济社会持续健康发展提供有力支撑。预计到2020年,全区民用机场总数达到50个(运输机场20个、通用机场30个);到2030年,初步形成以呼和浩特区域枢纽机场为中心、联通各盟市和重点旗县的运输机场群,以海拉尔、锡林浩特和赤峰、鄂尔多斯、阿拉善左旗机场为中心的4个通用机场群。

在全区,公路货运量及周转量主要分布在经济发达、生产加工企业聚集度高的呼包鄂地区。2015年,全区货运量列前五位的盟市分别为包头市、鄂尔多斯市、呼和浩特市、赤峰市和呼伦贝尔市(见图3-3)。西部地区货运量占总量的近70%(其中呼包鄂地区的货运量占全区总量的一半),东部五盟市的货运量占总量的31.2%。

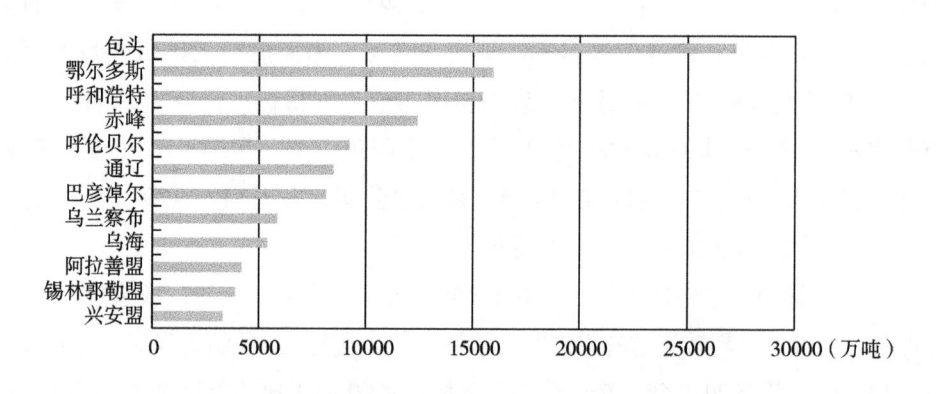

图3-3 内蒙古自治区2015年各盟市公路货运量

最后,物流目标分类集中。2015年,内蒙古自治区主要货物运输种类为煤炭及制品、矿物性建材、农林牧渔业产品、水泥、轻工医药产品、非金属矿石、粮食和钢铁,以上八种货物种类的货物运输量占全区总量近90%的比例。各货运量占比如图3-4所示。

(3)货物进出区量基本持平。2017年,全区营业性公路货运量累计完成147483万吨、货物周转量完成276447百万吨/公里。2015年,全区共完成公路货运量12.0亿吨,其中出区货运量5.0亿吨,占总量的41.7%;入区货运量4.5亿吨(含倒装货运量),占总量的37.5%;内销货运量2.5亿吨,占总量的20.8%(见图3-5)。

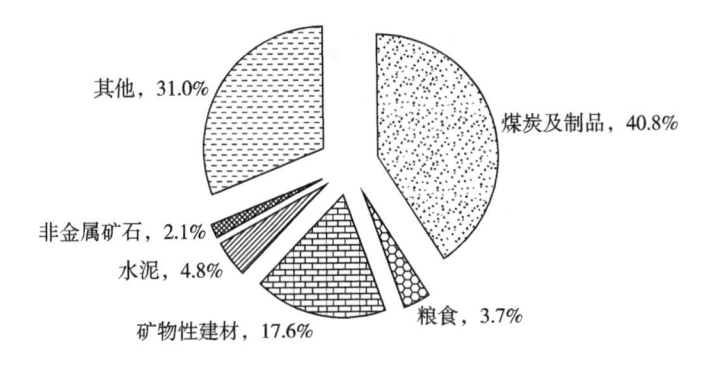

图 3-4 2015 年全区重点货物种类运输量占比

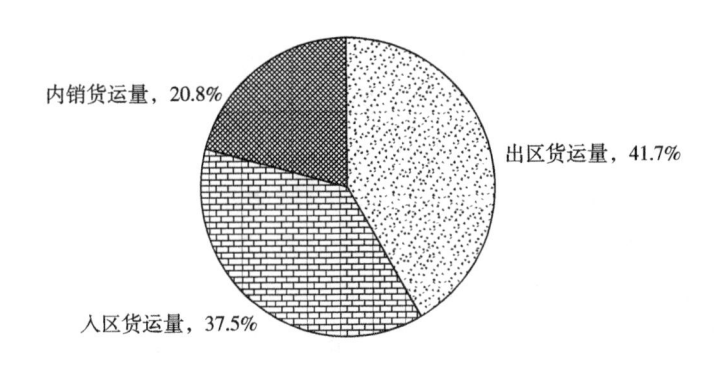

图 3-5 2015 年全区公路货运流向分布

出区货物运输的流向省份中,天津、河北、宁夏、辽宁、北京的运输量较为集中,运往这五个省份的货物运输量占比分别为 19.9%、18.0%、16.4%、15.2% 和 10.6%。与内蒙古自治区相邻的省份有黑龙江、吉林、辽宁、河北、山西、陕西、宁夏、甘肃,运往这八个省份的货运量占内蒙古自治区出区货运总量的 66.8%。2015 年全区出区货物流向省份运输量构成百分比如图 3-6 所示。

入区货物运输的来源省份中,来自天津市的货物运输量居首,为 1.1 亿吨,其次为河北、宁夏、辽宁和北京,来自这五个省份的货物运输量占比分别为 23.8%、19.6%、12.4%、11.2% 和 10.4%。来自与内蒙古自治区相邻的八个省份的货运量占内蒙古自治区入区货运总量的 63.2%。入区货物和出区货物流向基本对等。

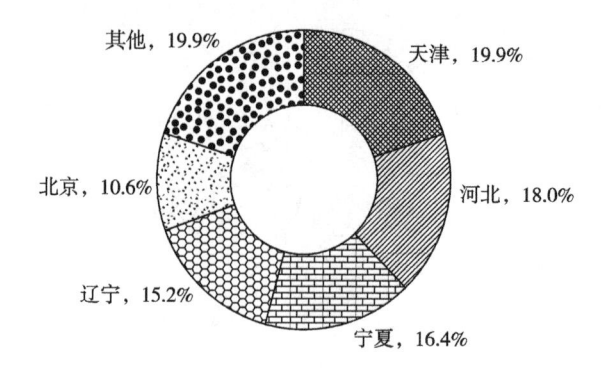

图3-6 2015年全区出区货物流向省份运输量构成百分比

3. 供给侧改革成效显著，道路货运主体成长迅速

全区通过改造、改制传统的运输和仓储企业，发展现代物流企业等途径，逐步形成了不同经营模式的物流企业共同发展的格局。培育了巴运、金港、安快、中昊、通运、内蒙古物资储运、红山、松山、阿康等一批本土物流企业，初步形成了多种经济成分和各种服务模式的第三方物流市场主体。

货运市场主体情况：截至2015年底，全区从事道路货物运输的业户为18.5万户，较"十一五"末降低6.6%，其中道路货物运输企业5681户、个体运输户17.9万户，个体运输户占全部运输业户的96.9%。如图3-7所示，从2011~2015年货运市场主体构成情况来看，全区从事道路货运的业户中，个体运输户的比例基本保持在96%左右，高于全国90.9%的水平，货运市场的集约化程度还有提升的空间。同时也发现，全区道路货运经营业户数量呈不断下降的趋势。截至2015年，全区从事道路货物运输的业户户均拥有车辆数1.7辆，较"十一五"末增长21.4%，货运集约化程度明显提高。

各盟市市场主体情况：2015年，全区道路货运经营业户（包括个体运输业户）平均每户所拥有的车辆数为1.73辆，超过全区平均水平的盟市有包头市、鄂尔多斯市、呼伦贝尔市、锡林郭勒盟、乌兰察布市、乌海市和阿拉善盟，货运集约化程度较高。总体看来，道路货运行业尤其是普通货物运输行业零散化趋势仍在扩大，但在危险品、专用运输、大型物件运输领域，企业化、专业化、规模化趋势较为明显。2015年全区不同盟市道路货运经营业户平均业户拥有车辆情况如图3-8所示。

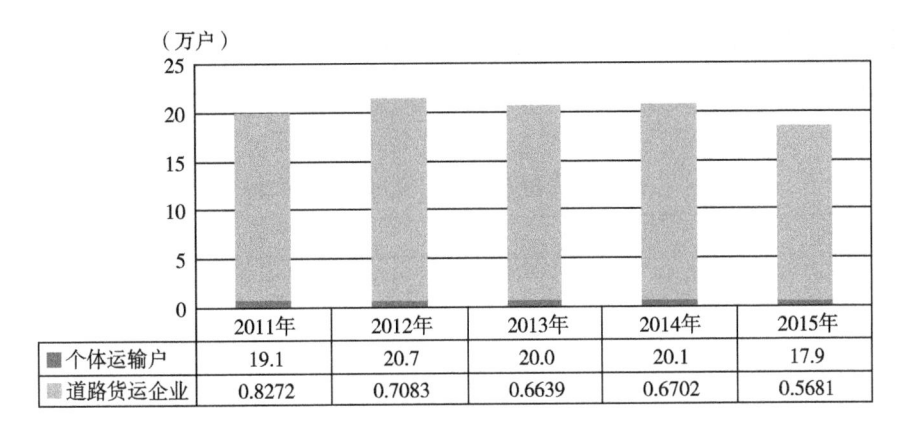

	2011年	2012年	2013年	2014年	2015年
个体运输户	19.1	20.7	20.0	20.1	17.9
道路货运企业	0.8272	0.7083	0.6639	0.6702	0.5681

图 3-7　2011~2015 年内蒙古自治区全区货物市场主体分布

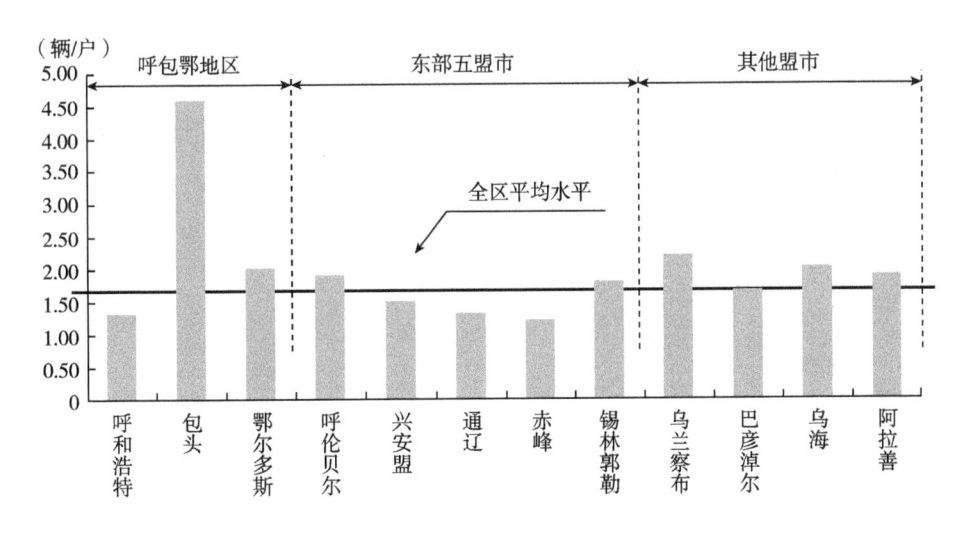

图 3-8　2015 年内蒙古自治区全区不同盟市道路货运经营业户平均拥有车辆情况

从业人员情况：截至 2015 年底，全区共有道路货物运输经营从业人员 41.9 万人。其中，驾驶员 40.3 万人（包括危险货物运输驾驶员 1.4 万人），占比 96.2%。货运车辆平均拥有驾驶员 1.3 人，危险货物运输车辆平均拥有驾驶员 1.7 人。

其他从业主体情况：全区货运相关从业主体包括货运代办、物流服务和信息配载三种。"十二五"期间，内蒙古自治区道路货运相关服务经营业户发展情况如表 3-2 所示：从事物流服务的业户明显增加，单纯从事货运代办、信息配载的业户数量在相应减少，这也充分显示未来发展综合物流信息服务是市场需求的发展方向。

表3-2 "十二五"期间道路货运相关服务经营业户发展情况　　单位：户

年份	物流服务	货运代办	信息配载
2011	214	574	419
2012	216	583	414
2013	507	528	445
2014	512	295	451
2015	592	188	490

4. 道路运输装备水平提升，结构不断优化

截至2015年底，全区共有营业性载货汽车（不包含牵引车数）27.6万辆，244.6万吨位。从标记吨位来看，全区营运货车以大型车和小型车为主，截至2015年底，大型车数量为12.5万辆（其中重型车9.5万辆），占全部营运货车的45.2%；中型车为1.2万辆，占全部营运货车的4.5%；小型车为13.9万辆，占全部营运货车的50.3%（见图3-9）。

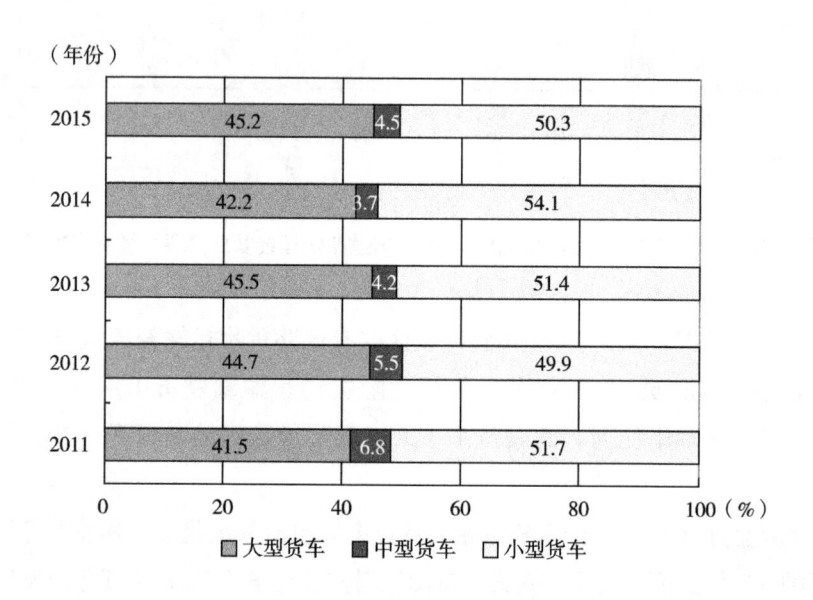

年份	大型货车	中型货车	小型货车
2015	45.2	4.5	50.3
2014	42.2	3.7	54.1
2013	45.5	4.2	51.4
2012	44.7	5.5	49.9
2011	41.5	6.8	51.7

图3-9 "十二五"期间大、中、小型货运车辆比重变化

从燃料类型来看，全区有汽油载货汽车2.8万辆，其中牵引车538辆；有柴油货车23.9万辆，其中牵引车4.1万辆；有其他燃料车2488辆，其中牵引车1080辆。从载货汽车类型来看，全区有一体货车22.7万辆，132.1万个吨位，车辆平均吨位数5.8；有牵引车4.3万辆；有挂车4.9万辆，112.5万个吨位，车辆平均吨位数22.8。牵引车与挂车比例约为1:1.2。

5. 运输信息平台初步搭建，信息化程度进一步提升

自2008年开始，为建设"内蒙古自治区交通物流公共信息平台"，自治区投资3000万元，建成自治区物流数据中心、交通运输指挥中心，各地也陆续建成了交通运输指挥中心，通过综合运用计算机技术、网络技术和通信技术，构建了覆盖各级道路运输管理机构、物流中心、物流企业和货运企业的高效、快速、通畅的信息网络系统。

2012年，内蒙古自治区交通运输管理局依托与中国航天科技集团合作的国家战略性新兴产业发展项目——"基于北斗的公共物流云位置综合服务平台研发应用示范系统建设"项目，开发研制了"内蒙古自治区交通物流公共信息平台"。该项目建设内容涵盖"智慧物流位置云服务平台"建设、"智慧物流公共信息平台"建设、"北斗兼容车载智能物流终端"研发、内蒙古自治区交通运输调度指挥中心建设和北斗兼容车载终端的示范应用五大方面。该项目总投资32664万元，于2012年8月正式被国家发展改革委及财政部列入国家战略性新兴产业发展专项资金计划[《关于2012年卫星及应用产业发展专项项目实施方案的复函》（发改办高技[2012]2083号）]。该项目于2014年12月顺利完工。

为进一步强化平台的应用，自治区交通运输厅印发了《关于做好〈基于北斗的公共物流云位置综合服务平台研发应用示范项目〉实施工作的通知》，与北斗卫星定位系统合作，逐步在货运车辆上加载北斗车载终端，并接入内蒙古自治区交通物流公共信息平台，提高了运输过程的准确性和可控性。同时于2012年12月1日出台了DB15/T476—2010《内蒙古自治区交通物流信息化标准》，明确规定了内蒙古自治区交通信息化基础数据元标准、交换和采集技术、GPS数据格式等相关方面。经过几年的探索，在各方的支持与努力下，"内蒙古自治区交通物流公共信息平台"初步搭建完成，已建成自治区物流数据中心、交通运输指挥中心2个中心和物流信息服务、人员资质认证、企业信用管理、交易信息服务、车辆定位跟踪、车辆维修救援、口岸物流服务七大应用系统。

全区大多数物流园区、物流配送中心和物流企业建立了物流管理信息系统。自治区级和11个盟市级的交通物流调度指挥中心投入使用，智慧物流位置云服务平台和智慧物流公共信息平台上线运行，北斗/GPS双模车载智能物流终端软硬件研制完成并已在15493台物流车辆上安装应用。全区各重点物流园区、物流配送中心和物流企业逐步注重采用信息管理技术、GPS全球定位系统、电子数据交换技术、BC条形码技术、RFID无线射频管理技术以及立体高层货架、托盘、集装箱等物流新技术、新装备，物流现代化水平逐步有所提高。但相对于内地发达省份而言，全区从事物流的企业信息化程度还是偏低，拥有综合信息平台（含筹建、调试）的企业不到1/4，应用POS（条码识别技术）和射频技术的企业相对比较少；绝大多数企业尚未建立健全的物流信息管理系统、电子数据交换系统和货物跟踪系统，物流企业信息化程度偏低，但大都在积极扩展信息化应用，特别是信息配载上，主要依靠外部信息发布渠道，如通过"天下通""物流天下"等搜寻货运行业各类供求信息，发布搜索货源、专线、车源信息等形式来满足需求。

（二）存在的主要问题

1. 物流网络不完善，通道发展制约明显

全区路网规模总量与区域总面积相比明显不足，网络覆盖面窄，公路网密度仅为全国平均水平的1/3，尤其是农村公路通达率低。道路技术等级不高。全区铁路电气化率和复线率远低于全国平均水平。煤炭运输、口岸运输的铁路出区通道不畅。虽然国家、自治区对公路、铁路等综合交通基础设施的建设力度不断加大，但仍不能满足自治区物流量快速增长的需要。尽管物流通道设施已经初步形成体系，但路网连通度不高的状况仍然存在，运输通道在规划、建设和改造时，未能充分考虑各种运输方式的协调、分工、合作，功能定位不清晰，未形成多种运输方式协调发展的综合运输体系。

2. 物流企业规模较小，第三方物流发展滞后

物流企业规模小，专业化、一体化发展滞后。自治区物流行业呈粗放式发展，进入门槛低，服务质量和水平不高。全区从事物流的企业（含配送信息部）有上万家，大部分是原运输、仓储、货代企业改制而成，规模偏小，整体上还是处于"小、散、弱"的状态。物流企业虽然已逐步接受现代物流理念，但大多数仍停留在传统的经营模式中，第三方物流少，提供物流服务的企业工作质量不高、服务内容有限，绝大多数物流企业只能提供单项或分段的物流服务，不能形成完整的物流供应链。

3. 物流信息体系不完善，信息平台覆盖面小

服务于全区的物流信息平台尚在推广使用阶段。物流公共管理信息平台、物流业务信息交换平台、企业物流信息处理平台在物流活动的各个环节并没有进行有效的规划、组织、协调与控制，未达到整体优化的目标。对于自治区货物运输量分布不均衡、流向不对称的运输结构导致物流运行效益不高等问题来说，搭建全区与外部共享的信息共享平台尤为迫切。

第四章 国际工程服务

国际工程承包是国际经济交往及技术合作的重要形式，也是服务贸易的重要组成部分。2017年全球经济形势逐步好转，国际工程承包市场呈现快速增长的趋势。中国是国际工程承包服务贸易出口大国，出口额稳步增长，国际市场份额不断提升。同时，国际工程承包企业数量多，竞争日益激烈。内蒙古自治区国际工程承包服务贸易发展正面临"中蒙俄经济走廊""五通"建设的发展机遇，需要得到政府、行业、企业进一步的支持和发展。

第四章　国际工程服务

一、国际工程服务概述

(一) 国际工程服务内涵

国际工程承包是指一个国家的政府部门、公司、企业或项目所有人（一般称工程业主或发包人）委托国外的工程承包人按规定的条件承担完成某项工程任务。国际工程承包是一种综合性的国际经济合作方式，是国际技术贸易的一种方式，也是国际劳务合作的一种方式。之所以将这种方式作为国际技术贸易的一种方式，是因为国际承包工程项目建设过程中，包含大量的技术转让内容，特别是项目建设的后期，承包人要培训业主的技术人员，提供所需的技术知识（专利技术、专有技术），以保证项目的正常运行。

(二) 国际工程服务类型

1. 项目类型

国际工程服务类型主要包括基础设施（交通、能源、通信、农业工程等）和土木工程（包括事业单位：学校、医院、科研机构、演剧院等，住宅房产）；以资源为基地的工程；制造业工程。

2. 承包种类

（1）按承担责任划分。可以分为以下四种：

1) 分项工程承包。发包人将总的工程项目分为若干部分，发包人分别与若干承包人签订合同，由他们分别承包一部分项目，每个承包人只对自己承包的项目负责，整个工程项目的协调工作由发包人负责。

2) "交钥匙"工程承包。"交钥匙"工程指跨国公司为东道国建造工厂或其他工程项目，一旦设计与建造工程完成，包括设备安装、试车及初步操作顺利运转后，即将该工厂或项目所有权和管理权的"钥匙"依合同完整地"交"给对方，由对方开始经营。因此，"交钥匙"工程也可以看成是一种特殊形式的管理合同。要完成"交钥匙"工程，不等于组织大而全的集团公司，而是按市场经济规律，本着互惠互利、相互促进及相互支持的原则。要承担"交钥匙"工程，服务单位没有一定经济实力是不行的。

3）"半交钥匙"工程承包。承包人负责项目从勘察一直到竣工后试车正常运转符合合同规定标准，即可将项目移交给发包人。它与"交钥匙"工程承包合同的主要区别是不负责一段时间的正式生产。

4）"产品到手"工程承包：承包人不仅负责项目从勘察一直到正式生产，还必须在正常生产后的一定时间（一般为二三年）内进行技术指导和培训、设备维修等，确保产品符合合同规定标准。

（2）按计价方式划分。可以分为以下两种：

1）固定价格合同（也称总包价格合同）。是指在约定的风险范围内价款不再调整的合同。双方需在专用条款内约定合同价款包含的风险范围、风险费用的计算方法以及承包风险范围以外的合同价款调整方法。

2）成本加费用合同。是指承包人垫付项目所需费用，并将实际支出费用向发包方报销，项目完成后，由发包人向承包人支付约定的报酬。

（3）承包内容。按照成包内容可分为建筑项目的咨询，工程设计技术服务；材料、设备的采购，动力提供；施工、安装、试车；人员培训，即使业主今后能管理工程，在施工中也会培训；建成项目的管理、指导、供销。

（4）合同内容。招标成交的国际工程承包合同不是采取单一合同方式，而是采取另一种合同方式，这种合同是由一些有关文件组成的，通常称为合同文件（contract documents）。合同文件包括：招标通知书、投标须知、合同条件、投标书、中标通知书和协议书等。按照国际上通用的"合同条件"，一般包括以下内容：

监理工程师和监理工程师代表权责条款：合同中应该规定，发包人须将其任命的监理工程师及时通知承包人，监理工程师是发包人的代理人，在监理工程师中选定监理工程师代表负责监督工程施工和处理履约中出现的问题。

工程承包的转让和分包条款：合同一般规定，承包人未经发包人或其代理人同意，不得将全部合同、合同的任何部分、合同的任何利益和权益转让给第三者。经发包人或其代理人同意，承包人方可把部分工程分包给他人，但原承包人仍对全部工程负责。

承包人一般义务条款：根据合同规定，承包人应该负责工程项目的全部设计和施工，并无偿提供施工所必备的劳务、材料、机器设备及管理知识。

特殊自然条件和人为障碍条款：工程承包合同一般来说履行时间较长，在履行合同中，可能会由于特殊自然条件和人为原因给工程的施工带来困难，必须采取一定的措施才能排除。例如，增加施工机械设备、劳动力、材料等，就要增加承包费用或推迟工程进度。以上问题须经监理工程师或监理工程师的代表确认，发包人才能偿付额外增加的费用或同意工程延期。

竣工和推迟竣工条款：合同中规定竣工时间和标准，工程完成后承包人经监理工程师或其代表验收无误后发给竣工证明，标志着工程项目已全部竣工。如果出现一些特殊情况，如工程变更、自然条件变化、人为障碍使工程延误，承包人经监理工程师同意，可以延长工程的竣工期限。

专利权和专有技术条款：承包人或分包人须向发包人提供专利和专有技术，并承担被第三方控告合同范围内专利权为非法以及专利权被第三方侵犯时的责任；承包人提供的专有技术，双方应订立保密条款。

维修条款：合同中的维修条款是说明维修期限和维修费用的负担问题。维修期限一般是从竣工证书签发之日起计算，一般土木工程维修期为十二个月。在维修期内，承包人应按监理工程师的要求，对工程缺陷进行维修、返工或弥补等。如果工程的缺陷是由于承包人的疏忽造成，由承包人负担此而引起的费用。如果由于其他原因造成，由发包人负担费用。

工程变更条款：合同签订后，发包人或监理工程师有权改变合同中规定的工程项目，承包人应按变更后的工程项目要求进行施工。因工程变更增加或减少的费用，应在合同的总价中予以调整，工期也要相应改变。

支付条款：支付条款一般规定在合同条件的"特殊条件"之中，主要包括：预付款，即工程开工前，发包人应按合同规定支付给承包人一部分预付款，预付款金额一般是合同总价的 5%～15%，以便承包人购置机械设备和采购材料等；临时结算，即发包人每月向承包人支付一次，发包人每月支付的金额应扣除承包人的保留金，保留金通常是每月支付金额的 5%～10%，但保留金的累计金额达到合同总价款的 5% 时就不再扣留，承包人交付的保留金应在工程竣工和维修期满后全部退还给承包人；支付期限，即一般规定，在监理工程师签发给结算单之日起十五天至三十天以内，发包人要向承包人付清费用；迟付加息，即如果发包人不按规定付款，应按工程项目所在国中央银行放款利率加息。自结算证书之日起三十天内，发包人付清全部价款。

违约惩罚条款：合同项下的双方当事人在履行合同过程中，可能会出现违约的行为，针对各方违约的情况，分别订立违约惩罚条款。对承包人违约的惩罚：承包人凡是未经发包人书面同意而转让和分包承包工程，承包人凡是无正当理由不按时开工，承包人未按合同规定标准准备材料，承包人不听从监理工程师的正当警告，承包人忽视工程质量等，均属承包人的违约行为。对此，发包人有权终止合同，没收承包人的履约保证金或者采取其他必要的惩罚措施。对发包人违约的惩罚：未向承包人按时支付费用；干扰、阻碍或拒绝向承包人签发付款证明；无正当理由中途决定停工，故意制造事端，挑剔和责难承包人；等等。以上属于发包人的违约行为。对于发包人的违约行为，承包人有权终止合同，发包人须赔偿承包人因准备开工或施工中所有费用的支出和机器设备折旧费用、运输费用等。除上述合同条款外，还要订立仲裁条款、特殊风险条款等。

（三）承包特点

1. 项目内容复杂广泛

国际工程承包和劳务合作由于涉及的面比较广、程序复杂，从经济和法律等方面来看，比一般商品贸易和一般经济合作的要求高得多。在技术上，包括勘探、设计、建筑、施工、设备制造和安装、操作使用、产品生产；在经济上，包括商品贸易、资金信贷、技术转让、招标与投标、项目管理等；在法律上，既要遵循国际惯例，又要熟悉东道国法律、法规、税收等；此外，派出人员还必须了解东道国的风俗习惯，才能签订一个平等互利并能顺利实施的工程承包项目。

2. 工程周期长、风险大

一项承包工程劳务合作项目，从投标及接受委托到工程完成，一般要经过很长的时间，项目金额一般在几百万美元以上，有的甚至高达几十亿美元。在国际政治经济形势多变，有些国家又经常发生政府更迭或政策变动的情况下，承包人承担的风险很大。此外，投标承包项目，投标人的报价必须是实盘，一经报出，不得撤回；如果要撤回，不但投入的费用无法收回，而且投标保证金也将被没收。因此，承包人必须量力而行，认真研究，慎之又慎。

3. 政府的支持和影响

国际工程承包是一种综合性的交易，许多国家政府都直接开设公司或支持本国的工程承包公司开展这方面的业务，并采取措施使本国的承包公司从单纯的劳务输出向承包工程发展，从小型项目到大型项目发展，从劳动密集型项目向技术密集型项目发展。许多外国公司利用自身先进技术和高水平管理的有利条件，与东道国的承包公司进行联合，以期在该国项目竞标中获取优势。

4. 国际工程承包涉及面广

虽然国际工程承包的当事人是业主和承包人，但在项目实施过程中，要涉及多方面的关系。例如，业主方面涉及聘用的咨询公司、建筑工程师；承包人方面涉及合伙人或分包商、各类设备和材料供应商等。此外，工程承包还涉及银行、保险公司一类的担保人或关系人。规模大、技术复杂的大型工程项目可能由多个国家的承包商共同承包，所涉及的关系更为复杂。因此，对业主和承包人来说，要使工程项目顺利完成，必须有处理好各种复杂关系的能力。

5. 国际工程承包履约具有连续性

国际工程承包履约具有渐进性和连续性。在工程承包中，施工过程就是履约过程。在整个施工期间，对工程的质量，承包人始终承担责任，并根据合同不断接受业主的检查直至最后确认。

（四）承担保险

1. 国际工程承包活动的风险

（1）政治风险。从影响程度上来看，政治风险是影响国际工程承包风险的重要决定性因素，如果一个国家或地区政局不稳及其可能导致的风险会对工程承包项目的实施带来不可预知的损失。从地域来看，当前中国建筑施工企业的国际工程主要集中在非洲，其中的部分国家仍处于政治经济的转型时期，存在一定的不稳定性，如战争、政治动乱、国有化、民族矛盾突出、对外关系等政治活动都将直接对项目实施产生影响。

（2）经济风险。因经济发展的不确定性而对国际工程承包商从事正常的经济活动产生影响使其遭受经济损失的可能性，如物价上涨与价格调整、保护主义、汇率变动、利率调整等对项目运作产生的影响，是市场经济发展过程中不可避免的现象之一。其中，作为国际工程中不可回避的风险——各国货币的汇率变动，以及人民币升值，都对承包商产生压力，如何最大限度地规避汇率风险、合理避免汇率变动造成的损失，是一个国际工程承包中风险防范的重要内容。

（3）环境风险。具体包括自然环境风险和社会人文环境风险两个方面。从自然环境来看，施工项目所处地理环境、地形、气候、地质等要素都可能对工程施工构成障碍或不利条件。例如，在进行工期预算时忽视当地的气候条件，导致因高温、暴雨、冰雪等延误工程进度。同时，也包括由于自然灾害因素的不确定性对于项目工程进度带来的风险。从社会人文环境来看，当地的社会服务条件、秩序、宗教信仰、人文民风等也有可能对承包商企业运作经营带来各种束缚和不便，产生风险。

（4）管理风险。国际工程承包市场风险除外部的客观因素的影响外，工程承包商自身存在的问题，如经营水平不高、施工管理水平有待提高等所引起的风险，更不容忽视。而且一旦风险的产生是由于承包商自身因素所导致的，需由承包商自行承担相应的责任。一是缺乏对于国际工程市场行情的了解和缺乏投标报价的经验，导致报价缺乏科学性和预见性，对于招标条件全都给予无条件地接受，给执行工程带来影响和风险。二是对于国际工程合同缺乏深入的研读，在理解合同内容上存在局限，难以有效规避合同中存在的各类陷阱，必然会给工程项目的执行和损失的索赔带来风险。三是受国际规范和专业规范不熟悉的限制，承包商技术经验不足，未能完全根据业主的要求进行项目的设计和实施，结果造成工程的反复，影响企业效益。四是在工程建设中引进工程分包队伍是当前国际承包项目运作中的普遍做法，但在分包队伍的引进及管理方面存在的问题极易造成风险和效益的损失。另外，承包商在项目工期编制技巧、国际设备材料采购与管理、国际施工管理等方面存在的不足，都不可避免地将对工程的顺利开展造成阻碍，影响企业的预期经济目标，给国际工程项目带来较大的风险。

2. 国际工程承包的险别

（1）工程一切险。工程一切险（全险）指对于工程项目施工期间由于自然灾害、意外事故、工人或技术人员的操作疏忽和过失而造成的损失，以及对第三者造成的人身伤害或财产损失，保险公司都负责赔偿的一种险别。一般包括已完工程、在建工程、已到达现场的材料、施工机械设备、临时工程、现场的其他财产等。工程一切险是普通险，不承保由于战争、罢工、政策变化、违约等原因导致的损失。

（2）第三方责任险。第三方责任险指施工期间，由于任何事故给予工程无关的第三方造成的财产损失或人身伤亡，保险公司负责赔偿的一种险别。第三方责任险只针对保险公司和被保险人以外的第三者的财产损失或人身伤亡，不包括被保险人财产损失或雇员的伤亡,而且只有在被保险人依法承担赔偿责任时,保险公司才予以办理赔偿。

(3) 人身意外险。人身意外险是指保险公司负责赔偿被保险人在施工中因意外事故致使人身伤亡损失的一种险别。承包合同一般规定承包商必须为施工人员投保人身意外险,在投保人身意外险时,还可同时附加由意外事故致伤的医疗保险。人身意外险的保险金额应视施工所在国法律而定,有些国家允许承包商为外国雇员在国外保险公司投保,但本地雇员必须在本国保险公司投保。

(4) 汽车险。汽车险是指施工运输车辆在工地以外发生事故,保险公司负责赔偿由此而造成的损失的一种险别。施工中运输车辆的风险分为工地内风险和工地外风险两类,汽车险仅负责在工地外发生事故造成的损失,而施工车辆在工地内发生事故导致的损失应属于工程一切险的责任范围。有些国家对施工车辆实行强制性保险,未投保汽车险的施工车辆不许在公路上行驶。

(5) 货物运输险。货物运输险是指工程所需的机械设备、原材料、零部件等在运输期间遭受自然灾害和意外事故造成损失,保险公司负责赔偿的一种险别。在国际工程承包活动中,采购施工机械、设备、原材料和零配件的费用一般占整个工程费的50%~80%,这些物资的运输大多通过海运,在海运风险如此之大的今天,为运输中的货物投保是非常必要的。货物运输险的险别很多,一般分为两大类:一类是可以单独投保的基本险,即平安险、水渍险和一切险;另一类是不能单独投保只能在投保了一个基本险之后加保的附加险,附加险本身也分成三种,即一般附加险、特别附加险和特殊附加险,而且每种附加险又有很多险别,至于投保哪一险别,应视货物的性质而定。货物运输险的保险金额一般可按CIF价格(成本加保险费和运费价)的110%投保。

二、中国对外承包工程服务发展现状分析

2017年,中国对外承包工程业务完成营业额11382.9亿元,同比增长7.5%(折合1685.9亿美元,同比增长5.8%),新签合同额17911.2亿元,同比增长10.7%(折合2652.8亿美元,同比增长8.7%)。2017年,中国提出的"一带一路"倡议深入推进,伴随"一带一路"国际合作高峰论坛的成功举办,"一带一路"倡议得到越来越多国家和国际组织的积极支持和热情参与,合作成果丰硕。

在此背景下，中国对外承包工程行业在"一带一路"国际合作中发挥了不可替代的重要作用。总体来看，业务发展呈现以下四个特点。

（一）业务规模继续保持稳步增长

在"一带一路"倡议的强劲推动下，对外承包工程业务发展势头良好。2017年，中国对外承包工程业务完成营业额1685.9亿美元，同比增长5.8%；新签合同额2652.8亿美元，同比增长8.7%。其中，"一带一路"沿线国家业务占据半壁江山，新签合同额、完成营业额分别占54.4%和50.7%，业务增速明显高于行业平均水平。项目大型化趋势明显。

2017年，新签合同额在5000万美元以上的项目有782个，合计1977.4亿美元，占新签合同总额的74.5%。其中，上亿美元项目有436个，10亿美元以上项目有33个。大型重点合作项目令人瞩目，如马来西亚东部海岸铁路项目和印尼美加达卫星新城项目，合同金额双双突破100亿美元；蒙内铁路、中老铁路等区域互联互通项目积极推进；科伦坡港口城、吉布提港等项目建设"点亮"海上丝绸之路新航程；中国企业在44个国家投资建设的99个经贸合作区，有力地推动了东道国经济和社会的发展。2017年，65家会员企业进入ENR 250家最大国际承包商排行榜，企业国际业务总收入占全部上榜企业的21.1%，特别在房建、交通、电力、水利、通信等领域保持领先地位。

（二）行业市场格局稳中有变

2017年，中国对外承包工程业务仍主要集中在亚洲和非洲市场。其中，亚洲市场独占鳌头，会员企业新签合同额突破1400亿美元，占新签合同总额的54.1%；在非洲市场的新签合同额达765亿美元，占新签合同总额的28.8%。受国际原油价格持续低位运行以及非洲各国财政紧缩的影响，会员企业在非业务呈下滑趋势，新签合同额同比下降6.8%，完成营业额下降1.8%。在拉美和欧洲市场，会员企业业务拓展成效显著，新签合同额均超过150亿美元。

（三）企业转型升级取得成效

广大企业积极推进业务模式创新，探索转型升级的新路径。部分企业积极尝试BOT、PPP等业务模式；部分企业开展多元化经营，在农业、能源、资源开发、技术服务等领域寻求新的增长点；更有企业整合重组国际资源，通过投资并购、合股经营等方式拓展新的业务空间。2017年10月，中交建收购加拿大第三大建筑工程公司AECON，成为成功运用并购方式进入新市场的最新案例之一。

（四）行业溢出效应日益显著

2017年，对外承包工程业务对全产业链"走出去"的带动作用进一步增强。据商务部统计，2017年，对外承包工程带动货物出口153.9亿美元，同比增长15.7%，高于同期货物贸易出口增幅。其中，亚吉铁路、蒙内铁路、尼日利亚阿卡铁路等项目不仅带动先进国产设备走出国门，且项目全线采用中国标准建设，体现了中国龙头工程企业对相关产业的辐射带动力度进一步加大。此外，在产能合作方面，以中白工业园、苏伊士经贸合作区等为代表的境外经贸合作区有效推进，促进了中国优势产能同当地需求的有效对接。

三、中国对外劳务合作现状分析

2017年，中国对外劳务合作业务总体保持稳定发展态势，派遣人数和期末在外人数均呈现恢复增长态势，主要体现在以下几个方面。

（一）总体呈现增长势头

1. 年度派出人员规模止跌回增

2015年以来，中国对外劳务合作派出人员连续两年下滑，2017年止跌回增，当年共派出各类劳务人员52.2万人，较上年增加2.8万人，增幅达5.7%。其中，承包工程项下派出22.2万人，同比派出规模有所下降；劳务合作项下派出30万人，同比派出规模有所上升（见表4-1）。

2. 期末在外人员规模小幅增加

2017年，中国在外各类劳务人员97.9万人，较上年增加一万人，增幅为1%，主要分布在日本、中国澳门、新加坡、阿尔及利亚、中国香港、沙特阿拉伯、巴拿马、马来西亚、安哥拉、巴基斯坦等国家或地区（见表4-2）。

表 4-1　2013~2017 年中国对外劳务合作派出人数、期末在外人数统计

单位：万人

年份	派出总人数	其中		在外总人数	其中	
		工程项下	劳务项下		工程项下	劳务项下
2013	52.7	27.1	25.6	85.3	—	—
2014	56.2	26.9	9.3	100.6	40.9	59.7
2015	53	25.3	27.7	102.7	40.9	61.8
2016	49.4	23	26.4	96.9	37.3	59.6
2017	52.2	22.2	30.0	97.9	37.7	60.2

资料来源：商务部统计数据。

表 4-2　2017 年中国对外劳务合作业务人员分布的主要国家地区

1~12 月派出各类劳务人员			12 月末在外各类劳务人员		
国家或地区	人数（人）	比重（%）	国家地区	人数（人）	比重（%）
中国澳门	61657	11.8	日本	143894	14.7
中国香港	57670	11.0	中国澳门	128647	13.1
新加坡	42409	8.1	新加坡	95488	9.8
日本	38672	7.4	阿尔及利亚	61491	6.3
巴拿马	27589	5.3	中国香港	58642	6.0
阿尔及利亚	21151	4.0	沙特阿拉伯	29507	3.0
马来西亚	18339	3.5	巴拿马	28732	2.9
沙特阿拉伯	18065	35	马来西亚	27919	2.9
巴基斯坦	17693	3.4	安哥拉	25567	2.6
老挝	16728	3.2	巴基斯坦	21278	2.2
合计	319973	61.2	合计	622265	63.5

资料来源：商务部统计数据。

与 2016 年派遣人数规模位列前十的国家或地区相比，除伊拉克被老挝取代外，其他国家地区仍保持在前 10 位内；从在外人数规模来看，巴基斯坦超过印度尼西亚，进入在外人数规模前 10 位序列。其中，阿尔及利亚的派遣人数规模和在外人数规模均持续大幅降低，在外人数从 9.16 万人降至 6.15 万人，降幅近 33%。

3. 累计外派再创新高

截至2017年12月底，中国对外劳务合作业务累计派出各类劳务人员902.2万人次，突破900万人次大关。

（二）国别地区排序趋稳

从国别地区市场分布情况看，亚洲、非洲地区仍然占据劳务合作项下、工程项下外派劳务人员规模的主导地位。其中，港澳地区、新加坡、日本以接收劳务项下劳务人员为主，阿尔及利亚、马来西亚、沙特阿拉伯、巴基斯坦以接收工程项下劳务人员为主，外派人数和期末在外人数稳居前列。

（三）行业构成变化明显

主要呈现以下两个特点。

1. 行业构成增减参半

2017年，我国在外各类劳务人员的行业分布变化明显。与2016年相比，建筑业、农林牧渔业、计算机服务和软件业以及其他行业同比均有一定程度的减少，其中建筑业降幅明显；交通运输业、制造业、住宿和餐饮业、科教文卫体业同比有所增加，其中交通运输业受益于国际航运业复苏，外派海员业务增幅较大（见表4-3）。

表4-3　2017年末中国在外各类劳务人员行业构成情况

行业类别	在外各类劳务人员（万人）	比重（%）	较上年同期增减（人）
农林牧渔业	5.3	5.4	-3261
其中：渔船船员	2.2	2.2	-1023
农业种植	1.7	1.7	-1287
制造业	15.8	16.1	4881
其中：纺织服装	2	2.0	-598
电子	1.6	1.6	1428
机械加工	1.9	1.9	1185
建筑业	42.5	43.4	-26704
其中：设计监理人员	0.39		29
交通运输业	13.5	13.8	32777
其中：海员	12.7	13.0	30909

续表

行业类别	在外各类劳务人员（万人）	比重（%）	较上年同期增减（人）
空乘	0.12		203
计算机服务和软件业	0.3	0.3	−151
住宿和餐饮业	5.5	5.6	2809
其中：厨师	0.81		315
科教文卫体业	0.8	0.8	747
其中：护士	0.086		−85
中医	0.008		68
其他行业	14.2	14.5	−785
合计	97.9	100.0	10313

资料来源：商务部统计数据。

制造业作为中国对外劳务合作的主要行业，近年来外派人员规模及在外人员规模均保持平稳态势。机械加工、电子等行业稳中有升。纺织服装行业因收入低、管理难等原因稳中有降；建筑业是中国对外劳务合作的优势行业，长期占据我国对外劳务合作行业规模的首位。近年来，随着建筑劳动力成本的不断上升以及企业当地用工数量的上升，中国对外劳务合作外派人员和在外人员规模出现整体下降；随着中国西部海员资源培育和开发工作的实施，2017年中国注册船员超过150万，稳居全球第一。受海乘人员增长等因素的影响，2017年海员在外人员规模出现较高幅度的扩大。

2. 主要行业占比加大

2017年末，我国在外各类劳务人员主要分布在建筑业、制造业和交通运输业三大行业，合计人数71.8万人，所占比重为73.3%。其中，建筑业在外人数42.5万人，同比下降2.67万人次，在外人员规模占比仍达43.4%；制造业在外人数15.3万人，同比增加0.49万人，在外人员规模占比为16.1%；交通运输业在外人数13.5万人，同比增加3.28万人，其中海员增加3.09万人，增幅最大。

（四）工程项下外派连降

自2014年以来，由于对外承包工程企业属地化用工和第三国劳务用工增加以及受个别国别地区政策性因素的影响，我国工程承包项目用工需求有一定起伏，工程项下外派劳务人员规模呈下降态势。

第四章 国际工程服务

(五) 骨干企业占比略降

通过分析企业业绩的分布可以看出,对外劳务合作业务集中度反映明显,业务规模排名前列的企业仍然占据较大份额。2017年,外派劳务人数位居前列的有水电国际、北京鑫裕盛、珠海国际、中海海员、福建中福对外、华洋海事中心等企业,前20家企业外派各类劳务人员合计约14.2万人,同比减少0.5万人,所占比例由上年的29.6%下降为27.1%,仍处高位;期末在外人数合计约19.2万人,同比增加0.9万人,所占比例由上年的18.2%略升至18.9%(见表4-4)。

表4-4 2017年派出各类劳务人员排名前20位的企业情况   单位:人

序号	企业简称	2017年累计派出人数	12月末在外人数
1	水电国际公司	13681	22366
2	北京鑫裕盛船舶	10804	8882
3	广东珠海国际公司	10137	17851
4	中海海员对外	9790	6922
5	福建中福对外	8301	17945
6	华洋海事中心	8292	5948
7	中泉(集团)公司	7870	4162
8	中建总公司	7210	21495
9	中国广州国际	6581	9869
10	厦门海隆对外	6496	4724
11	南粤人力	5918	9732
12	中国福州国际	5707	10439
13	中原工程公司	5653	1373
14	二十冶集团	5590	4948
15	中水舟山渔业公司	5463	9333
16	中国石化炼化工程	5248	6123
17	中国路桥集团	4980	9007
18	中智公司	4754	9294
19	广东江门外劳	4566	4950
20	葛洲坝股份公司	4525	6721
	合计	141566(占比27.1%)	192084(占比18.9%)

资料来源:商务部统计数据。

(六) 省市排序基本稳定

2017年，中国各省（市、自治区）派出各类劳务人员44.2万人，较上年增加1.9万人；所占比重为84.6%，较上年下降1%。其中，位列前三位的省份是山东省、福建省和广东省；派出人数在两万人以上的有山东省、福建省、广东省、江苏省、上海市、河南省和辽宁省7个省市，较去年减少一个省市；派出人数在1万~2万人的有北京市、天津市、浙江省、湖北省、安徽省和湖南省6个省市，较上年增加一个省市。

(七) 经营主体规模有所减少

截至2017年2月23日，具备对外劳务合作经营资格的企业共805家，比2016年同期的828家减少23家。

(八) 出国务工咨询大幅增加

2017年，承包商会外派劳务人员投诉中心共受理劳务人员信访10件次，涉及劳务人员40人；上访13批次，涉及劳务人员42人。向劳务人员提供咨询1355人次。与2016年相比，上访批次、信访件数和涉及人数有所增加，咨询人数较2016年有大幅度增加。

四、对外承包工程和劳务合作发展现状及对策建议

改革开放以来，中国对外经济合作事业发展迅速，对外承包工程和劳务合作取得了前所未有的良好业绩，新签合同额和完成营业额都不断刷新纪录，外派劳务人数也有增加。对外工程承包和劳务合作业务遍及多个国家和地区，形成了以亚洲、非洲为主的全方位、多层次、宽领域的对外开放格局，市场分布呈多元化推进的趋势。2017年，世界经济表现良好，全球经济进入上行周期，上行力度不断增强。美国和欧元区经济增速均超出预期。自2016年2月起，矿产品、原油等资源型大宗商品价格全线反弹，提振了非洲、拉美地区国家的经济。在这种背景下，国际工程承包市场逐步企稳向好。

中国对外承包工程和劳务合作业务的经营主体国际竞争力明显增强，分布在

建筑、石油化工、水电、交通、冶金和有色金属、铁路、煤炭、林业、航空航天等国民经济的各个行业领域和全国各省（市、自治区）。2018年度美国《工程新闻纪录（ENR）》"全球最大250家国际承包商"榜单发布，250家上榜企业海外营业总额为4820.35亿美元，较上年同比增长0.29%，为三年来首次出现增长。

由中国对外承包工程商会组织参评的中国内地企业（以下简称中国企业）中，共有69家企业入围"全球最大250家国际承包商"，较上年增加4家，上榜企业数量蝉联各国榜首，土耳其以46家上榜企业居第2位。69家中国上榜企业的国际营业额共计1140.97亿美元，较上年提高15.3%，占所有上榜企业国际营业总额的23.7%，较上年提升2.6个百分点。其中，3家企业进入前10强，分别是中国交通建设股份有限公司（排名第3位）、中国建筑股份有限公司（排名第8位）、中国电力建设股份有限公司（排名第10位）；共有10家企业进入前50强。在ENR同期发布的"最大250家全球承包商"榜单中，中国建筑股份有限公司、中国中铁股份有限公司、中国铁建股份有限公司、中国交通建设股份有限公司继续包揽前4强，共7家中国企业进入前10强，中国电力建设股份有限公司排名第6位，上海建工集团有限公司排名第9位，中国冶金科工集团有限公司排名第10位，体现了中国企业在全球基建市场的领军地位。

2017年，中国非金融类对外直接投资1200.8亿美元，同比下降29.4%。从行业分布情况来看，流向制造业191.2亿美元，同比下降38.4%，占15.9%，其中流向装备制造业108.4亿美元，较上年下降39.3%，占制造业对外投资的56.7%。

（一）行业概况

1. 业务加速向"一带一路"沿线国家集中

2017年，行业企业在"一带一路"沿线国家市场新签合同额1443亿美元，占同期新签合同额的54.4%，完成营业额855亿美元，占同期总额的50.7%，主要合作领域涉及互联互通和基础设施建设、产能合作、能源、产业园区等。

亚洲市场业务增势喜人，新签合同额占比达到历史新高，达54.2%。在东南亚、南亚市场业务实现较快增长，马来西亚、印度尼西亚、巴基斯坦、孟加拉四个市场新签合同额超过100亿美元，业务主要集中在交通、房建、通信工程、工业建设、废水（物）处理等领域。

非洲市场业务总体规模下滑。新签合同额和完成营业额均同比下降，新签合同额占比下降至29%，为2011年以来最低。

拉美市场业务表现低迷，下滑加速，新签合同额占比仅有6%。企业在委内瑞拉、阿根廷、厄瓜多尔等市场业务下滑明显，在玻利维亚、巴拿马、墨西哥等市场开拓初显成效。企业积极开展并购，探索通过投资参与交通运输建设、电力、水利等领域项目。

此外，2017年，中国企业在欧洲市场业务实现较快增长，中东欧地区签约多个合作项目；在美、澳市场通过投资并购、探索新模式和新业务等途径，逐步扩大了业务规模。

2. 交通运输建设、房屋建筑、能源电力、工业建设等领域发展态势较好

（1）交通运输建设业务实现较好增长。2017年，企业在铁路、公路桥梁和港口建设等互联互通领域的业务得到快速发展，新签合同额达716亿美元，较上年增长近三成，包括新签马来西亚东部沿海铁路项目等大型项目。

2018年度美国《工程新闻纪录（ENR）》"全球最大250家国际承包商"榜单是国际承包工程业公认的、较为全面反映年度国际工程市场发展状况的权威排名。据统计，2018年度ENR全球最大250家国际承包商的国际营业收入总计为4824亿美元，同比增长3.1%。这是250强的国际营业额自2014年、2015年和2016年连续三次下降后首次出现增长。中国内地企业2017年进入榜单的承包商达69家，同比增加4家；国际营业收入总额达到1140亿美元，同比增长了15.6%，相比上年5.4%的增长明显提速。中国承包商在除美洲以外的大陆都取得明显的增长，尤其是在亚洲（澳大利亚）、非洲、中东地区。在亚洲（澳大利亚）地区，在"一带一路"倡议的推动下，中国承包商成为该地区增长的最大贡献者，增长额达到100亿美元，而250强整体在该地区业务收入只增长了约73亿美元。在中东地区，中国承包商在市场萎缩的状态下仍然实现了22.5%的增长。在非洲地区，尽管市场日益艰难，但中国承包商的营业额也实现了8%的增长。凭借着在这些市场的优异表现，中国内地69家入选承包商在250强中的市场份额中占比23.7%的历史新高这一比例。在2005年，只有5.3%。从前10强的榜单来看，与预期一致的是，历史上第一次有三家中国企业进入10强，分别是中国交建、中国建筑和中国电建。其中，中国交建同比增长9%，增长率不如第二名HOCHTIEF的14.8%，差距进一步拉开。中国电建同比增长了5.6%，虽

然增长率不高,但由于 BECHTEL 跌出了 10 强,中国电建勉强守住第 10 名的位置。相比之下,中国建筑同比大幅增长了 35%,以 134 亿美元的业绩排名上升 3 位,位居第 8 位。

表 4-5 2017 年中国对外承包工程业务完成营业额前十家企业

单位:万美元

序号	企业名称	完成营业额
1	华为技术有限公司	1360797
2	中国建筑工程总公司	1217501
3	中国水电建设集团国际工程有限公司	562308
4	中国交通建设股份有限公司	534154
5	中国港湾工程有限责任公司	489923
6	中国铁建股份有限公司	368460
7	中国路桥工程有限责任公司	356253
8	中国葛洲坝集团股份有限公司	317409
9	中国冶金科工集团有限公司	278750
10	上海振华重工(集团)股份有限公司	231248

(2)房屋建筑领域业务稳步增长。企业在巩固安哥拉、马来西亚、中国香港、阿尔及利亚等市场的同时,在印度尼西亚、韩国、新西兰、俄罗斯等市场签约综合类房建项目,尤其是在超高层建筑施工方面优势突出,签约增幅较大,房建项目超越电力项目排位第二。

(3)电力工程依旧是业务热点。虽然 2017 年火电站和水电站建设业务增量有所下降,但清洁能源呈现较好发展前景,风力发电和太阳能电站建设业务也取得较大突破,业务规模和市场分布得到进一步扩展。

此外,行业企业在工业建设、环保工程等领域的业务大幅增长,但在石油化工、通信工程、水利建设等领域的业务出现了不同程度的下降。

3. 大型综合性项目日益增多

2017 年,企业新签合同额 10 亿美元以上的项目共 41 个,较上年增加 8 个,其中中国交建签约的马来西亚东部海岸铁路项目和中国建筑签约的印度尼西亚美加达卫星新城项目的合同额均超过 100 亿美元。合同额 1 亿美元和 5000 万美元以上的项目数量也逐年增加。

4. 业务转型升级和模式创新取得新进展

行业企业围绕"一带一路"倡议和国际产能合作，探索向高端市场和高端业务的转移，积极推动发展模式的转型升级，集成技术储备、运营管理、资源整合等综合优势，积极在电力、交通设施建设、资源开发等领域推进投资、建设和运营一体化建设，开展 BOT/PPP 等业务模式，扩展业务空间。部分企业在巴基斯坦、老挝、印度尼西亚、巴西等市场以投资方式开发建设一批电力项目；部分企业充分整合资源优势，参与整体区域规划和综合开发，如中国港湾开发建设斯里兰卡科伦坡港口城综合项目。

5. 企业积极参与国际产能合作和境外经贸合作区建设

行业企业充分发挥全球网络优势，对接国内国际产能合作发展要求，积极参与境外经贸合作区、农业、资源和建材等领域的项目投资开发，不仅弥补了当地产业的空白，提升了所在国的经济发展能力，还带动了国内钢铁、有色、建材、化工、工程机械等越来越多的行业"走出去"，同时为自身业务发展提供了新的增长点。

（二）行业发展展望

总体来看，对外承包工程行业正处于难得的历史发展机遇期。一是国际基础设施投资建设始终是拉动世界经济增长和各国经济发展的重要因素，发展中国家弥补基建缺口，发达国家基础设施更新改造的刚性需求旺盛。二是"一带一路"倡议将推动沿线国家加强基础设施互联互通建设，这些建设需求将不断转化成为具体的合作项目。"一带一路"框架下的国际经贸合作将进一步增强，行业企业在"一带一路"倡议的引领下将实现更大的业务发展。三是政府改革对外承包工程行业管理制度，采用备案管理，加强事中事后监督，强调行业自律；改革企业境外所得税收抵免政策，减轻企业税务负担；对外推动自贸区和双边投资协定谈判等，为中国企业营造了更良好的政策环境。在看到行业发展机遇的同时，行业发展仍然面临一些压力和挑战。目前，企业在国际市场所面临的外部竞争不断加剧，安全风险、经济风险、政治风险等各类风险问题仍然突出；国际市场对于承包商国际资源整合和综合集成能力的要求不断提高，各国对于国际承包商参与基础设施项目投资的期待也越多越高。行业企业对于新模式业务的探索仍然处于起步阶段，同质化竞争问题依然突出，经营管理等综合竞争力仍有待进一步提升。

(三) 发展思路与对策建议

对于如何抓住行业历史发展机遇，迎接挑战，实现行业业务的可持续健康发展，行业企业可积极考虑以下四个发展建议。首先，行业企业应从战略高度重视海外业务，增强企业综合竞争实力。根据企业的自身特点和优势，分析发展机遇，制定海外业务发展的战略规划，做好重点市场、业务领域、发展方向的选择；实现差异化发展，避免低层次、同质化的竞争；及时了解行业管理的要求，利用好相关的信贷、金融、税务、人才发展等支持政策；提升风险管理和防控水平；增强国际资源的配置能力和国际人才队伍储备；提升属地化经营质量和水平，逐步树立企业的良好形象。其次，积极探索"投建营一体化"等新业务模式，尽快实现业务转型升级。行业企业要积极转变发展思路，积极对接所在国发展战略和规划，创新产融合作，探讨开展 BOT/PPP 等"投建营一体化"模式业务，加强大型综合类项目的策划运作，探索小比例参股、直接投资、兼并收购等多种方式，提升业务层次，扩展业务盈利空间。再次，注重通过采用新技术来提升业务能力和管理水平。利用新技术改进项目规划、设计和建设流程，提高基础设施运营效率。最后，注重合规和诚信经营，适应各国监管机构及国际机构对企业合规经营的新要求和加大执法力度的新形势，防范相应风险。

第五章

国际旅游服务

国际旅游服务贸易是国际服务贸易的重要组成部分，它在世界服务业中的发展最为迅速，给各个国家和地区带来了丰厚的利润。据世界旅游组织统计，国际旅游服务贸易的人数在半个世纪以来增长了 30 多倍，国际旅游服务贸易收入更是增长了 400 多倍。越来越多的政府认识到旅游服务贸易的重要作用，它不仅可带动就业，对地方经济起到促进作用，还可以增进居民的身体健康，增进人民福祉。

随着中国旅游业对外开放程度的日益加深，旅游服务业国际竞争力在不断增强、发展水平也不断提升。旅游服务贸易是中国服务贸易的创汇贸易之一，占中国服务贸易出口总额的 40% 左右，已成为服务贸易发展的重要引擎。但在快速发展的背后，贸易逆差不断扩大的现象也越来越明显，逆差的出现表面上是由于出入境旅游规模与收入支出不匹配造成的，其根本上是在发展过程中外国客源市场稀缺且入境消费结构不合理、旅游资源开发过度且保护不力、旅游企业及产业竞争力不强、旅游市场营销力度不够等一系列问题所致。

目前，全球经济一体化进程日益加快，不同的经济体都在奋力加快融入世界经济的步伐，旅游业作为全球服务贸易的重要组成部分，是地方经济参与全球经济的重要力量。因此，关注内蒙古自治区国际旅游服务贸易发展的意义深远。

一、内蒙古自治区国际旅游服务发展背景分析

内蒙古自治区是中国西部边疆典型少数民族文化旅游目的地。改革开放以来，内蒙古自治区依靠草原风光、多民族风情、历史文化、自然景观和口岸边境，进行旅游产业科学规划，完善基础设施、大力开发旅游资源、加强旅游宣传、加大旅游合作，旅游精品相继涌现，旅游产业规模逐年增大、旅游效益得到持续优化，入境旅游开发取得显著成效。

近年来，内蒙古自治区党委、政府高度重视旅游业发展，特别是2015年以来，在国家连续出台促进旅游改革发展和投资消费的政策措施、"515战略"深入实施的大背景下，内蒙古自治区紧紧围绕"把内蒙古建成国内外知名旅游目的地"的战略目标，着眼发展全域旅游、四季旅游，大力实施"旅游+"战略，全力打造"壮美内蒙古·亮丽风景线"品牌。内蒙古自治区旅游业正在加速由经济功能向综合功能转变，并已成为扩内需、稳增长、调结构、惠民生的重要力量，成为推动全区经济社会发展的重要支撑。据内蒙古自治区旅游发展委员会的消息，目前内蒙古自治区各级景区已达374家，其中5A级景区4家、4A级景区117家、3A级景区114家、2A级景区138家、A级景区1家。"十二五"时期，内蒙古自治区累计接待国内外旅游者3.42亿人次，是"十一五"时期的2.1倍，年均增长12.4%。2016年，内蒙古自治区接待国内外游客9805.32万人次，比上年增长15.19%；全年完成旅游业总收入2714.7亿元，比上年增长20.28%；全年完成旅游项目投资387亿元，增长16.56%。旅游综合管理体制改革是落实国务院关于加快转变经济发展方式战略部署的重要举措，是新时期新阶段旅游产业大发展的需要。2017年4月，内蒙古自治区机构编制委员会办公室做出《关于各盟市、满洲里市、二连浩特市旅游局更名的批复》，同意全区14个盟市旅游局集体更名为旅游发展委员会。6月，内蒙古自治区旅游发展委员会及14个盟市旅游发展委员会揭牌仪式在满洲里市举行，标志着构建旅游产业综合协调管理机制的重大创新和历史突破。

2017年，内蒙古自治区旅游业获得了不错的成绩，旅游总收入突破3000亿元，达3440.1亿元，比上年增长26.7%（见图5-1）；接待入境旅游人数184.8万人次，增长3.9%；旅游外汇收入12.5亿美元，增长9.4%；国内旅游人数

11461.2万人次，增长19.1%；国内旅游收入3358.6亿元，增长27.4%。

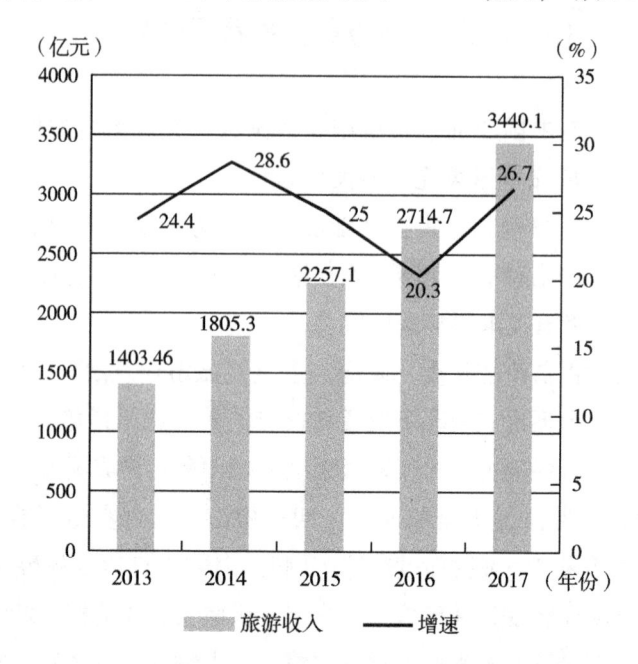

图5-1 2013~2017年内蒙古自治区旅游收入统计

资料来源：中商产业研究院大数据库。

作为经济发展的重要增长点，入境旅游与国际贸易一直受到世界各国、各地区的高度重视，两者间的互动关系已成为国内外学者研究的热点问题之一。内蒙古自治区位于中国北疆，与俄罗斯和蒙古国接壤，是中国对外开放的桥头堡和贸易往来的前沿阵地。随着"一带一路"国家战略的推进、"中蒙俄经济走廊"建设，内蒙古自治区入境旅游和进出口贸易的相互作用日益加强。

二、内蒙古自治区旅游服务业发展现状

（一）旅游市场规模

自20世纪90年代以来，内蒙古自治区旅游业的发展由以入境旅游为主体向国内旅游、入境旅游和出境旅游三足鼎立的格局转变。2017年，内蒙古自治区共接待旅游者1.16亿人次，同比增长18.77%。其中，接待入境旅游者184.83

万人次，同比增长3.89%；接待国内旅游者11461.19万人次，同比增长19.05%。实现旅游业总收入3440.11亿元，同比增长26.72%。其中，创汇收入12.46亿美元，同比增长9.39%；国内旅游收入3358.59亿元，同比增长27.43%。内蒙古自治区全区旅游经济快速增长，旅游产品供给增加，旅游活动丰富多彩，呈现出"这边风景独好"的态势。旅游扶贫、旅游富民成效显著，旅游业已经成为全区国民经济的战略性支柱产业和与人民群众息息相关的幸福产业。2018年上半年，内蒙古自治区全区预计接待旅游者4582.84万人次，同比增长14.44%。其中，接待国内旅游者4494.53万人次，同比增长14.73%；接待入境旅游者88.31万人次，同比增长1.41%。预计完成旅游业总收入1235.33亿元，同比增长24.22%。其中，国内旅游收入1198.09亿元，同比增长24.80%；创汇收入5.55亿美元，同比增长5.24%。

2017年，内蒙古自治区各地高度重视旅游，发展环境显著改善。体制机制改革取得突破，产业转型升级步伐加快，全域旅游示范区创建工作快速推进，同时，品牌景区建设成果丰硕。四季旅游，尤其冬季旅游发展迅猛，深入实施"旅游＋"战略，旅游与文化、体育等融合取得积极进展；服务体系建设得到重视并提档升级，厕所革命走在全国前列。旅游品牌形象持续提升，国际旅游合作不断升级，旅游节庆活动亮点纷呈。全区旅游业增长异军突起，发展令人瞩目。同时，内蒙古自治区依托于中国北部边疆的区位优势及18个对外开放口岸的地缘优势，一方面稳固其面向蒙古国和俄罗斯重要的旅游集散地和枢纽作用，发展对蒙俄的跨境旅游合作，另一方面紧密结合中国内地与港澳是传统的出入境旅游市场的实际，把握内蒙古自治区有草原、森林、沙漠、冰雪、河湖、湿地、温泉、地质奇观、中俄蒙口岸、历史民俗文化十大旅游资源，与港澳的都市风光有很大的差异性和很强的互补性，旅游产品的相互吸引力强等有利条件，积极拓展港澳市场份额。

此外，香港、澳门一直以来都是内蒙古旅游主要的入境客源地和出游目的地。"十二五"期间，内蒙古自治区接待港澳入境游客（过夜）20.8万人次，赴港澳旅游8.68万人次。近年来，内蒙古自治区旅游局高度重视港、澳旅游市场的开发与推广，从宣传营销、合作共赢等多个方面，坚持"走出去、请进来"的工作方法，探索并创新性地开展对港、澳旅游交流合作工作。2014年，自治区旅游局组团参加了自治区人民政府组织的"内蒙古（香港）经贸文化推广周"

活动，其间举办了内蒙古旅游专场推介会。2015年6月，自治区旅游局参加第29届香港国际旅游展，将内蒙古自治区雄浑的大漠、壮美的草原、浓郁的民族风情和动人的冰雪世界展现在中国香港和世界各国游客面前。2016年"美丽中国——草原丝路"宣传推广暨蒙港澳旅游交流合作活动，内蒙古自治区、香港、澳门分别签署蒙港、蒙澳旅游交流合作备忘录，三地旅行商互相签订合作协议。内蒙古自治区旅游局现场发布港澳同胞入境游市场奖励政策、内蒙古旅游中国香港营销推广展示中心正式揭牌成立，进一步强化"草原丝绸之路"品牌的影响力，巩固港澳同胞入境旅游市场的基础地位，延长港澳同胞停留时间、提升消费水平；深化内蒙古自治区与香港、澳门三地旅游交流与合作，共同促进内蒙古自治区与港澳旅游市场健康有序发展。

（二）内蒙古自治区入境旅游的演化分析

内蒙古自治区位于中国北疆，依托呼伦贝尔、兴安盟、锡林郭勒、包头、阿拉善、巴彦淖尔初步形成了对蒙俄开放的口岸体系，具有发展国际旅游和进出口贸易的天然优势。进出口贸易加强了内蒙古自治区与其他国家之间技术、信息、文化、资本、人员的流动，促使商务会议、观光度假、探亲访友、文化交流、科学考察等不同动机的旅游活动相应增加，并通过商务人员的宣传和示范效应，进一步推动了入境旅游的发展。

通辽、赤峰、乌兰察布、呼和浩特、鄂尔多斯、乌海是内蒙古非边境地区，不具备国际贸易的区位优势，但具备丰富的旅游资源和特色的工农业产品。入境旅游加强了海外市场与内蒙古非边境地区的往来和交流，有利于海外国家了解非边境地区的特色产品，促进双方达成共识、消除偏见，从而强化经贸领域深层次、全方位的合作，推动非边境地区出口贸易的发展。

如图5-2所示，1996~2015年内蒙古入境旅游表现出持续的增长趋势。从入境旅游人数的增长速度来看，表现为三个阶段：①缓慢增长阶段（1996~2002年），年均增长5.61%；②快速发展阶段（2003~2008年），年均增长33.32%；③稳步提升阶段（2009~2015年），年均增长5.86%。另外，内蒙古自治区入境旅游在发展过程中表现出两次低潮：第一次出现在2003年，比2002年的入境旅游者数量降低了5.87%；第二次出现在2009年，比2008年的入境旅游者数量降低了16.76%。

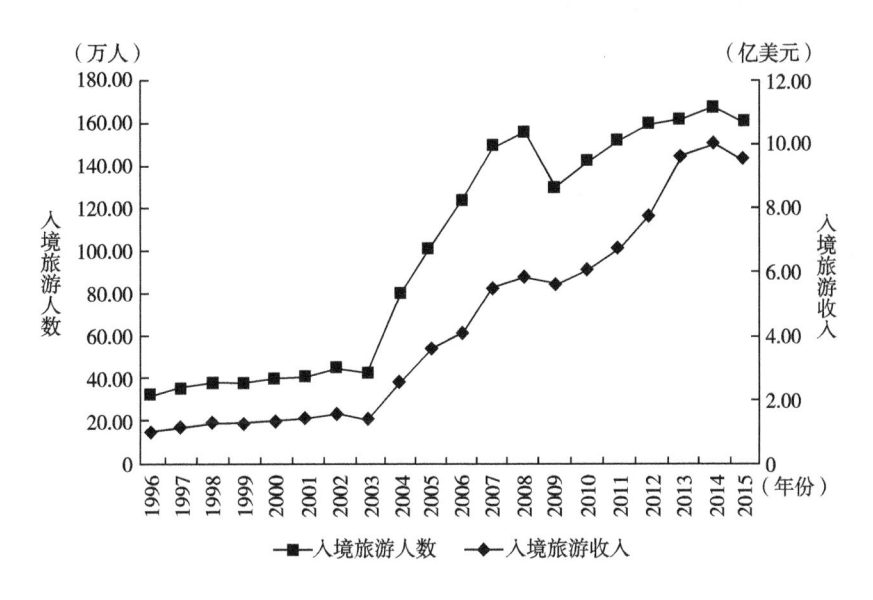

图 5-2 1996~2015 年内蒙古自治区入境旅游演化趋势

(三) 内蒙古自治区入境旅游者人均天花费、人均停留天数

在研究影响旅游收入的指标时，人次数往往成为关注的焦点，但人均停留天数和人均天花费这两个指标也不容忽视。人均停留天数是表征消费可能的重要指标，因为只要停留就至少意味着食宿消费；而人均天消费则是实实在在的旅游支出，从旅游供给者的角度而言，即是旅游收入。因此，对入境旅游市场的人均停留天数与人均天花费进行研究能够更加真实、可靠地说明入境旅游市场的发展情况。

结合表 5-1、图 5-3 的相关数据可以得出，内蒙古自治区入境旅游者的人均天花费 10 年间始终高于国内旅游者的人均天花费水平，但这一差距正在随着国内旅游者花费水平的不断上升而缩小。台湾同胞和澳门同胞的人均天花费水平起伏较大，外国人与香港同胞的花费水平保持着较平稳的状态。整体看，相较于 2005 年，入境旅游者的人均天花费水平在 10 年间表现出了微弱下降的趋势。

表 5-1　2005~2014 年内蒙古自治区入境旅游者人均天花费统计

单位：美元/人·天

年份	2005	2006	2007	2008	2009	2010	2011	2012	2013	2014
外国人	156.92	160.46	176.34	181.10	184.29	183.28	182.41	187.13	192.90	196.75
香港同胞	166.43	167.91	175.21	215.62	176.08	188.54	181.58	181.69	185.58	185.07
澳门同胞	169.88	177.75	162.16	180.00	198.08	178.27	116.02	146.10	182.59	198.03
台湾同胞	185.94	199.10	152.8	200.32	173.69	182.95	173.69	173.05	228.09	200.4

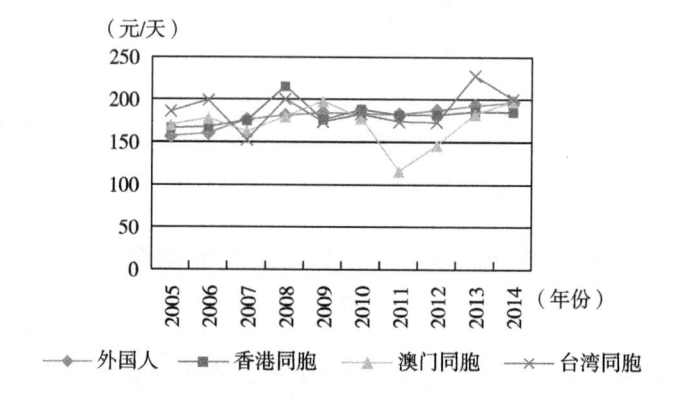

图 5-3　2005~2014 年内蒙古自治区入境旅游者人均天花费变化趋势

结合表 5-2、图 5-4 的相关数据可以得出，2005 年内蒙古自治区入境旅游者的人均停留天数均低于国内旅游者，之后便超越了国内旅游者，到 2014 年，除澳门同胞外，其他均高于或等于国内旅游者的人均停留天数，外国人和香港同胞更显现出了与国内旅游者平均停留天数差距逐步增大的发展趋势。

表 5-2　2005~2014 年内蒙古自治区入境旅游者人均停留天数统计

单位：天

年份	2005	2006	2007	2008	2009	2010	2011	2012	2013	2014
外国人	2.3	2.02	2.73	2.77	2.68	2.75	2.92	3	3.9	4.25
香港同胞	1.95	2.44	3.2	3.1	3.1	3.45	3.4	3.6	3.25	3.7
澳门同胞	2.25	2.63	2.63	4	3	3.6	3.3	4.8	3.45	2.95
台湾同胞	1.95	2.54	3.05	3.2	3.7	3.85	3.5	3.7	3.15	3.2

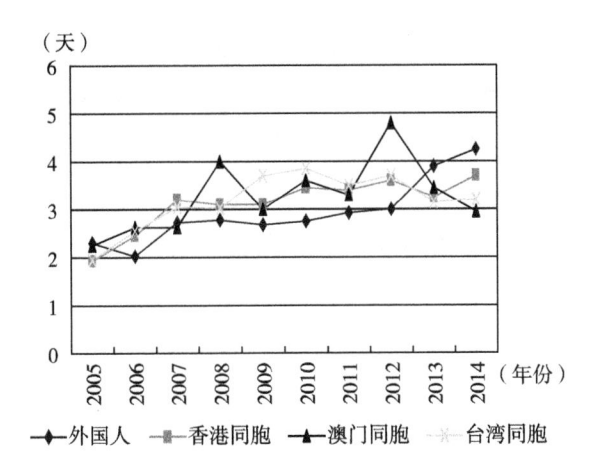

图 5-4 2005~2014 年内蒙古自治区入境旅游者人均停留天数变化趋势

总体而言,内蒙古自治区入境旅游市场在全区旅游总收入中贡献下降的主要原因除到访人次数增长乏力外,更为重要的是人均天花费水平的保持稳定与稳定中微微下降以及人均停留天数不长。因此,内蒙古自治区入境旅游市场旅游收入的增加不但要在增加入境人次数上下功夫,还应该将更多的精力用于提高人均天花费水平与延长人均停留时间。

(四) 入境旅游市场分布

入境旅游市场在内蒙古自治区旅游市场中的地位举足轻重,关系到内蒙古自治区的旅游创汇、国际旅游形象、综合软实力等诸多方面,面对当前入境旅游市场日渐下滑的趋势,必须尽早意识到问题的严重性,采取有效策略以加强入境市场的开拓与发展。

为了更加直观地说明入境客流量的年际变动情况,以国内客流量的年际变动为参照绘制了图 5-5,可以看出内蒙古自治区入境旅游市场表现较为稳定,10 年间变化不大,增长平稳、乏力,增加入境客流量任重而道远。

本研究还对 2007~2014 年内蒙古自治区各客源国、地区(部分客源地 2005 年、2006 年数据缺失)的年际集中指数进行了计算,结果见表 5-3。可以看出,蒙古国的年际集中指数在 23 个客源国(地区)中排名最低,说明蒙古国游客人数年际间变化幅度不大,旅游需求的时间变化强度弱,客流量随时间变化稳定;荷兰年际集中指数与其他客源国(地区)相比最高,旅游需求的时间变化强度大，客流随时间变化很不稳定；香港地区、台湾地区、泰国的年际集中指数介于 7~9；菲律宾、越南、印度尼西亚、印度和中国澳门地区的年际集中指数介于 5~7；日本、瑞士、马来西亚、澳大利亚和韩国的年际集中指数则介于 3~5；各层级的客源地之间年际集中指数比较接近；俄罗斯、美国、德国、加拿大、新加坡、英国、法国和意大利的年际集中指数比较低，均在 3 以下。

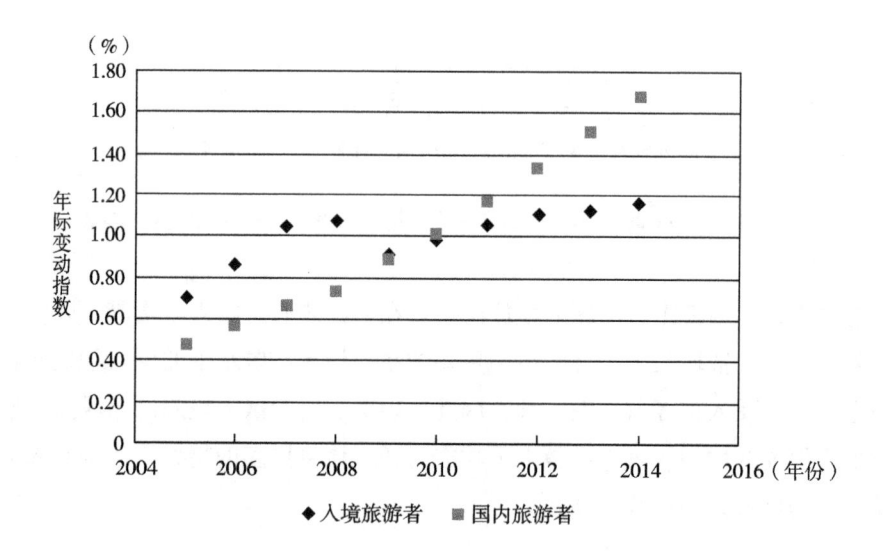

图 5-5　2005~2014 年内蒙古自治区入境旅游流年际变动指数分布

总体而言，内蒙古自治区各客源国（地区）的年际差异性是比较明显的。整体入境旅游人次以及各客源地入境旅游人次的年际集中指数之间的差异表明，不同的市场随年际变化的幅度有显著的差异，面对相对稳定与不稳定的市场应当采取有针对性的差异化营销策略，不能无的放矢。对蒙古国、俄罗斯等年际变化相对稳定的国家要采取循序渐进，稳步推进的营销策略；对荷兰、泰国，以及中国台湾地区和香港地区等年际变化较大的国家或地区则要保持谨慎态度，认真研究，采取更具针对性的专门营销策略等。

表5-3　2007~2014年内蒙古自治区入境旅游客源国（地区）旅游市场年际集中指数

客源地	年际集中指数	客源地	年际集中指数	客源地	年际集中指数
蒙古国	0.45	意大利	2.93	印度尼西亚	6.60
俄罗斯	1.80	日本	3.15	印度	6.86
德国	1.88	瑞士	3.42	中国澳门地区	6.97
美国	1.88	马来西亚	3.43	中国香港地区	7.10
加拿大	2.15	澳大利亚	4.17	中国台湾地区	7.10
新加坡	2.27	韩国	4.58	泰国	8.13
英国	2.78	菲律宾	5.53	荷兰	10.38
法国	2.92	越南	6.48		

三、内蒙古自治区旅游服务贸易面临的机遇与挑战

目前，全球旅游业处于持续发展的时期，旅游业总产值、旅游业税收、旅游投资、旅游消费、旅游产业多年来都占其总数的10%以上。世界旅游组织认为，未来20年，国际旅游市场的潜力很大，国际旅游消费增长率远远高于世界经济年均增长率，届时远程旅游将大幅度攀升。世界旅游在未来20年内的持续发展，必将促进中国建设世界旅游强国的目标的实现，这为内蒙古自治区旅游业拓展了极为广阔的空间，提供了极大的发展机遇。

（一）"一带一路"倡议及"中蒙俄经济走廊"建设推进所带来的机遇

1. 提升旅游基础与接待设施服务水平

由中国主导建立的金砖国家开发银行和亚投行，其目的就是使二者可以相互补充，共同致力于"一带一路"有关国家和地区的基础设施和互联互通建设。

内蒙古自治区可利用这一契机，积极拓展资金渠道来推动基础设施建设，改善交通条件，建成公路、铁路、航空相结合的立体化、现代化的旅游交通网，促进东部主要旅游客源市场进入；与蒙俄境外网络实现互通，发展跨境旅游；科学指导、规划和统筹旅游项目路线的开发，增加口岸基础设施建设旅游的功能和诉求。同时，可通过吸引外资、引流内资的方式，加强旅游接待设施的建设，包括宾馆、休憩节点、娱乐环境和购物环境等，提升内蒙古自治区旅游服务贸易的竞争力。

2. 加速旅游信息一体化平台建设

利用"一带一路"倡议下旅游通信基础设施建设的契机，在沿线各国对旅游平台的设计与对接的极度关注下，突破区域国界限制，利用高性能信息处理技术、智能数据挖掘技术，有效整合内蒙古自治区 12 盟市及蒙俄地区旅游信息资源，加速旅游信息一体化平台建设，其意义重大：不仅能够更好地满足游客需求，提供出行前的咨询服务、产品选择、行程设计、预定付费、反馈信息等需求，而且能够严格执行各国达成共识的法律法规、国际标准，遵循统一行动、高度对接的操作原则，重视信息安全与运行维护保障体系建设。

3. 深化跨国旅游合作领域

充分发挥内蒙古自治区 18 个对外开放口岸的有利条件，加强与蒙俄跨国旅游合作的深入开展，继续打造"万里茶道"国际旅游品牌，提升国际知名度与影响力，将有利于旅游企业跨国业务的开展、国际旅游客源市场份额的加大、国际旅游目的地的创建。

（二）亟待转型升级的旅游产业发展"瓶颈"

1. 旅游产业集聚程度差，规模化程度低

内蒙古自治区行政区域面积大，导致旅游资源空间分布比较分散；各类旅游区（点）之间的空间距离较远、集聚程度较差，旅游资源缺乏深度开发和精心组合，导致旅游产业的集聚程度较低；大部分旅游企业小而弱、散而差，为了获得利润，只能通过恶性竞争抢夺市场，虽然整个旅游行业总收入增加，但利润却在下降。在内蒙古自治区旅游产业中，旅游企业经营集约化程度低，企业规模较小并且分散，整体实力不高，后劲不足，经济效益难以大幅提升。

2. 旅游产品结构单一，同质化现象严重

从旅游产品开发的综合性角度看，内蒙古自治区大部分旅游企业仅依靠旅游景点来吸引顾客，旅游产品的结构比较单一。内蒙古自治区的旅游产品多属于初级产品，绝大部分旅游企业没有把观光旅游、休闲度假旅游、商务旅游和会议旅游融为一体形成综合性的旅游产业。同时，在开发旅游产品过程中的内容和表现形式上也不尽相同，大都是草原观光、吃蒙餐、骑马和欣赏民族歌舞，游客们都表示在草原的旅游中没有体验蒙古族传统生活与风俗文化，以及欣赏蒙古族民间艺术等内容。

3. 旅游企业信息化程度低，电子商务发展缓慢

内蒙古自治区的旅游企业信息化程度还非常低，旅游企业之间信息不畅，资源无法共享，各自为政，很难形成统一的高水平的旅游服务，造成客户流失、市场反应迟钝。电子商务仅停留在订票、订房业务上，低成本、高效率、实时、便捷、集"食、住、行、游、购、娱"于一体的高水平的电子商务还远没有开展。

4. 旅游业从业人员整体素质不高，人才流失严重

内蒙古自治区旅游从业人员中，受过专门旅游教育的占比不高。旅游从业人员整体素质较低，服务水平参差不齐，大多数旅游景点的从业人员缺乏起码的导游基础知识，对文化传统和民族习俗所知甚少，为游客进行讲解时缺乏应有的基本素质，导致服务质量难以保证，从而影响了内蒙古自治区旅游业的整体发展水平。内蒙古自治区旅游业目前尚不发达甚至可以说相当落后的现状，以及工作人员尤其是基层工作人员工作不稳定、收入不稳定，再加上中国传统思想意识认为旅游业是服务行业，工作人员没有社会地位等原因，导致内蒙古自治区旅游业难以吸引和留住优秀人才。即使是高等院校中培养的旅游专业学生也在学习期间改专业或者毕业之后进入其他行业工作，很少进入旅游业，部分进入旅游业的人员也在从业几年之后改行从事其他工作。

5. 自然气候限制入境观光时间

由于内蒙古自治区身居内陆，有明显的温带大陆性气候，气温变化大，日照时间长，降雨量少，大部分地区冬季时间较长，昼夜温差比较大，因此内蒙古自治区的入境旅游时间多集中在5月至10月，其中以8月、9月、10月为主。大量的游客涌入使景区人流过大，加之内蒙古地区跨度大、草原接待设施有待进一步完善，旅游服务满足不了激增的旅客需求，满意度会降低。而在剩余的近半年时间，旅游资源、设备等都处于闲置状态，不仅增加了维护成本，也降低了使用率。旅游淡季时间长的问题大大抑制了入境旅游服务贸易，减少了外汇收入的同时增加了成本，对于内蒙古的入境旅游服务贸易来说是一大难题。

四、内蒙古自治区旅游服务贸易发展对策建议

（一）营造有利于旅游服务贸易发展的外部环境

首先，执行更加灵活的签证政策。比如，对提交旅游线路计划的游客实行所

有旅游目的地城市免签等,吸引更多国际游客到内蒙古旅游。其次,完善法规以规范旅游市场。重点是围绕景区交通、商品等价格问题,游客投诉处理问题等,制定更加严格的法律法规,并通过严格执法提高制度的执行力,使旅游市场按照正常状态运行,切实保护消费者权益;建立旅游服务质量社会监督,全面监察旅游从业者的行为、服务质量如何,景区内公共设施建设是否完善、布局是否合理,可以对旅游公共服务提出建设性意见和建议等。各地区部门可以对收集来的第一手资料进行整理,对其中的问题及时处理,对好的建议及时采纳,并将相关资料整理汇集上报。另外,旅游行业比较松散,中国相关法律法规较少。2013年新推出的《中华人民共和国旅游法》是中国在旅游方面最权威、最全面的法律,然而由于实施年限太短,地域存在差异且与服务相关的条例不好制定,因此在各级实施当中也仍有一定阻力。应该尽快完善地方法律法规,让旅游相关事宜更加条理化、规范化。

一是继续深入实施全域旅游。大力推进全域旅游示范区创建工作,建立和完善工作考核机制,明确创建工作主体职责、细化标准要求,进一步指导15个国家级和24个自治区级全域旅游示范区创建单位开展全面自评,巩固创建成果。2018年,内蒙古旅发委组织编制了自治区全域旅游规划,完成了满洲里市、兴安盟科右中旗等创建盟市和旗县的全域旅游规划。各盟市均制定了配套政策措施,加大资金投入,提升创建水平。围绕全域旅游,深化旅游供给侧结构性改革,大力培育打造品牌旅游景区和精品旅游线路。包头市五当召旅游区、赤峰市克什克腾石阵、阿拉善盟胡杨林旅游区创建国家5A级旅游区进展顺利。呼伦贝尔大草原旅游区、元上都遗址旅游区、昭君博物院、黄河老牛湾旅游区完成了创建国家5A级旅游区申报准备工作。以旅游公路、重点景区和特色小镇等为依托,建设跨国、跨省区、跨盟市的三级旅游线路体系,着力打造100条精品旅游线路。截至2018年5月底,全区新增旅游投资37亿元,新开工建设旅游项目135个,改建扩建旅游项目204个。

二是大力发展四季旅游。大力实施"旅游+"发展战略,充分调动文化、体育、旅游等部门力量,统筹推进旅游与文化、体育、教育等多产业融合发展。在推动夏季旅游提档升级的基础上,深入挖掘冬季旅游资源,因地制宜做热冰雪旅游。为了打通四季旅游发展脉络,延长旅游时间和链条,创新推出了内蒙古花季旅游系列活动。各地区以花期为媒介,逐花而动制造旅游热点,同时依托各具特色的自然景观、民族风情、历史文化和节庆活动，开发丰富多彩的旅游产品。2018年5月19日，内蒙古花季旅游暨兴安杜鹃节在阿尔山杜鹃湖畔开幕，同时开启了第十五届蒙古族服装服饰艺术节，全年全域不落幕的蒙古族服装服饰展演活动拉开序幕；策划推出了"内蒙古味道"美食嘉年华，成为花季旅游的一大亮点。目前，花季旅游的品牌效应正逐渐凸显，已经成为内蒙古旅游的新热点、推动四季旅游的新引擎。

三是全面推进市场监管。内蒙古自治区政府召开了全区旅游安全暨旅游市场工作会议，制定了《2018年全区旅游安全暨市场管理行动方案》，以建立旅游市场常态化监管机制为重点，严厉打击违法违规经营行为，加大服务质量、食品安全等问题的查处力度，全面整治旅游市场秩序。深入开展"拉网行动"，将开展旅行社业务的单位全部纳入监管范围，对没有经营旅行社业务资质、没有备案的企业和"黑导""黑社""黑车""黑店"等进行全面清查，严肃查处群众反映强烈的典型案件。加大旅游景区动态管理，撤销了12家整体环境、服务质量及内部管理存在问题较多且整改不力的旅游景区的等级资质，有效地维护了全区旅游品牌景区的质量和形象。开展了旅游行业安全大检查专项行动和旅游安全生产月活动，严格落实旅游安全主体责任，深入排查安全隐患，督导旅游企业落实整改措施，提高安全管理水平。2018年上半年，全区未发生旅游安全事故。

四是精准助力脱贫攻坚。坚持把脱贫攻坚作为重大政治任务，2018年，旅游扶贫专项工作推进小组成立，制订了《旅游扶贫三年实施方案（2018~2020）》，建立了旅游扶贫数据统计和信息报送等工作制度，把494个贫困嘎查村纳入旅游产业脱贫重点。进一步完善精准扶贫措施，积极推进旅游产业扶贫，在深入调研的基础上，制订了《乡村旅游三年行动计划》，协调动员各方力量，把政策、资金、项目、力量向旅游精准扶贫倾斜。鼓励交通沿线、重点旅游区周边的贫困村发展乡村旅游，支持具备条件的贫困户从事乡村旅游接待，2018年以来已投入资金1960万元，支持乡村旅游扶贫项目28个，目前正在组织制订《乡村（牧区）旅游星级接待户评定标准》。

（二）加强跨省和跨境的区域旅游项目合作

内蒙古自治区的旅游开发要突破单纯草原自然景观的范畴，挖掘草原上附载的文物古迹、民俗风情、美食特产、歌舞传说人物等资源，使草原成为一个完整有生命力的旅游资源。不仅要看到有形的资源，还要看到无形的资源。针对主要客源市场、民族旅游资源的分区及重要的增长极城市，可以推出精品旅游线路，如重点推出呼伦贝尔森林冰雪生态旅游线路、阿拉善大漠风情旅游线路等，结合附近交通枢纽，最终形成连接各旅游产业链的旅游带，将分散的旅游景点充分连接起来，实现旅游资源的有效整合，加快国际旅游发展步伐。首先，加强对旅游资源的保护开发。应坚持旅游开发服务于环境保护的原则，对全区旅游资源开发进行科学规划，严厉打击乱立旅游项目的行为，加强对旅游资源的保护，为旅游产业的长期可持续、健康发展提供条件。其次，提高全区旅游企业核心竞争力。引导旅游企业真正树立"顾客导向"。要强化旅游企业对门票经济的依赖，发挥行业协会的约束作用，将精力放在开发旅游资源的人文、历史等内涵以及提高服务游客能力等方面。最后，加强旅游产品创新，重点是根据国际游客喜欢中国传统、特色旅游产品，国内游客喜欢购物消费的特点，加强对旅游资源的开发与整合，以满足旅游者的消费需求。在旅游纪念品等附加产品的开发上，应重点增强产品的人文、历史内涵以及产品的实用性，增强游客的购买欲望。

一是持续提升旅游形象。积极探索创新旅游推广体系建设，实施精准营销策略，使内蒙古自治区旅游的影响力和知名度不断提升。强化内蒙古旅游整体宣传推广，在中央电视台1套和13套《朝闻天下》栏目播出内蒙古旅游整体形象广告。加大花季旅游专项营销，在乐途、同程等平台进行专题营销推广，在中国旅游报、内蒙古日报以及相关新媒体上进行集中宣传，共计发布各类稿件50多篇。编辑制作花季旅游宣传片，更新内蒙古电视台广告宣传片，并同步在各大网络媒体上投放。组织参加了内蒙古港澳经贸交流合作活动、中国西北旅游营销大会、第十四届海峡旅游博览会等推广活动，全方位展示了内蒙古旅游资源和产品。

二是积极推进区域协同。为落实区域协同发展战略，选择在基础条件较好的呼、包、鄂三市积极推动旅游一体化。自治区召开专题会议，提出了加快推动呼、包、鄂旅游一体化发展重点和具体举措。目前，已经建立并完善呼、包、鄂旅游发展联席会议制度，正在加快推动建立呼包鄂旅游联盟。自治区旅游发展委员会和呼、包、鄂三市按照"整体布局、区域协作、错位发展、合作共赢"的原则，根据职责分工抓紧落实编制发展规划、设立产业发展基金、推进市场综合监管、建立公共服务平台等旅游一体化重点工作任务，力争在机制建设、政策制定、资金投入以及信息化建设等方面取得积极成效，为推动全区旅游产业转型升级发挥引领示范作用。

三是不断升级国际合作。从内蒙古自治区独特的区位优势来看，不仅境外与蒙俄相邻，而且境内地域跨度大，相邻省份较多，所以发挥地缘优势进行区域旅游项目的合作很有必要。深化现有的区域旅游合作平台，与邻省落实新的旅游项目的开发；抓住与蒙俄的地缘优势，加强与蒙俄旅游贸易方面的合作，如开展"万里茶道"旅游线路开发等。

2017年，内蒙古自治区旅发委组织参加了第13届俄罗斯莫斯科国际旅游交易会、第21届伊尔库茨克州"贝加尔之旅"国际展览会、2018俄罗斯布里亚特贝加尔旅游交易会，赴新西伯利亚市、叶卡捷琳堡举办了内蒙古旅游推介会。满洲里成为全国首批边境旅游示范区，完成了中俄互免团体旅游签证协定第二轮备案工作。赴蒙古国参加了"万里茶道"国际旅游交易会，与蒙方在内蒙古自治区共同举办了乌兰巴托市旅游推介会。组织开展"和平·友谊·年轻的使者"中俄蒙哈青少年内蒙古旅游夏令营交流活动，增进四国青少年友好交往，为深化四国人文领域交流合作做出积极贡献。

（三）提高内蒙古旅游服务贸易供给水平

要发挥政府的作用，加大对旅游相关基础设施的投入。处理好入境旅游和国内旅游之间的关系，把入境旅游作为内蒙古旅游发展的重点来抓，推动全区旅游业的快速发展，保证旅游业健康、持续、稳定的发展。

制定合理规划，对连接旅游区的重点交通干道加强建设，实现交通便捷，重点建设环卫设施，利用国内外先进技术处理废弃物，尽快达到国际标准和适应旅游发展的要求。积极发挥二连浩特、满洲里等口岸免税区作用，对游客形成吸引力。提高从业人员素质，旅游从业人员素质如何，关系到国内外游客的旅游体验感受，目前很多旅游景区存在卖方心理，不重视如何长久经营景区，提高游客体验感，可以尝试在重点景区实行从业人员准入制度，加强对旅游景区从业人员的培训，提高旅游服务质量，满足旅游者需求。

（四）组建具有竞争力的国际旅游企业集团，加强旅游信息共享合作

以建立共同市场为目标，以资产重组为向导，通过鼓励兼并与收购，对旅游企业的现有组织机构进行重组，以旅行社或旅游饭店为龙头组建一批跨行业、跨

地区、跨国界的大型现代企业集团。以资产联合为纽带，以符合现代企业制度的要求为前提，通过强强联手、编队起航、兵团作战，冲破条块分割的樊篱，把核心企业雄厚的资金、先进的管理和规范化的服务输入各个成员企业中，形成管理优势和人才优势，创建国际品牌的企业集团，实现规模经济效益。旅游活动是跨地区、跨行业的综合经济活动，旅游业经营的对象是流动的人口。建立国际旅游企业之间、部门之间、地区之间的横向联合，组成若干个跨地区、跨国界的大型旅游集团，将企业上游和下游不同环节的服务组合在一起，改变旅游企业小、散、弱、差的局面，积聚实力，在国内外市场上与国外旅游企业展开竞争，以满足旅游者全方位的旅游需求，从而促进内蒙古国际旅游企业开展跨国经营。

现代科技对旅游业的影响越来越大，旅游企业要积极引进和运用高科技手段和信息技术，如目的地信息系统、饭店管理系统、计算机预定系统、销售现场系统和银行结算系统等，来提高服务质量和效率，增加服务的科技含量。旅游企业集团组建信息服务共享机构会面临资金的难题，政府或者行业协会要帮助有需求的旅游企业，扩大资金来源，建立信息服务共享模式服务；畅通招聘渠道，保证有经验的管理者和信息技术分析者等专业人才的供应；建立诚信保障机制，加强合作企业的约束与监管；加强信息处理分析效率，实现旅游产业链各方旅游供需信息实时对接；构建进行信息服务共享模式的有效机制，实现合作各方利益最大化。

（五）加快国际旅游专业综合性人才的培养

发展旅游需要一批高素质的研究、规划、管理人才，有一定文化基础、专业知识的服务人员，如果管理人员、服务人员的素质不高会直接影响旅游业的健康发展。从整体来看，内蒙古旅游人才缺口大、旅游研究远远不够、管理水平低、服务人员素质不高。加强国际旅游服务贸易的发展不仅需要一支在理论知识、外语运用和服务技能上达到相当水平的服务从业人员队伍，同时还需要大批掌握现代科学技术和管理知识、熟悉国际旅游以及善于旅游宣传促销的管理人才，这对国际旅游人才提出了更高的要求。

为了培养综合性国际旅游人才，内蒙古自治区需搭建国际旅游服务贸易专业人才输出与输入平台；提供人才推荐、人才派遣等一系列人力资源服务；为经过旅游教育和培训考核的就业和再就业人员提供就业渠道，进而建成多层次的、配套的、功能完善的国际旅游人才市场体系。

要实行多专业复合型人才的培养战略，建立多层次的人才培养机制。汲取国际化的人才培养观念，拓展旅游人才开发的国际合作渠道，开展境外培训；进行全方位、多层次、系统化旅游业岗位训练，培养具有国际竞争力的复合型、外向型、市场型人才。同时要发挥内蒙古自治区高校旅游管理专业的作用，培养具有专业水平、与市场需求相适应的旅游人才；建立完善的校企人才供给体系，提高从业人员的素质和职业道德。

（六）加强对外宣传力度，树立整体形象

充分发挥以草原景观和蒙古族民俗为代表的旅游资源优势，坚持以可持续发展、以人为本的理念，按照旅游景区的接待承载能力来开展国际旅游服务贸易，走资源节约、生态平衡、集约发展的道路，从而为旅游服务贸易的可持续发展创造良好的环境。实施旅游产品的国际化、名牌化战略，在国际市场激烈的竞争中立于不败之地。做好旅游宣传促销活动，加快国际旅游发展步伐，提高内蒙古旅游服务贸易的国际影响力，从而进一步提高内蒙古旅游服务贸易的国际竞争力。

要搞好内蒙古旅游形象对外宣传工作，须对全区的旅游资源特色进行高度提炼，并持之以恒地围绕这一主题形象进行广泛传播。同时，要突破原有单一的推介模式，开展多种形式的宣传活动。其一，可通过政府进行官方推介，在一些适当的场合进行内蒙古旅游形象的宣传；其二，对外合作，举办大型的有影响力的主题活动；其三，多参与一些国际性和区域性的旅游活动，提升内蒙古旅游地形象的知名度和美誉度；其四，强化相应的资金支持，可按照旅游业对内蒙古自治区社会经济发展所做贡献的比例提取一部分资金用于保障旅游业的发展和内蒙古旅游形象的宣传。

第六章

国际金融服务

2017年末，全区金融机构人民币存款余额为22952.8亿元，比年初增加了1787.2亿元，比上年增长8.4%。其中，住户存款余额为10730.0亿元，比年初增加769.1亿元，增长了7.7%；非金融企业存款余额为6748.1亿元，比年初增加793.9亿元，增长了13.2%；广义政府存款余额为4286.5亿元，比年初减少33.6亿元，下降了0.7%。全区金融机构人民币贷款余额为21456.0亿元，比年初增加2095.0亿元，增长了10.8%。其中，住户贷款余额为5220.1亿元，比年初增加601.2亿元，增长了13.0%；非金融企业及机关团体贷款余额为16234.8亿元，比年初增加1495.1亿元，增长了10.1%。

2017年末，内蒙古自治区全区保险机构共有2826家，比上年增加97家。全年保险业实现原保险保费收入569.9亿元，增长17.1%。全年保险业累计赔付支出186.5亿元，增长35.4%。全年全区人寿保险实现原保险保费收入306.0亿元，累计赔付49.4亿元。农业保险稳步推进，全年全区农业保险实现原保险保费收入32.5亿元，累计赔付支出43.3亿元，支农惠农力度进一步得到加强。

第六章　国际金融服务

一、发展金融服务贸易的必要性

（一）实现产业结构优化升级和外贸增长方式转变的需要

近年来，"转方式、调结构"的宏观经济发展思想在中央和各级地方政府的大力倡导和推动下，已经有了一定进步，但是，与全球经济发展的趋势相比较，内蒙古自治区乃至全国绝大部分省份的金融服务业占比仍然较低，在金融领域的各方面如服务水平、金融产品、从业人员素质、本土的金融机构数量及规模，基本都落后于上海、北京等经济比较发达的省市，金融服务业对国民经济的贡献率还有待进一步提升，产业结构优化升级的任务仍然比较艰巨。金融服务业的快速发展，是确保产业结构优化升级的保障之一，也是内蒙古自治区乃至全国大多数省份，尤其是金融服务业发展比较落后的地区当前经济发展的主要任务之一。通过学习借鉴发达国家和国内东南沿海地区的金融服务业发展的先进技术和实践经验，促进内蒙古自治区金融服务业与其他服务的有机融合、互动发展，努力降低经济发展的交易成本，提高市场在资源配置中的效率，从而即可实现经济又好又快的发展。随着服务贸易自由化的推进和全球产业结构升级的发展，金融服务贸易已经是各国在国际竞争中获得实际利益多寡的关键所在。因此，快速发展金融服务贸易，增强金融服务贸易的国际竞争力，已经成为各国宏观经济政策关注的焦点。当前，世界各国纷纷推出加快金融服务贸易的发展战略，世界贸易组织的多轮谈判议题也都未曾离开金融服务贸易。加快金融服务贸易的发展，调整和改善对外贸易产业结构，不仅是提高和参与国际分工和国际竞争的新举措，也是对外贸易增长方式转变的重要任务。

（二）实现提升承接金融服务外包的能力和竞争力的需要

近年来，金融服务外包业已成为金融服务业全球化的重要表现。按照金融服务内容来划分，金融服务外包分为金融服务商务流程外包和金融信息技术外包，其中，金融服务商务流程外包占全球金融服务外包市场的40%，金融信息技术外包占全球金融服务外包市场的60%。按照服务提供商的地理分布情况来划分，金融服务外包分为离岸外包和境内外包。离岸外包主要考虑到节省成本，利用国外技术熟练劳动力的可用性和通用性，利用较低的服务成本代替较高的服务成本，其中，成本恰好是决定性的因素，服务质量、技术能力和服务供应商的信用也是重要因素。境内外包更加强调金融核心业务战略、专门知识、信息技术和规模经济，强调将固定成本转变为可变成本，即现金流，极其重视价值增值。从20世纪90年代开始，金融服务外包业务以其能够有效降低成本、可以增强金融企业核心竞争力等特性成为越来越多金融企业尤其是商业银行采取的一项重要商业举措。由国外直接投资产生并通过境外商业存在的形式和金融服务外包的形式实现的金融服务贸易规模急剧扩大，在某些发达国家如美国，已经超过跨境方式的金融服务贸易。据分析，金融服务外包对国内经济的贡献是来料加工的30倍，尽管这两种贸易形态创造的是完全不同的价值量，但是金融服务贸易在能源资源消耗和生态环境的代价上却小很多。所以，内蒙古自治区乃至全国都应该充分认识承接金融服务业跨国转移的重要性，抓住世界范围内出现的金融离岸服务外包的大好机遇，综合采取配套的、切实可行的措施，提高承接金融服务业跨国转移的能力，以在这一领域的国际竞争中取胜。

（三）实现做大做强人力资源储备的需要

金融服务贸易，尤其是离岸外包转移的工作岗位，大多集中在以金融为代表的服务技术密集型和知识密集型行业。发展金融服务贸易，是实现将高端劳动力转变为具有竞争力的人才，将人力资源转变为人力资本的有效途径。许许多多跨国金融机构向中国转移金融服务业务，已经完全不满足于从普通劳动者身上赚取剩余价值，他们更加看好的是能创造更高价值的高端金融专业技术人才，是中国能源源不断为这些跨国公司提供现在和将来需要的人力资本。内蒙古自治区，乃至全国的劳动力价格具有显著的比较优势，不只一般普通产业工人的劳动力价格具有明显优势，保险精算师、高级金融工程师、金融理财师以及税收筹划师等高级人才资源价格同样具有比较优势。应该意识到，当出现了世界性的金融服务从人力成本较高的地方向成本较低的地方转移，大量知识性、服务性的白领岗位重新布局的潮流时，积极主动承接和吸纳这种产业转移，就为本地高素质金融人才的就业寻找到了新的去处。因此，大力发展金融服务贸易，努力提升现代服务业发展水平，改善中国参与国际分工的地位，发挥出中国高端人才的比较优势，发展以贸易为导向的金融服务业，是必须采取的战略选择。

（四）实现拓展财富创造方式的需要

根据世界各国三次产业结构变动的一般规律来看，农业在国民经济中的比重将持续下降,工业在工业化阶段会迅速增长,服务业占比在工业化中后期会持续攀升,劳动力也会先从农业转移到制造业,再从制造业转移到服务业,最终形成服务业在国民经济增长中占据主要份额的格局。一个经济体向市场提供服务的能力,直接受该经济体服务业发展水平的限制。20世纪70年代后,发达国家的服务业迅速发展,制造业也随着资源全球配置而在本国市场占比相对下降,日益兴起的现代服务业却成为当时发达国家经济增长的新动力。而在众多服务业中,金融服务业的发展表现十分抢眼,增速也最为迅速。一般情况下,金融服务业发展水平是衡量一个经济体现代化程度和宏观经济发达程度的重要指标,也是发展金融服务贸易的重要基础和支撑。目前,内蒙古自治区金融服务业正面临着大好的发展机遇,大力发展金融服务贸易也成为发挥现代金融对宏观经济运行的先导性作用的前端和高端,也成为通过金融服务贸易拉动和提升现代服能力,形成在全球市场尤其在国际金融市场交易、创造价值增值的财富实现方式。

二、金融服务贸易的发展现状

(一)金融服务贸易出口保持较高增速,进口增速趋缓

从出口角度来说,中国金融服务贸易呈较高增长态势,近三年年均增速超过30%;从进口角度来说,中国金融服务贸易的进口增速处于较低的水平,基本维持在10%以下。目前,中国金融服务贸易出口占总出口额的比重逐年攀升,而金融服务贸易进口额占中国服务贸易总进口额的比重不升反降。随着中国金融市场的不断开放,中国金融服务贸易进出口总规模也在不断扩大。2001年中国加入世界贸易组织时,中国的金融服务贸易进出口总额是31亿美元,2014年这一指标上升到了365亿美元,是2001年的12倍。中国2001年加入世界贸易组织时候曾承诺要逐步开放金融市场,直至2006年5年过渡期结束,要达到全面开放的水平。2006年以后,中国的金融服务贸易在规模上得到了突飞猛进的发展,增速显著提升。除2009年受国际金融危机影响,2015年受欧债危机影响,业务规模出现小幅回落,其他年份都保持明显的上升态势。中国金融服务贸易呈现规模小、增速缓的特点,直到2006年全面开放金融市场之后出口增速才发生较大提高。由此可见,随着金融服务贸易自由化的逐年推进,贸易规模将会逐年增加。

(二) 保险服务贸易增速放缓，其他金融服务占比较低

从传统意义上来分析，金融服务贸易主要包括银行、证券和保险服务贸易。目前，中国相关统计部门对金融服务贸易的统计分为保险服务贸易和其他金融服务贸易两种，并且纳入国际收支平衡表。因为银行服务贸易和证券服务贸易进出口额非常低，为了减少统计难度，遂将其归为其他金融服务贸易。

近年来，中国的金融服务贸易，无论是保险服务贸易，还是其他金融服务贸易，都保持着快速增长的状态。尤其是保险服务贸易，从2001年中国加入世界贸易组织时的29.38亿美元，经过十余年的快速发展，猛增至2014年的270亿美元，增长接近900%。保险服务贸易的进出口总额比其他金融服务贸易进出口总额都高，这也意味着中国服务贸易结构不均衡，存在过度依赖保险服务贸易的问题。

(三) 金融服务贸易总体开放程度逐年加大

金融服务贸易的开放程度可以用金融服务贸易进出口额与同期GDP之比来衡量。2001~2016年，中国金融服务贸易进出口总额与同期GDP之比如图6-1所示。不难发现，2001年以来，中国金融服务贸易的对外开放程度稳步提高，但是2009年受到国际金融危机的冲击呈下降态势，2009年之后又回到稳步提高的轨道上来，2015年受到宏观经济政策的良性调整和欧洲债务危机的冲击，国内国外诸多不稳定因素的共同作用，开放度略有下降。随着国内外整体经济环境的趋稳向好以及国内金融体制、机制的不断完善，中国金融服务贸易的开放程度也会越来越高。

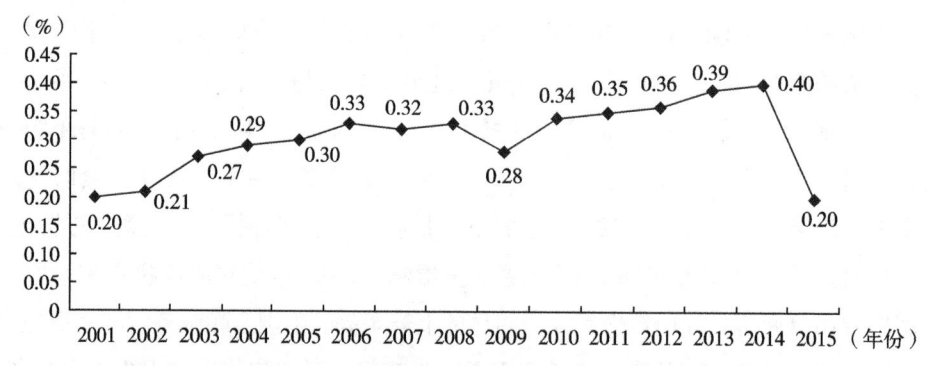

图6-1 2001~2015年中国金融服务贸易总额占GDP比重变化趋势

资料来源：国家统计局网站。

三、中国金融服务贸易发展过程中出现的问题

(一) 贸易结构不均衡,呈持续逆差状

自 2001 年中国加入世界贸易组织后,随着金融市场的逐步开放,中国的金融服务贸易呈持续逆差状。面对严峻的竞争,中国金融体系不得不加快改革步伐。中国的金融服务贸易,除 2009 年和 2015 年有所波动,其余十余年间均呈逐年上升的态势。但是,中国的金融服务贸易一直呈逆差的状态,且逆差在不断扩大。无论是保险服务贸易还是其他金融服务贸易,都呈逆差状。2001 年,中国金融服务贸易逆差总额不到 25 亿美元,到 2014 年,逆差高达 183 亿美元,这也说明,中国金融服务贸易是以进口增长为主、出口增长贡献较少,所以逆差才会逐年扩大,而且,以保险服务贸易的逆差为主,其他金融服务贸易逆差较小,如表 6-1 和图 6-2 所示。

表 6-1　2001~2015 年金融服务贸易额　　　　　单位:亿美元

年份	保险服务出口额(亿美元)	保险服务进口额(亿美元)	保险服务差额(亿美元)	保险服务进出口额占比(%)	其他金融服务出口额(亿美元)	其他金融服务进口额(亿美元)	其他金融服务差额(亿美元)	其他金融服务进出口额占比(%)
2001	2	27	-25	93.55	1	1	0	6.45
2002	2	32	-30	94.44	1	1	0	5.56
2003	3	46	-43	92.45	2	2	0	7.55
2004	4	61	-57	97.01	1	1	0	2.99
2005	5	72	-67	96.25	1	2	-1	3.75
2006	6	88	-82	90.38	1	9	-8	9.62
2007	9	107	-98	93.55	2	6	-4	6.45
2008	14	127	-113	94.00	3	6	-3	6.00
2009	16	113	-97	92.81	4	6	-2	7.19
2010	17	158	-141	86.63	13	14	-1	13.37
2011	30	197	-167	93.80	8	7	1	6.20
2012	33	206	-173	86.28	19	19	0	13.72
2013	40	221	-181	79.09	32	37	-5	20.91
2014	46	225	-179	74.25	45	49	-4	25.75
2015	93	50	43	74.48	26	23	3	25.52

资料来源:国家外汇管理局网站,http://www.safe.gov.cn/。

(亿美元)

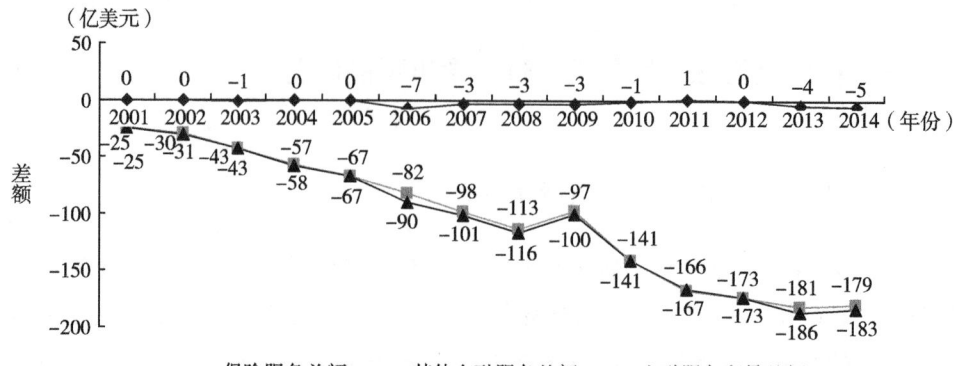

图 6-2 2001~2014 年中国金融服务贸易差额情况

资料来源：国家统计局网站搜集整理而得。

(二) 进出口结构单一，形式简单

当前，中国的金融服务贸易结构非常不均衡，保险服务贸易占据金融服务贸易的主导地位，而以证券服务贸易和银行服务贸易为代表的其他金融服务贸易规模较小，占比较低。2001 年，保险服务贸易占金融服务贸易的比重为 94.36%；2001~2007 年，保险金融服务贸易占金融服务贸易的比重基本维持在 90% 以上；2011 年以后，该比值有所下降。这一比值长期以来的发展变化说明，中国金融服务贸易形式非常单一，保险服务贸易占据比重过大，但值得欣慰的是，这一比值有缩小趋势，中国的其他金融服务贸易有了向好表现（见表 6-1）。

(三) 中国的金融市场开放度仍然有待提高

2001 年，中国的金融市场开放度为 0.2%；2001 年之后，中国金融服务贸易开放度稳定增长，除 2009 年和 2015 年呈下降态势，其余近十余年都保持稳步提升态势（见表 6-2）。

表 6-2 2001~2015 年中国金融服务贸易开放度变化情况

年份	金融服务贸易进出口额（亿美元）	开放度程度（%）
2001	31.14	0.20
2002	35.94	0.21

续表

年份	金融服务贸易进出口额（亿美元）	开放度程度（%）
2003	52.88	0.27
2004	67.36	0.29
2005	80.53	0.30
2006	104.23	0.33
2007	123.55	0.32
2008	150.05	0.33
2009	139.1	0.28
2010	202	0.34
2011	243.52	0.35
2012	277.41	0.36
2013	329.66	0.39
2014	364.99	0.40
2015	192.82	0.20

资料来源：国家统计局和国家外汇管理局网站整理计算而来。

四、内蒙古自治区金融服务贸易现状分析

第五次全国金融工作会议以来，内蒙古自治区全区金融系统紧紧围绕"服务实体经济、防控金融风险、深化金融改革"三项任务，主动作为，积极工作，全区金融运行呈现出信贷结构不断优化、融资渠道不断拓宽、金融风险有效防控、金融改革稳步推进的良好态势。

（一）金融支持实体经济高质量发展的力度不断加大

实体经济是金融的根基，金融是实体经济的血脉，为实体经济服务是金融的天职和宗旨。经过多方施策，我区金融服务实体经济的质量和效率不断提升。

1. 金融有力支持供给侧结构性改革

去年以来，自治区组织了多个主题鲜明、形式多样的融资对接推进活动，研究制定了一系列推动金融服务经济发展的政策措施，全力支持供给侧结构性改革。2017年，全区贷款余额突破两万亿元。2018年上半年，金融支持重点领域

和薄弱环节力度不断增大。一是重大项目信贷投放规模不断扩大，新增中长期贷款587.2亿元，占全区新增贷款的90%。二是开展"金融支持小微企业成长专项行动计划"，全区小微企业贷款同比增长9.5%，高于全区各项贷款平均增速3.5个百分点。三是积极支持云计算、大数据等新兴产业发展，信息传输、软件等信息业贷款同比增长24.8%，高于全区各项贷款平均增速18.9个百分点。

2. 企业上市挂牌稳步推进

2015~2017年，我区实施了企业上市三年行动计划，共实现直接融资3546亿元，超过之前历年直接融资总额。截至目前，我区共有境内外上市公司32家，新三板挂牌企业66家，内蒙古股权交易中心挂牌企业1806家，多层次资本市场体系建设成效显著。

3. 金融支持脱贫攻坚步伐不断加快

积极整合金融扶贫力量，构建了自治区金融支持脱贫攻坚联席会议、金融干部进旗县、金融机构与贫困旗县结对帮扶等制度；形成450余项金融扶贫产品；截至2018年6月末，全区精准扶贫贷款余额1351.2亿元。

4. 保险保障功能持续增强

2017年，全区保险业提供风险保障15.6万亿元，累计赔付支出186.5亿元。农业保险覆盖4.9亿亩农作物和438.4万头牲畜。森林保险承保规模居全国首位，为近两年大兴安岭火灾赔付超2亿元。城乡居民大病保险覆盖1664.9万人。保险资金在内蒙古自治区投资827.7亿元，经济"减震器"和社会"稳定器"功能显著提升。

（二）牢牢守住不发生系统性金融风险的底线

"金融活，经济活；金融稳，经济稳"。自治区始终坚持把防控金融风险作为金融领域的重点工作，着力防范化解重点领域金融风险。

1. 建立和完善配套工作机制

按照"稳中求进、统筹协调、分类分级、精准施策"的总体要求，构建了一套"四梁八柱"的风险防控长效机制，包括一个预案体系、四个机制、八项重点工作。建立了全区防范化解金融风险研判会商机制，定期组织研究金融市场走势，通报解读最新政策，分析研判主要风险点，督促重点工作落实。组织制定了全区突发性金融风险事件应急处置预案体系，总预案为《内蒙古自治区突发性金融风险事件应急处置预案》，分预案为各盟市应急预案、各行业应急预案及各金融机构应急预案。组织建立了内蒙古农村信用社和四家城市商业银行流动性应急互助机制。通过行业互助方式，解决单一地方金融机构抗流动性风险能力薄弱问题。

2. 积极防范重点领域金融风险

制定并组织实施《2018年防范化解全区银行业金融机构不良贷款总体工作方案》。明确落实金融机构主体责任、盟市政府属地责任、监管部门监管责任和自治区金融办总体统筹责任。对自治区重点企业实行"一企一策"，精准支持。2017年，启动运行债委会276个，涉及金额2750.7亿元，帮扶企业194户。市场化债转股取得实质性进展，协调金融机构落实债转股资金36.4亿元。

3. 综合整治金融乱象

积极防范和处置非法集资风险，通过自治区非法集资大数据监测预警平台，对全区8.7万家高风险企业进行全面排查和监测。持续开展互联网金融风险专项整治工作，目前我区存量不合规业务规模已压降96.1%。综合治理农村牧区高利贷，重点地区高利贷存量持续下降。

（三）扎实有效推进金融改革

深化金融改革是金融发展的根本动力，也是提高金融服务实体经济能力、防范化解金融风险的根本途径。工作中，我们坚持深化金融重点领域和关键环节改革，不断激发金融市场主体活力。

1. 建立健全金融体系

一是引进设立各类金融机构。随着中国进出口银行的入驻，自治区政策性银行实现了全覆盖；首家消费金融公司获批成立；平安银行呼和浩特分行获批筹建；2家地方资产管理公司先后设立。二是各金融机构不断下沉服务。全区乡镇（苏木）银行业金融机构营业网点覆盖率达91.6%，行政村（嘎查）基础金融服务覆盖率达96%。据内蒙古自治区政府网公布的数据，截至2018年6月末，我区共有银行业省级分支机构22家、地方法人银行业金融机构181家、财务公司5家、资产管理公司4家、信托公司2家、金融消费公司1家、证券地方法人机构2家、证券分公司17家、证券期货营业部110家、保险省级公司41家、小额贷款公司法人机构474家、融资担保法人机构142家，多层次、广覆盖、差异化的金融机构体系基本形成。

2. 推进地方金融机构改革

2018年，自治区制定了《深化内蒙古农村信用社改革加快组建农村商业银行三年工作推进方案（2018~2020年）》，计划用三年左右时间，基本完成旗县级法人机构改制组建农商行工作。目前，全区93家农村合作金融机构中，已完成农村商业银行改制的共27家，已核准同意改制16家，已批准筹建7家。

3. 开展金融改革试点

自治区"两权"抵押试点工作深入推进，截至2018年6月末，我区10个试点地区"两权"抵押贷款余额37亿元，包头市土右旗被人民银行列为全国先进典型。创新实施县域金融工程，在和林格尔等34个旗县区开展了两批县域金融工程试点工作，试点地区共引入金融机构14家，30余家企业在内蒙古股权交易中心挂牌。

五、内蒙古自治区促进金融服务贸易发展的对策建议

（一）促进金融服务贸易向知识技术密集型转变

当前，国际产业结构优化调整的突出特点之一就是保险、金融、信息技术等知识和技术密集型服务业必将成为未来国际贸易体系中重要的组成部分。以云计算、大数据、物联网、区块链、人工智能等为标志的先进网络技术的不断发展增强了服务活动及服务过程的可贸易性，新兴服务业不断涌现或扩张。和近年来出现的大型呼叫中心、远程财务处理、数据库服务等一样，新的金融服务业务也不断衍生出来。全球的服务贸易将逐渐从以自然资源密集型或劳动密集型为基础的传统服务贸易转为以知识技术密集型为基础的现代服务贸易，而金融服务贸易在这方面变化更为明显。跟上现代先进技术发展变化的脚步，对内蒙古自治区乃至全国的金融服务贸易极为重要。所以，相关管理部门和金融机构要充分把握住金融服务贸易的国际性产业转移的大好机遇，不断地进行开拓创新，要争取使金融服务在知识技术含量方面走在世界领先的位置。同时，全力服务实体经济。坚持把服务实体经济作为金融工作的出发点和落脚点，聚焦重点、聚焦短板，更好地用"金融活水"浇灌实体经济。

聚焦重大战略。推动各金融机构优先满足自治区重大发展战略的资金需求，主动服务三大攻坚战，全力支持"十三五"规划确定的符合高质量发展要求的重大项目，为推动自治区经济转型升级、实现高质量发展提供有力支撑。

聚焦创新驱动。引导各金融机构加强对创新驱动的支持，大力发展天使投资、创业投资，鼓励开发针对科技创新企业的金融产品，支持新旧动能接续转换。助力传统产业转型升级，加快技术改造，培育制造业新业态、新模式。

聚焦新兴产业。鼓励金融机构加大对新能源、新材料、节能环保、高端装备、云计算、生物科技、蒙中医药等自治区战略性新兴产业的支持力度。加强企业上市培育力度，实施新一轮《内蒙古自治区推进企业上市挂牌三年实施计划（2018～2020年）》，不断拓展融资渠道。

聚焦脱贫攻坚。鼓励各金融机构加大扶贫小额贷款投放力度，实现对建档立卡贫困户的金融服务全覆盖，提升金融服务新型经营主体的质量和效率。推动各金融机构积极向下延伸分支机构，夯实贫困地区金融综合服务基础。

（二）加大力度对国内外的金融服务进行宣传推介

在全球的金融服务贸易中，金融产品的产生都是即时的，而金融消费者的影响因素往往对金融贸易起决定性作用。因为金融服务贸易本身是抽象的、无形的、不具有实体性的，所以金融服务的消费者难以事先对金融服务做出评估，金融服务提供者的形象和声誉就会成为消费者进行选择的依据。因此，金融服务贸易企业的知名度和企业形象在金融服务贸易中显得尤为重要。因此，想要促进金融服务贸易的发展，必须加大力度宣传推介服务企业的品牌及产品。

截至2018年6月末，内蒙古自治区全区小微企业贷款余额4911.2亿元，同比增长9.5%，高于同期贷款增速3.6个百分点。但同时也应看到，单户授信500万元及以下小微企业贷款仅占全部小微企业贷款余额的4.3%，小微企业发展还面临很多困难，如一些小微企业经营管理不规范、财务不透明，直接融资市场作用有待加强，中小企业可供担保抵押的财产不足等，小微企业融资难、融资贵的问题仍然存在。

2018年6月25日，人民银行等五部委联合印发了《关于进一步深化小微企业金融服务的意见》（银发〔2018〕162号），6月29日又联合五部委召开全国深化小微企业金融服务电视电话会议，宣传解读相关政策措施，部署贯彻落实工作。人民银行呼和浩特中心支行将继续加强小微企业金融服务，挖掘小微企业融资潜力，促进降低融资成本。年内小微企业金融服务实现小微企业贷款户数增加、小微企业贷款金额增加、小微企业贷款成本适度、控制风险四个目标。

一是会同相关部门即将制定出台我区深化小微企业金融服务的实施意见，进一步督促引导金融机构用好用足相关政策。还将召开金融支持小微企业发展推进会，加强政策解读，宣传可复制、可推广的金融产品和服务模式，确保政策落地生效。继续落实《内蒙古自治区小微企业应收账款融资专项行动工作方案（2017～2019年）》，盘活企业存量资产，提高小微企业融资效率。

二是加大货币政策支持力度，引导金融机构重点加大对单户授信500万元及以下小微企业信贷投放。2018年以来，已通过下调存款准备金率增加我区有关金融机构可用资金114亿元，主要用于支持小微企业发展。近期，人民银行又增加了我区支小、支农再贷款和再贴现额度，并下调支小再贷款利率0.5个百分点。人民银行呼和浩特中心支行将改进宏观审慎评估体系，增加小微企业贷款考核权重。同时继续用好货币政策工具，发挥再贷款、再贴现、定向降准等货币政策工具的导向作用，增强中小金融机构资金实力，加大对小微企业信贷扶持力度。

三是加强贷款成本和贷款投放监测考核，促进降低企业成本。银行业金融机构进一步缩短融资链条，清理不必要的"通道"和"过桥"环节。同时，禁止向小微企业贷款收取承诺费、资金管理费，严格限制收取财务顾问费、咨询费等。改进小微企业信贷政策导向效果评估，着力提高金融机构支持小微企业的精准度。

四是大力拓宽多元化融资渠道，优化营商环境。支持辖区内银行业金融机构发行小微企业专项金融债和小微企业贷款资产支持证券。引导小微企业聚焦主业，健全财务制度，守法诚信经营，提升自身信用水平。加强部门协调配合，落实好金融机构小微企业贷款利息收入免征增值税优惠政策，进一步规范小微企业融资相关附加手续收费行为。推动建立联合激励和惩戒机制，确保政策真正惠及小微企业。

五是指导金融机构优化融资结构，优先保障小微企业信贷资源，下放授信审批权限，切实扩大对小微企业的信贷投放和覆盖面。同时，加大金融产品和服务创新，加强对互联网、大数据等信息技术的运用，改造信贷流程和信用评价模型,提高贷款发放效率和服务便利度。

(三) 提升金融服务企业的自主创新能力和防范风险能力

金融企业,特别是商业银行,作为金融服务贸易的主体,其技术水平的高低是其生存的关键。电信和信息处理技术的革命急剧地降低了获取、传递与处理信息的成本,以及模仿竞争对手产品的成本,这种革命孕育了大量的金融创新,并无可置疑地加快了服务的步伐。要提升金融服务贸易的水平,就得着力强化提升相关的服务业技术水平以及自主创新意识和自主创新能力。跨国公司的国际经验也表明,发展金融服务贸易,技术外溢非常重要,但更重要的是金融企业自身的创新意识和所拥有的自主创新能力。所以,只有在金融业务外包和改造业务流程的基础上,加快由金融营销环节向自主研发环节的延伸,提升金融企业自主创新能力,提高金融服务的技术附加值,才是金融服务贸易快速发展的正确选择。

坚决防范化解金融风险。坚持把防范化解金融风险放在更加突出的位置,进一步摸清底数,加强管控,完善机制,确保金融安全高效稳健运行。

构建防范化解金融风险防火墙。落实全区防范化解金融风险研判会商机制,对全区金融业整体风险进行有效监测和预判。组织城商行、农信社等地方法人金融机构实施流动性风险互助方案。发挥金融风险应急处置机制的作用,推动形成风险防控处置的完整链条。

落实防范化解金融风险主体责任。推动各金融机构严格落实主体责任,与金融资产管理公司密切配合,制订分类处置计划,形成多元化的不良资产处置格局。充分发挥债权人委员会作用,切实帮助重点企业渡过难关。

严厉打击各类金融乱象。加强部门联动,严厉打击非法集资,扎实推进互联网金融风险专项整治工作。进一步建立治理农村牧区高利贷的长效机制,消化存量、控制增量,推进民间借贷规范化、阳光化。

(四) 加强政府支持推进改革

金融服务贸易的健康运转,离不开政府政策的有效支持和鼓励。要发展内蒙古自治区的金融服务贸易,政府须考虑以下几个方面:一是要制定具有针对性的金融服务贸易的市场发展战略。二是利用外交关系,通过国际商务谈判等形式,要求他国对等地削减金融服务贸易壁垒和市场开放。三是要落实相关的财政税收方面的鼓励支持政策，促使更多的金融类企业参与国际金融服务贸易，尤其要参与金融服务外包。另外，对现有的财税制度进行税率等方面的改革的同时，更加注重对金融等服务业的倾斜，以便更好发挥财税政策对金融企业国际竞争力提升的作用。四是要完善金融服务贸易政策支持中心的建设和政策发布平台建设，帮助企业收集提供国内外有关重大项目信息和政策建议，努力帮助企业获得金融服务，协调政府其他相关部门，利用各种渠道资源对目标企业及项目进行大力扶持。

进一步深化金融改革。深化改革开放是提高金融服务实体经济、防范金融风险的根本途径，自治区将按照中央要求，从自治区实际出发，加快转变金融发展方式，不断提高金融资源配置效率。

健全金融组织体系。大力发展商业性金融、合作性金融，积极引进银行、证券、期货、保险等全国性金融机构在我区设立分支机构。推进设立农牧业保险公司、直销银行、融资担保等地方法人机构。推动建立普惠金融、互联网金融、绿色金融等新业态。

扎实推进地方金融机构改革。推动地方金融机构逐步形成有效的决策、执行、制衡机制，建立现代金融企业制度。坚持"成熟一家、改制一家"，支持符合条件的农信社改制为农商行，尽快全面完成自治区农信社改制工作。

着力优化金融环境。金融环境事关营商环境，自治区将进一步推动各级各部门强化服务意识，搭建更多、更有针对性的政银企对接平台。强化金融法律法规的执行，积极支持金融机构依法维权，切实维护金融机构的合法权益。

（五）明确金融服务贸易境外发展战略方针

为了达到在境外设立的金融机构实现"本土化"的目的，企业应当从战略上加以调整考虑。主要从以下两个方面考虑制定战略方针规划：一是并购参股海外金融机构。这样既可以扩大当地业务，又可以解决机构网点的"本土化"问题。二是有选择性地对跨国公司或当地的有关企业进行投资。这样可以建立境外金融机构的稳定客户群，有利于把金融服务做大做强。

（六）继续推进金融服务贸易自由化进程

服务贸易自由化是指服务可以在世界范围内自由流动。金融服务贸易的自由化是指金融服务在世界范围内自由输出、输入,其结果便是金融服务产品可以在全球范围内迅速得到推广,金融服务的价值和服务的质量大体趋于一致,并通过金融机构及金融产品的自由输出、输入,产生手续费、佣金及其他费用的国际支付。另外,金融服务贸易自由化就意味着境内消费者可以自由地使用境外金融机构提供的金融服务,境内的金融机构也可以自由地向境外消费者提供金融服务。所以,金融服务贸易的自由化定会推动金融服务贸易的迅速发展。

(七)逐步推进金融市场开放,适当引入竞争机制

研究表明,较大程度的金融市场开放,对于高收入国家的经济发展有较大影响。一方面,金融领域的开放可能会带来行业的严重冲击,毕竟中国金融市场抗冲击能力还比较弱,过度的开放可能会使中国的产业遭遇境外资本的冲击而引发意想不到的金融动荡,如1997年的亚洲金融危机,即某些新兴国家金融市场开放过快、过度不能承受外来资本冲击造成的金融动荡;另一方面,金融市场的开放会带来诸多积极效应,如增加金融服务的种类、增强金融改革的动力、增加国外先进技术和管理的引进等。根据中国金融服务贸易和金融市场的实际情况,金融服务贸易和市场开放与经济体制改革、产业结构升级以及金融服务贸易的比较劣势的存在并存,上述情况使中国金融服务贸易及金融市场的开放更加复杂和充满了不确定性。现在中国金融服务贸易与金融市场的开放度成反比,因此,当前中国的金融市场开放对金融服务贸易的发展存在一定影响,应该做到保护与开放协调发展,循序渐进地开放,适度地引入竞争,为金融服务贸易提供良好的发展环境。

第七章

国际会展服务

随着中国经济的快速发展和经济发展中战略转型的实施，会展业成为城市通往世界的大舞台，同时也是参与世界竞争的重要载体。它能够反映一个国家或地区国民经济的发展状况，并且因其具有增长快、效率高的特点，更能够促进一个国家或地区的经济发展。国际上诸多发达城市每年都会凭借其优良的软硬件条件举办众多大型国际性会展，借助会展经济提高其国际知名度，对当地经济的繁荣和旅游、文化等相关产业的发展起到巨大的推动作用。大力发展契合可持续发展原则的会展业，有利于推动中国当前形势下的经济发展、生态文明建设等。改革开放40年来，中国的会展业逐步发展并日益走向成熟和规范，尤其是进入21世纪之后的十余年间，中国的会展业进入快速发展时期，构建形成了一批具有国际影响力的会展品牌。

在中国深度推进经济转型发展的背景下，会展业在发展速度、办展水平不断提升的基础上将面临更宽广的发展空间。但同时，中国会展业发展中存在的问题与不足也值得关注。一方面，目前中国会展业的发展不平衡，在国内外有较大影响力的展会品牌主要集中在环渤海、长三角和珠三角领域，北京、上海、广州、深圳、香港等城市的会展品牌知名度较高，但一些发展禀赋、产业支撑不理想的地市、县区级政府也将发展会展业作为拉动当地经济增长的"法宝",不考虑市场发展实际,盲目兴建大型会展场馆,导致大量场馆设施闲置、资源浪费。另一方面,当前中国会展业组织运作等核心环节市场化程度较低,政府主管部门自筹、自办会展活动较多,且在制定会展业行业标准、对市场参与者行使监督管理职能等宏观管理方面未能充分发挥作用。

  会展业具有强大的产业带动效应,尤其是对第三产业经济欠发达的中国民族地区的经济及其相关产业有很强的支持和拉动作用。区域经济发展水平高低决定了其会展产业发展的强弱,而会展产业发展也是区域经济发展的重要增长极。因此,内蒙古自治区经济的高速发展促进了民族地区会展业的发展,而会展业的持续发展对民族地区经济发展的促进作用也不能小视。

一、内蒙古自治区国际会展服务贸易背景分析

会展行业起源于19世纪中叶在英国举办的首届世界博览会,并迅速发展成为一个新兴产业,被世界各国所重视。随着经济全球化水平的不断提升,会展行业在促进贸易往来、技术交流、信息沟通、经济合作及增加就业等方面发挥着日益重要的作用。会展业具有极强的产业带动效应,不仅可以培育新兴产业群,还可以拉动交通、旅游、餐饮、广告、金融等行业发展。根据专家测算,国际展览业的产业带动系数可达1:9。因此,会展业是现代服务业的重要支柱,并凭借其较高的产业关联度带动区域产业聚集及所在城市的资源运行。欧洲作为世界会展业的发源地,经过150余年的发展,其会展经济在国际上整体实力最强、规模最大,德国、意大利、英国等国家均成为世界级的会展大国。国际大型展览场馆主要集中在欧洲,大多数行业顶级和世界大型展会在欧洲举办,其展出规模、参展商数量、国际参展商比例、观众人数、贸易效果及相关服务质量等均居世界领先地位。经过多年的发展,欧美发达国家的会展业已经成为成熟的产业,在组织管理、市场拓展、品牌扩张等方面都积累了丰富的经验,并在行业内倡导形成了国际展览局(BIE)这一政府间国际组织及国际展览业协会(UFI)、国际展览与项目协会(IAEE)、独立组展商协会(SISO)等国际性行业协会组织。

会展业属于第三产业的范畴,是第三产业中服务贸易的一个重要组成部分,是会展经济的中心和支撑点,在国民经济发展中作用突出,综合效益显著。其综合性、带动性强的新兴产业特性,在市场经济条件下能够通过会展活动汇集巨大的信息流、技术流、商品流、人才流和资金流。据专业机构测算,会展业的产业带动系数大约为1:9,对国民经济发展的作用主要表现在三个方面:一是直接经济效益,主要体现在组织举办会展活动的次数、规模、参展商与观众的层次和参与度,以及会展业自身提供直接服务的收入上;二是间接经济效益,不仅体现在对国民经济中其他相关行业和部门乃至对整个国民经济的影响,特别是对交通、通信、住宿、餐饮、旅游、购物、贸易、广告、印刷、物流等行业的带动,而且对经济贸易发展的推动效应明显,可有力促进中外的技术合作、信息沟通、贸易往来;三是社会效益,主要体现在改变社会产业结构、增加就业机会、提高城市知名度等方面。会展经济对当地整个城市建设、经济发展、科技进步等全方位的

带动作用也十分明显。例如，大连自20世纪80年代末以来，通过举办"大连服装节"，建成一大批具有国际水准的基础设施，成为东北亚国际会展中心城市，成为一个享誉全球的城市；博鳌亚洲论坛则使博鳌从穷乡僻壤的小渔村提升为一个具有良好生态、人文和政治环境的会议之都；等等。近年，中国国内会展行业发展迅速，呈现以下特点：

（一）专业展览馆数量及可租用面积增加，会展基础设施条件得到改善

专业展览馆是会展产业的重要基础设施。根据对展览馆统计的标准，展览馆室内可租用面积5000平方米以上，且每年举办2个以上经贸类展览会的展览馆为专业展览馆。经过多年建设，国内专业展览馆条件大为改善，数量充足，功能齐全。据统计，2016年，中国共有专业展览馆156个，比2015年新增20个；室内可租用面积约823万平方米，比2015年增加约176万平方米（见图7-1）。据统计，2014年，全球室内展览面积达到20万平方米以上的场馆共17个，其中4个分布在中国，与德国并列排行第一。中国专业展览馆数量及可租用面积逐年增长，为举办各类国际国内大型展会项目提供了良好的硬件设施。

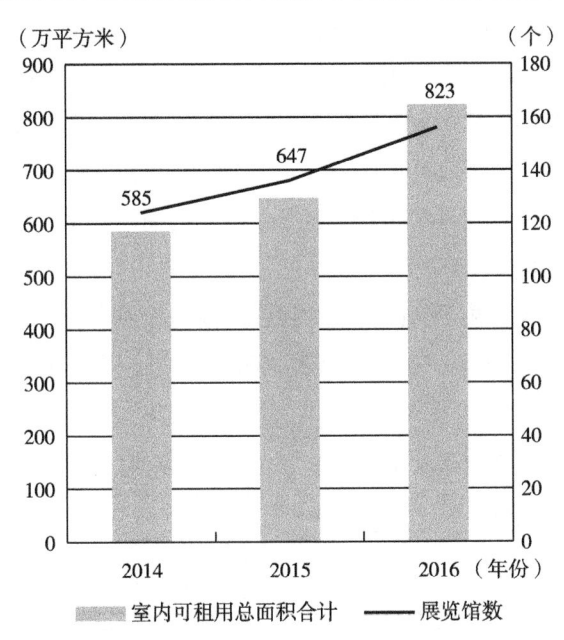

图7-1 2014~2016年全国展览馆数量、面积变化

资料来源：公开资料、智研咨询整理。

（二）会展行业初具规模，由数量扩张型向质量提升型内涵发展转变

经过十余年的快速发展，中国会展业已初具规模。2015年，全国共举办各类展会9283场，展览面积11798万平方米，会展经济直接产值达4803.1亿元，约占全国国内生产总值的0.71%，占全国第三产业增加值的1.41%。2008～2015年，国内会展场次数量和展览面积均实现了稳步增长。

根据上述统计，境内展览除总体保持增长趋势外，展览面积增速快于展览数量增速，单个展会展出规模扩大，规模经济效应明显增强。会展业发展方式发生质的飞跃，由数量扩张型向质量提升型内涵发展转变。2015年，全国超过10万平方米的展会项目124个，比2014年增加了16个，其中最大展会展出面积达118万平方米。以会展业发展程度相对较高的上海为例，与2014年相比，上海市2015年展览数量减少20个，但展览面积增加近232.55万平方米。2015年，上海单一展览总体平均超过2万平方米，展会规模经济效益明显。

（三）东部地区占据会展行业主导地位，中西部地区保持较快速度增长

中国展会区域集约化程度较为明显，东、中、西部地区分布不均，中西部份额增加，但东部地区主导地位仍然较为明显。2015年，中国东部地区办展5699场，展览面积7834.55万平方米，分别占比61.40%和66.40%，在全国会展行业占据主导地位；中西部地区办展3584个，展览面积4062.50万平方米，分别占比38.60%和34.40%。中西部展会数量和展览面积增长速度明显快于东部，在全国展览业中的比重提升。

近年来，重庆作为西部中心城市，会展产业积极发展，展会数量及展览面积增幅维持在较高水平。2014年及2015年北京、上海、广州和重庆所举办的展会数量及展览面积如表7-1所示。

表7-1 2014年及2015年北京、上海、广州和重庆所举办的展会数量及展览面积

城市	展会数量（场）		增长率（%）	展览面积（万平方米）		增长率（%）
	2014年	2015年		2014年	2015年	
上海	769	74	-2.60	1279.00	1511.55	18.18
重庆	662	749	13.14	601.30	702.30	16.80
广州	392	482	22.96	858.57	861.70	0.36
北京	431	415	-3.71	608.19	520.10	-14.48

资料来源：根据公开资料整理。

(四) 会展举办单位及项目层次提升，境外自主办展及出展规模快速增长

在会展行业总体保持增长的同时，国内会展业相关主体及会展项目层次持续提升。目前，加入UFI的中国会员和通过UFI认证的会展项目均已形成一定规模，并集中在北京、上海、深圳、广州等主要中心城市。2015年，国内UFI会员数达到95个，其中北、上、广、深的会员数量合计达79.85%；通过UFI认证的会展项目达到46个，其中北、上、广、深的会展项目数量合计达59.74%。与举办及参加境内展会相比，境内会展企业赴境外自主办展、境内参展企业赴境外参加国际展会所要求的条件及层次更高。近几年来，随着全球经济的深入融合、中国在国际经济中的地位提升，中国赴境外自主办展及参展规模均明显增长。据不完全统计，2016年，全国97家组展单位共赴63个国家组织参展1492项，较上年增加7%；展出面积为83.5万平方米，较上年增加14%；参展企业数为5.84万家，较上年增加12%（见表7-2）。

表7-2 2012~2016年中国企业赴境外出展情况

年份	项目数	年增长率（%）	展出面积（万平方米）	年增长率（%）	参展企业数（万个）	年增长率（%）
2012	1536	—	69.26	—	4.8	—
2013	1391	-9.44%	61.80	-10.77%	4.5	-6.25%
2014	1447	4.03%	70.68	14.37%	4.7	4.44%
2015	1385	-4.28%	63.89	-9.61%	4.8	2.13%
2016	1492	7.73%	83.50	30.69%	5.8	20.83%

资料来源：根据公开资料整理。

(五) 组展单位趋向市场化，行业集中度相对较低

从会展组展单位性质来看，国内组展单位可划分为党政机关、行业协会、外资企业和国内企业四大类型。按照贸促会的统计，2016年，全国会展行业办展主体中共有国内企业1406家，较2015年增加80家，占比57.13%；共有行业协会863家，较2015年增加424家，占比35.07%；共有151家党政机关，较2015

年增加9家，占比6.14%；共有41家外资企业，较2015年减少37家，占比1.67%。国内企业和行业协会型组展单位数量不断增长，而党政机关和外资企业型的组展单位数量增长较小或有所下降。

国内会展市场集中度相对较低，大部分组展企业规模实力相对较弱，举办的会展数量及会展面积有限。据统计，2016年，近七成展会面积在1万~5万平方米，其中1万~3万平方米的小规模展会占据主流。面积在1万~3万平方米的展会共有1310个，约占已知面积展会总数量的52%；面积在3万~5万平方米的展会共有482个，约占已知面积展会总数量的19%。

（六）跨国企业布局中国会展市场，并推动中国会展业向国际化发展

近年来，随着中国会展市场对外开放程度深化、展览业投资环境优化、会展行业规模壮大，跨国会展巨头纷纷通过与国内会展项目主办方合作办展、在华收购会展项目、与地方政府合作、复制海外成熟展会等方式加大在中国战略布局的力度。目前，国内影响力较大的跨国会展公司主要为英资及德资会展公司。英资以励展博览集团、亚洲博闻有限公司等为主，主要采用在中国境内并购合资的发展模式。德资会展公司在中国经营规模相对较大，包括德国汉诺威展览公司、杜塞尔多夫展览公司、慕尼黑国际博览集团、法兰克福展览公司等，主要采用设立子公司并复制海外成熟展会的发展模式。德资公司2014年共在华举办展会数量超过70场，其中部分展会展览面积达10万平方米以上。跨国公司已经成为中国会展业国际化过程中不可忽视的重要力量。

二、内蒙古自治区会展服务业发展现状

内蒙古自治区党委、政府对发展包括会展业在内的服务业和文化产业给予高度重视，在已颁布的《内蒙古自治区民族文化大区建设纲要》《关于进一步加快文化发展的决定》《关于支持文化事业和文化产业发展若干政策的通知》等一系列重要文件中以及在《内蒙古自治区国民经济和社会发展第十一个五年规划纲要》《内蒙古自治区旅游业发展第十二个五年规划纲要》中，都提出了发展会展业的目标，并配套了相应的扶持和优惠政策，极大地拉动了内蒙古自治区会展经济的发展。出台《内蒙古自治区人民政府关于促进展览业改革发展的实施意见》

等相关扶持和优惠政策，是符合国家的宏观经济政策导向的有益尝试，不仅有利于内蒙古自治区经济结构的合理化，而且有利于内蒙古逐步改变资源主导型的经济增长模式，必将为内蒙古自治区经济发展注入新的活力。因此，有必要了解国内会展行业和内蒙古自治区会展服务业的发展现状，掌握其运作实际并进行深入研究，为内蒙古自治区会展业的有序发展提供保障，使其更好地在促进内蒙古自治区国民经济发展中发挥应有的作用。

内蒙古自治区会展业的发展不仅有效带动商业、宾馆、餐饮、旅游、交通、娱乐等第三产业的繁荣，还对促进内蒙古自治区经济发展和经贸合作、扩大内蒙古在全国范围的影响、有力推动内蒙古自治区企业与国内外企业交流、促使内蒙古自治区产品走向全国和国际市场等方面做出了突出贡献。

（一）优势分析

在内蒙古自治区经济发展和全国会展业方兴未艾的影响下，内蒙古自治区会展业虽然起步晚但发展态势良好，会展经济效益也已逐渐显现。主要表现在以下五个方面：

1. 展馆和配套设施逐步完善

内蒙古展览馆是内蒙古自治区首个综合性展览馆，于1987年在呼和浩特投入使用。随着内蒙古自治区会展业的发展，不同规模场馆数量不断增加，展览面积不断增大，各盟市也已建成了各具特色的展馆，如呼和浩特市国际会展中心、包头神华国际会展中心、鄂尔多斯市康巴什新区会展中心、东胜科技会展中心、满洲里国际会展中心、赤峰国际会展中心及各类专业展览场馆。

各地展览场馆均实施精细化管理，在展馆设置舒适优雅的茶歇区、醒目的标识与导展系统、宽敞的通道面积与良好的卫生条件、完备的安保措施与全面贴心的个性化服务，得到了各方广泛的认可，取得了良好效果。

2. 办展水平与能力不断提高

内蒙古自治区会展业的发展始于20世纪90年代，从展销为主的商品贸易会开始，陆续发展到以专业展览会、行业展览会、节庆会议为龙头，组成了具有内蒙古特色达到一定规模的会展业。

内蒙古自治区会展业主要起步于呼和浩特、包头两地，年举办展览会的数量从几十个发展到几百个。其中以内蒙古展览馆为主展览举办地，先后举办了蒙交会、内蒙古医药保健品交易会、内蒙古奶牛及乳制品交易会、全国建筑建材博览会、全国医疗器械博览会、全国印刷机械博览会和房展会等数百个展览项目。2007年，建成的内蒙古国际会展中心承办了大型博览会、中国北方旅游交易会、中国民族商品交易会、中国西部文化产业博览会、中国民族商品博览会、自主创新与民族品牌发展战略高峰论坛、东西部互动发展论坛、乳业发展国际论坛和呼和浩特投资贸易洽谈会等，接待观众数十万次，参加客商万余人。会展业具有关联性、综合性、时代性的特点，在地方经济中具有联系和交易、整合营销、调节供需、技术扩散、产业联动、促进经济一体化等功能。内蒙古展览馆是呼和浩特乃至内蒙古地区展览业发展的前沿和窗口，在近几年的会展业发展中，其区域文化特点正在逐步形成。2016年度，内蒙古展览馆举办大小展会28次，其中以展馆场地出租居多，而真正意义上的由展览馆策划组织展出的展览均为自治区政府主导型。

总体而言，举办展会的数量逐年增多、主题多元化，涉及食品行业、机械制造、电子产品、品牌服饰等不同层面，既体现出内蒙古自治区具备承办大型国际会展的能力与实力，也创造了可喜的经济收益。

3. 特色品牌展览会培育显现雏形

随着西部大开发的不断深入，内蒙古自治区经济得到快速发展，会展业也从呼包两地向各个盟市延伸，参展商、参展人员层次逐步提高，地域范围逐渐扩大。会展旅游业经济效益初显。以1997年举办的"药交会"为例，举办期间来自各省份参展企业有1000多家，客流量超过280万人，如果按每人抵达呼和浩特市日均消费500元计算，每届药交会就为呼和浩特市带来4.2亿元的收益。2004年，满洲里举办的中俄蒙科技展，三国共有4000余家参展企业，8000多项参展项目，10000多人次参展商，前来参观和洽谈的国外客商有10万多人次，各类签订合同和协议368项，达成的协议金额200多亿元，已经成为促进相关产业效益做出显著贡献、规模大、影响广、具有突出特色、主题鲜明的高新技术产品展会。2009年会展行业年会上，呼和浩特市获得"全国优秀会展城市"殊荣，中国民族商品交易会被评为"中国最具影响力的政府主导展会"及中国十佳品牌展会。

中国内蒙古草原文化节和中国呼和浩特昭君文化节在国内颇具影响。鄂尔多斯市、赤峰市、满洲里市的会展业发展突出；内蒙古各盟市的草原那达慕节、阿尔山的冰雪节、阿拉善盟的金秋胡杨节、通辽市的万人赛马会等以节庆为主的大型活动形成各自的品牌，具有一定的规模，每次活动的举行都吸引着数以万计的展商及游客。一些国家级展览会在内蒙古自治区召开，如2007年中国北方旅游交易会、中国民族商品交易会、第三届中国西部（呼和浩特）文化产业博览会等，为有效发挥内蒙古自治区资源和产业优势，培育和发展特色品牌展会提供了契机和思路。

4. 逐步健全组织机制

弱化政府直接干预和微观管理职能，需要将经济活动中的社会服务性职能和相当一部分执行性、可操作性、技术性职能转移到社会中介机构和行业协会。当前，中国的行业协会多种体制并存，既有政府一手促成，行政命令组建的"官办"行业协会，又存在由政府主导扶持，行业内企业依法组建的"半官半民"中间型协会，同时在经济发达地区由于市场程度高、行业规模大、企业独立性强，还存在行业内企业自愿协商、依法组建并具有法人资格的民办协会。政府应积极引导会展企业人士组成行业协会，鼓励其自愿结盟形成真正独立于政府的社会中介组织，努力打造行政作用参与其中、大型会展旅游企业起主导、中小会展企业广泛参与的行业协会模式。

2008年，呼和浩特会展协会成立，通过制定会展业行业标准和行业守则，进一步规范会展市场秩序，营造会展市场的和谐环境与机制，避免不正当竞争；学习先进的科学管理方法和经营方式，引进专业人才对相关人员进行培训，"走出去"或"引进来"促会展行业的交流学习氛围，促进会展旅游业的较快发展；加强行业的自律和协调，促进会展业规范有序地发展，努力开创会展业的新局面。

2010年，呼和浩特市政府出台了《呼和浩特市大型活动及会展业管理办法》，做出了对于本市发展会展旅游业举办节庆活动、会展活动等的相关规定。这项规定明确了政府对会展旅游业发展思路的引导性作用，使会展旅游在博览会、文化节等活动开展期间，前期筹备、组织和执行过程中有规章制度可循，加快和促进了会展旅游行业在办展期间整体的时间和依法办事的进程，促进了呼和浩特市会展旅游经济向着健康、有序的方向发展。

2012年，海勃湾区成立区会展业管理服务促进工作领导小组（以下简称领导小组），负责海勃湾区会展业发展的组织、规划、指导和协调工作。领导小组由区政府分管副区长任组长，区商务局局长任副组长，区教体局、区住建局、区文化旅游局、区卫生局、区统计局、区行政执法局、区食药局、区招商局、区安监局、区园林局、海勃湾工商分局、海勃湾技术监督分局、海勃湾公安分局、区消防大队、海勃湾交警大队等相关部门负责人为小组成员。领导小组下设办公室（以下简称会展办），承担领导小组日常工作，办公室主任由区商务局分管市场、会展工作的副局长兼任。各成员部门在各自职能范围内负责会展业的相关监管和服务工作，统筹协调会展业管理服务促进工作。千里山镇各街道办事处协助做好本辖区内展会活动的监管和服务工作。

近年来，承办会展的主体呈多元化态势，区内专业会展公司不断涌现，如内蒙古商贸有限责任公司、内蒙古艾克思博会展有限公司等成为承办会展的专业力量。与此同时，各级政府及有关部门、各种媒体、各类企业、各种群众团体组织、各类协会学会等也是现阶段承办展会的主体，符合市场经济条件下会展业发展的总趋势。

5. 区内院校会展专业的设置，为满足会展业发展的人力资源需求创造了条件

区内一些高校已先后开设会展相关专业，如内蒙古财经大学旅游学院、内蒙古商贸职业学院等，通过对在校生的综合能力培养，使其成为一专多能的应用型人才，从而服务会展业，为提升自治区会展业整体水平提供了有效的人力保障。

（二）不足分析

目前就内蒙古自治区会展业发展的总体情况来看，仍处于起步阶段，在会展业的运作方面存在诸多不足。

1. 缺乏有效的管理体制和行业规范机制

内蒙古自治区会展旅游业还处于起步阶段，面临着主管行政机构空缺、多头审批严重、随意发展的弊端。内蒙古自治区会展旅游业主管行政机构空缺致使会展行业发展规划无从落实，相关法律法规建设滞后，市场环境难以得到有效改善，会展品牌推广及会展城市推介等方面也存在政府缺位问题。此外，多头审批问题严重，经常出现展期接近、主题雷同的展会。例如，2009年春节前夕，展期紧邻的"裘尚之都"展会和"精品年货展销会"都打出了"年货"的口号，严重分走了置办年货的人流，小而散的展会难以实现规模效益，弊端显而

易见。

内蒙古自治区会展旅游业公共服务体系建设相对滞后。一方面，会展旅游经济管理审批部门与政府公共服务部门之间缺乏有效的协调，联动机制尚未建立起来，尤其是缺乏与工商、税务、交通、卫生等诸多职能部门相关的"一站式"审批服务及与公安、消防相关的安保机制和应对突发事件的应急响应方案。另一方面，内蒙古自治区会展旅游业管理审批部门和场馆之间缺乏有效的协调机制，没有纳入统一的规划，致使展会举办期间服务不周全、无人管理的现象经常发生。

区内尚无负责会展业规范与发展、进行统筹规划与协调的会展职能部门，自治区商务厅、贸促会等部门只负责组织到国内其他地区和国外办展或参展。面对现阶段承办会展的主体多元化的现实，由于没有行业管理部门的统筹规划与协调，更没有必要的规章制度以及行业行规的约束，造成一哄而上局面，恶性竞争、重复办展的现象也屡见不鲜。对于会展业准入、主办者资质、展览会知识产权、展会质量评估、展览企业税收等问题缺乏明确、详细、权威性的法规条例和相关政策依据，无所适从。

2. 办展综合能力亟待提高

企业是会展经济的运行主体，是市场中最活跃的部分。发展会展业必须有一大批高素质、高质量包括展会策划、招商招展、商品运输、广告媒体、展厅设计施工、场馆租赁及接待服务等各个环节在内的会展企业，形成完整的产业链。

内蒙古自治区从事会展活动的企业又主要倾向旅游企业，专业囊括会展及旅游的企业普遍规模较小、专业化的程度不高、后劲不足。内蒙古自治区有些大型会展活动往往仍然需要区外的企业代为营销策划、广告设计制作。表现在主办方定位不明确，进入展会的展品档次不一；参展商信息不对称，参展目的不明确，参展效益不明显；注册会展公司及会展协会不断增加，但所举办展会在规模、数量和质量上较邻近地区和发达地区都有不小差距，影响城市声誉和企业效益；政府扶持力度不够，管理部门对会展工作缺乏统一部署。

3. 缺乏特色品牌展会

会展业是个综合性产业，也是体现该地区文化、科技的最明显的平台。内蒙古自治区的展会从选题上看，多是传统产业的展会，创新型、时尚型、高科技型的展会举办得并不多。内蒙古自治区搞了不少文化节的展会活动，文化和经济的

"双赢"效益不明显，科普型、公益型、高科技型展会更是举办很少，更缺乏围绕地区特色文化或主流产品而形成的特色品牌展览会，总体品位不高。

品牌营销是市场营销的最高境界。随着"品牌时代"的到来，所有营销组合活动唯一的目的是建立一个清晰而又值得信赖的"品牌印记"，达到产业利益的"向心运动"作用。自治区会展业整体特色不够鲜明，文化不够突出，发展中自有品牌亟待创建。

4. 会展业的综合效应挖掘不到位

内蒙古自治区各种会展主要是住宿和餐饮参与其中，而购物、游览等会展旅游涵盖的内容没有被挖掘出来。会展旅游对零售业的发展也有一定的带动作用。会展活动期间，大量人流的涌入会增加对生活用品和服务的需求，促进零售业的发展。会展业发展没有充分带动相关产业，目前参展商、观展人员主要的目的是参加会展，仅有少部分人在时间允许的情况下自发参加游览，对于参展人员的购物、游览、娱乐等方面的需求办会部门没有安排，相关产业也未充分利用自身组织能力参与其中。办展方为追求短期利益，往往在服务上打折扣，表现为展前只注重招展；展中管理与服务水平滞后，营销力度不够、受众面窄；场馆管理方式陈旧，客户服务意识淡薄，在参展商中造成不良影响。同时，为展览提供辅助服务的行业如展览信息、展览咨询、施工、评估、道具、设计装潢等不能满足服务要求，使展会层次降低，制约长久发展。

5. 专业人才匮乏

会展行业是实践性很强的行业，涉及营销、公关、金融等多个领域，会展策划与营销更是与实际工作密切相连。通过对区内会展行业（会展策划公司、会议中心、展览公司、会展中心和博物馆等）人才需求状况的调查发现，能够熟练操作计算机，具有3D软件设计、营销、物流管理和建筑平面设计等多学科的应用型人才都是会展行业所青睐的对象。这类人才引进后可直接参加工作，通过适当引导便可完全胜任本职工作并有所创新，能够为企业节省时间和大量的培训费用。而现实是，区内大型专业会展服务公司缺乏，稳定的、高技能的专业会展人员队伍尚未形成，往往展览组织者、展览管理者、展览项目的实施者都是同一批人，从展品征集到运输、布置直至为参展者提供吃、住、行服务等均由其承担。

以政府为主导的内蒙古自治区会展旅游业客观上要求政府扮演多重重要角

色，如投资者、策划者、组织者等。而要扮演好这些角色，关键在于政府部门相关工作人员的专业能力及素质，即官方会展旅游人才的数量与质量。目前的情况是，内蒙古自治区官方会展旅游人才严重缺乏，具有会展旅游专业学历背景的政府公务人员寥寥无几，承担展会主板的官方人员以政府宣传、接待部门工作人员为主。由于缺乏专业知识、理论和技能，有关政府工作人员在展会的决策、管理、运营等诸多方面存在问题，严重制约了内蒙古自治区会展旅游业的健康发展。

三、内蒙古自治区国际会展服务贸易发展面临的机遇与挑战

（一）机遇

1. 内蒙古自治区经济快速增长

近年来，内蒙古自治区经济快速发展，区内一些城市的经济实力迅速增强。国家西部大开发战略的实施，加快了自治区基础设施建设的步伐，内蒙古自治区对外交通得到了大幅改善，通信设施建设已与全国同步，大大缩短了内蒙古自治区与中国发达地区的时间距离。对外开放力度加大，使内蒙古自治区与国内外的经济、文化往来频繁。旅游业作为优势产业、特色产业得到优先发展，内蒙古自治区会展旅游业发展迎来了前所未有的机遇。

2. 产业结构转型升级

内蒙古自治区旅游业发展已经由资源型发展阶段向市场竞争型发展阶段过渡，要想在激烈竞争的旅游市场争得一席之地，适应市场需求变化、优化产业结构、开发新产品势在必行。因此，会展旅游在内蒙古自治区旅游产品结构优化中可借势先行。

3. 会展经济发展的环境优化

近年来，内蒙古自治区创建了包头市、锡林浩特市、呼和浩特市、呼伦贝尔市、满洲里市、扎兰屯市、赤峰市、阿尔山市、霍林郭勒市、通辽市、鄂尔多斯市11个中国优秀旅游城市。中国优秀旅游城市的建设完善了城市功能，城市基础设施和文化设施的建设、产业的发展向有利于开展会展旅游的方向发展。

（二）挑战

1. 邻近区域会展业发展的竞争

优越的地理区位是内蒙古自治区发展会展旅游的优势之一，但同时也面临相邻省（市、自治区）会展业发展的激烈竞争。与内蒙古自治区相邻的北京是中国会展旅游发达的城市之一，辽宁、吉林、河北会展旅游也有一定的规模，山西、宁夏、甘肃也有后来居上之势，内蒙古自治区发展会展旅游面临激烈竞争的挑战。

2. 市场化运作机制不完善

内蒙古自治区会展业经过20多年的发展，虽然行业管理机制逐步建立完善，出台了《内蒙古自治区人民政府关于促进展览业改革发展的实施意见》、成立了内蒙古自治区会展协会等，但目前办展单位多为政府或政府为背景的单位，企业运作占比极少、会展市场散乱、矛盾冲突较多、效率低下，很难满足会展旅游发展的要求。

3. 城市化水平提高较慢

受总体经济发展水平的制约，内蒙古自治区城市化水平滞后于发达地区。目前城市化水平较高的地区集中在呼、包、鄂三角地区和各盟市的盟、市政府所在地。尽管近几年建设速度加快，但总体上提高较慢，现代城市设施和现代城市风貌欠佳，不利于会展业的提升发展。

四、对策建议

（一）建立和健全相关法律规章

会展业发展日益趋向专业化，需要更加具有全国性的、针对性的、专门的会展法律法规来予以约束规范，杜绝不正当行为，保障会展活动中各方的利益。可借鉴国内外相关经验，出台地方性行业规范，依法行政，加强行业自查自律，逐步形成政府宏观调控、企业依法承办、市场规范运作的现代化会展运营体制。加强会展知识产权保护工作，维护公平竞争的市场经济秩序，保护知识产权权利人的合法权益，促进会展业的健康发展。

第七章　国际会展服务

自治区各级税收和工商管理部门要认真贯彻落实国家和自治区扶持会展业发展的各项政策，加快制定优惠政策，促进自治区会展经济的发展。凡以自治区、盟市名义主办的会展，对展会期间的户外广告宣传，市政部门要予以50%的收费优惠。鼓励国内外投资者来内蒙古自治区创办会展企业，注册资金在500万元以上的新办会展企业，自开办之日起，按自治区有关政策，2年内免征企业所得税。

（二）建立"盟市审批，自治区备案"的办会机制

内蒙古自治区各盟市应该建立统一的会展节庆管理审批部门，负责各自盟市会展节庆活动的审批和制定中长期发展规划，明确会展业的发展方向及对策措施；整合会展资源，对年内举办的展会数量、内容进行合理规划；赋予展会的审批权，避免多头管理、重复办展等不良现象。

（三）加强市场主体的引进和培育，树立特色会展品牌

会展经济与区域整体经济密切相关，只有挖掘本区域特色经济、优势经济才能打造领先的展会。目前内蒙古自治区的优势产业有医药业、羊绒生产业、乳业、畜牧业、煤电产业等。需要建立起专业的会展公司，重点打造特色展会，使展会与内蒙古自治区各盟市的特色产业结合起来，这样才能提高展会的质量，如在鄂尔多斯市可以召开煤炭、羊绒方面的展会。

为提升内蒙古会展业发展水平，需充分发挥自身的经济、区位、市场辐射以及旅游资源等优势，以市场化运作方式吸引国内外资金，夯实发展基础；积极移植和引入符合内蒙古自治区产业特点与发展趋势的国外品牌展会，吸引国内外著名展览公司设立展览公司或办事机构，带动当地会展企业发展；努力培育一批中小型特色会展服务企业，提高会展服务水平。

从全区和各盟市内两个层面着眼，明确市场定位，整合各自层面资源优势，发挥优势资源合力的同时，判别比较优势，为树立特色会展品牌寻求契机。例如，大力宣传内蒙古草原文化名片，以"内蒙古那达慕大会"，"内蒙古国际草原文化节"，集会展、经贸、文化、旅游为一体的"昭君文化节"，以及"中国民族商品交易会"为基础，加速会展经营的品牌化，创立特色会展品牌。

(四) 以参展商满意度和参展商价值为切入点，提升会展品牌价值

作为服务性相对显著的会展行业，其品牌价值主要由会展组织者的特殊劳动投入（展馆服务、场地提供等）以及参展商与专业观众的认可和信赖组成。在会展品牌价值实现过程中，会展组织者自身是基础，参展商价值的实现是关键，专业观众是支撑。参展商获得收益的最终来源是专业观众，其数量众寡对参展商利益的实现具有很大影响，而专业观众的满意度、忠诚度很大程度上又取决于参展商的影响力。随着会展行业的竞争日趋激烈，参展商日益成为会展品牌竞争的核心内容。

以参展商满意度和参展商价值为切入点，抓住对参展商满意度具有直接加分效应的基本因素，着力从完善功能价值、感知得失、社会价值、行业环境等方面下功夫，不断提高参展商的满意度，改善品牌感知，提高服务质量，加强市场竞争地位，才能进一步提升会展品牌价值。会展组织者需要不断完善并发展同参展商之间的关系，同时考虑地域性、时间的限制以及品牌价值受顾客的心理因素驱动等问题，按照区内各盟市的实际情况，因地制宜、因时制宜进行相应会展品牌价值的提升。

(五) 发挥高校资源优势，加强会展人才培养

就目前会展行业人才需求类型来看，主要包括五种类型：会展设计师，主要根据品牌特色和客户要求选展和布展的；会展项目策划，主要负责开发新主题，赋予现有的展会项目新的元素，拓展其深度与广度，使原有的项目规模化、效益最大化；会展销售，主要从事国内外展览业务联系；项目经理，主要职责为承接会展项目，负责所承接项目的组织、实施，完成部门下达的创收指标等工作；服务员，能够掌控现场秩序与效果，具备较好的外语沟通能力和对展会主题的领悟能力，并具备现场组织协调能力。

针对以上分析，作为人才培养主力的高校实体，需要在人才培养方面尽可能采取校企合作、联合办学的模式，邀请行业专家对专业发展规划、专业设置、课程与教学改革、教学策略与教学措施制订进行指导，把握最新的行业信息；重视对会展策划与营销相关的基础知识、基本理论和会展策划营销技能等内容的讲授；将课堂教学与实践教学相结合，利用现有展馆如内蒙古国际会展中心等进行

展馆选址、建设细节等教授,通过组织参加展会、参加会议进行服务现场教学,加深学生们的感性认识,强化会展策划与营销的技能。

(六) 加大会展的知识产权保护

为做好知识产权保护工作,主要任务是加强管理的力度,一旦发现涉嫌违反知识产权保护的企业,马上停止其参展资格。参展项目在各展台的显著位置必须明示知识产权权属证明。对于"权属证明",组委会表示,按照商务部、国家知识产权局联合发布的《展会知识产权保护办法》里的规定,权属证明包括专利、商标及著作权等方面的内容。

第八章

国际教育服务

教育服务贸易是在世界经济全球化的背景下，由教育国际化和国际服务贸易化相结合，逐步成型并发展而来。教育服务贸易是指国与国之间主要出于经济目的而进行的关于教育的输出与输入，是国际服务贸易的重要组成部分，对国家的国民经济增长起着经济发展和智力支持的双重推动作用。

《服务贸易总协定》进行高等教育服务贸易的四种方式如下：

跨境交付（cross-bordersupply）。类似于产品出口，一成员方（服务提供者）在其境内向另一成员方（服务接受者）提供高等教育服务，双方分处不同的国家，如远程教育、提供教育软件以及通过信息技术提供公司培训等。

境外消费（consumption abroad）。消费者必须进入服务提供国，如留学、国外进修等。目前，境外消费贸易在全球教育服务市场占比最大，尤其是中学后教育服务的境外消费更是发展迅速。

商业存在（commercial presence）。类似外国直接投资。一成员方在另一成员方国内设立商业机构，如一成员方国家的教育、培训机构到另一成员方国内去开设学校，或者与当地学校合作开办学校和从事教育培训服务。目前，此类服务贸易比重迅速增加。

自然人流动（movement of natural persons）。类似于短期技术移民，即一成员方自然人在另一成员国内提供服务，如教师、研究者在国外进行短期的教学、研发工作。特点是市场潜力大，政治敏税性较低，但它要求高技术专业性知识不断流动。

总之，从经济学层面看，教育服务贸易是一种跨国（地区）的教育选择，选择的主体可以是以学生及其家庭为主的教育消费人群，也可以是政府或社会机构；选择的客体是服务生产者提供的具有一定质量、品牌和特色的多样化的教育服务。按世界贸易组织（WTO）《服务贸易总协定》（GATS）的界定，教育服务贸易是以市场竞争为基础、商业盈利为目的的行为，故政府及其委托机构所提供的教育服务不在研究之列。

一、内蒙古自治区教育服务贸易发展背景分析

2016年1月21日,习近平在阿拉伯国家联盟总部发表重要演讲,提出"一带一路"建设,倡导不同民族、不同文化要"交而通",而不是"交而恶",彼此要多拆墙、少筑墙,把对话当作"黄金法则"用起来,大家一起做有来有往的邻居。2017年5月,《"一带一路"国际合作高峰论坛圆桌峰会联合公报》也提出要加强人文交流和民间纽带,深化教育、科技、体育、卫生、智库、媒体以及包括实习培训在内的能力建设等领域务实合作。

教育对于"一带一路"经贸合作的发展具有基础性、先导性和引领性作用。在"中蒙俄经济走廊"建设中构建"一带一路"教育共同体,是推进"一带一路""中蒙俄经济走廊"发展的必然要求,是高等教育国际化合作趋势和内涵式发展的必然要求,是中国"十三五"规划实施人才优先发展战略的必然要求。内蒙古自治区是"中蒙俄经济走廊"的重要支点,着力打造融开放之门、亚欧之路、集散之枢、先行之域于一体的"中俄蒙经济走廊"核心区,在国家"一带一路"倡议全局中具有重要地位。自2016年《推进共建"一带一路"教育行动》出台以来,内蒙古自治区等14个"一带一路"主要节点省份已与教育部签署开展"一带一路"教育行动国际合作备忘录,基本形成全覆盖性共建教育行动的国际合作平台体系。

目前,中国已与包括俄罗斯、蒙古国在内的46个国家和地区签订了学历学位互认协议。2017年5月,在《"一带一路"国际合作高峰论坛成果清单》中,中国教育部与俄罗斯等国的教育部门签署教育领域合作文件。中国科技部与蒙古国教育文化科学体育部签署关于共同实施中蒙青年科学家交流计划的谅解备忘录,与蒙古国教育文化科学体育部签署关于在蒙古国建立科技园区和创新基础设施发展合作的谅解备忘录。根据教育部中外合作办学监管信息平台相关数据统计,截至2015年10月,俄罗斯与中国高校举办的本科及以上中外合作办学机构和项目达117个,占中国高校全部举办的本科及以上中外合作办学总数的11.1%。截至2017年底,蒙古国全国高校总数90余所,私立高等院校70余所,在蒙古国经营的外国高等学校4所,均与中国高校合作频繁。蒙古国高等教育学校管理部门允许学生学工结合,扩大了民众受教育的范围。同时,蒙古国民间艺

术、考古学、外语教学等学科领域具有比较优势，多国留学生如俄罗斯、中国、朝鲜、日本、越南等选择在上述领域学习。

各国间教育合作的本质是为了缩短其在先进技术应用水平上的差距，实现技术进步全球化。因此，教育合作的范围空前拓展，需要统筹产业合作、技术合作、教育合作和贸易发展，建设"一带一路"教育共同体。

通过教育服务贸易，可以利用他国的优质教育资源，节约本国的教育投入，提高本国的教育水平和效率，而高层次人才尤其是科技队伍的培养，更是促进一国经济增长重要的内在因素。内蒙古自治区教育服务贸易发展迅速。教育服务贸易在一国进出口贸易总额中的比重一般很小，故分析经济效益时，不仅要看其直接效益，还要看其间接引起的一系列联动效应，间接效应包括：建设效应（如大学基础设施的投资效应）、运营效应（大学建成后持续性的需求效应）、扩大消费效应（大学所在地区产生的物资和劳务方面的需求）、就业效应等。内蒙古自治区教育服务贸易发展能够推动蒙古国"草原之路""千年发展计划"与中国"一带一路"倡议在教育领域的合作与对接，推动蒙中两国国民经济增长并为经济发展提供智力支持，有利于增进民众了解和友谊，民心相通，发展国家深层互信，提高人才质量，优化人才结构，促进蒙中两国教育服务产业发展。

二、内蒙古自治区教育服务贸易发展现状及特点

中国高等教育服务贸易长期处于逆差状态。中国正在以逐步开放的姿态面对世界，越来越多的中国学生选择赴境外学习。然而，中国赴境外留学人数及境外消费远大于来华留学生人数及在华消费。自改革开放以来，中国出国留学人数累计已达519.49万人，目前有145.41万人正在国外进行相关阶段的学习和研究。截至2017年，中国出国留学人员遍布世界100多个国家，并已接收世界200多个国家的来华留学生。按照2010~2015年留学人员年度平均12.9%的增长速度来估算，到2021年，留学人数将突破100万；到2022年左右，中国留学人员总数将突破1000万，这个庞大的群体将对国际人才流动及中国的经济社会产生巨大的影响。中国出国留学目的地主要集中在欧美发达国家和地区，接收来华留学生生源地主要在东南亚和非洲等欠发达国家和地区。中国消费其他国家的高等教育服务量远远大于其他国家消费中国的高等教育服务量，中国高等教育服务贸易

长期处于逆差状态，平均年逆差额约为 200 亿元。

2017 年，内蒙古自治区紧紧围绕实现教育现代化的目标，根据《内蒙古自治区国民经济和社会发展第十三个五年规划纲要》《内蒙古自治区人民政府办公厅关于加快中西部教育发展的实施意见》的总体目标和具体要求，不断推动内蒙古自治区教育国际化工作上层次、上水平。

（一）内蒙古自治区教育持续快速发展

据《内蒙古自治区 2017 年国民经济和社会发展统计公报》的数据显示，截至 2017 年 12 月，内蒙古自治区全区共有普通高等学校 53 所；全年招收学生 13.6 万人，增长 2.0%；在校学生 44.8 万人，增长 2.6%，其中，少数民族在校学生 11.7 万人，少数民族在校学生中有蒙古族学生 10.1 万人；毕业学生 11.8 万人，增长 5.7%。全区有研究生培养单位 10 个，招收研究生 7176 人，增长 11.7%；在校研究生 2.0 万人，增长 6.6%，其中，少数民族在校研究生 5580 人，少数民族在校研究生中有蒙古族研究生 4907 人。普通高中 293 所，全年招收学生 14.4 万人，下降 2.3%；在校学生 43.6 万人，下降 2.9%，其中，少数民族学生 13.2 万人，少数民族在校学生中有蒙古族学生 11.9 万人；毕业学生 15.3 万人。初中学校 683 所，全年招收学生 22.5 万人，增长 13.9%；在校学生 61.9 万人，增长 1.0%，其中，少数民族学生 17.8 万人，少数民族在校学生中有蒙古族学生 15.8 万人；毕业学生 21.5 万人。小学 1658 所，招收学生 21.6 万人，下降 5.1%；在校学生 132.5 万人，下降 1.0%；毕业学生 22.6 万人，增长 13.8%。幼儿园在园幼儿人数 64 万人，增长 5.4%。全区初中阶段毛入学率 98.88%，小学适龄儿童入学率 100%。全年共取得重大科技成果 533 项，其中，基础理论成果 110 项，应用技术成果 421 项，软科学成果 2 项；获得国家级奖励的科技成果 1 项。全年专利申请 11701 件，授权专利 6271 件。年内共签订各类技术合同数 3766 个；合同成交金额 162.8 亿元，增长 12.9%。其中，区内成交技术金额 14.3 亿元，向区外输出技术成交金额 5.3 亿元，吸纳区外技术成果金额 143.2 亿元。

（二）内蒙古自治区留学生教育规模领域迅速扩展

内蒙古自治区在锡林郭勒盟设立了对蒙职业教育培训基地，在俄罗斯卡尔梅克国立大学孔子学院开设了 40 余期汉语培训班，与蒙古国文化科学部签订了蒙古国学生来华学习协议，每年为蒙古国来内蒙古自治区就读的留学生提供各类奖学金 1200 多万元。2016 年，全区接受来华留学生 3666 人，新增 7 所接受来华留学生的学校。

此外，蒙古国教育文化科技部和蒙古国科技基金委 4 次来访内蒙古自治区交流学习，探索成立了满洲里市首个国际技术转移中心，积极推进"中俄科技信息数据平台"建设；举办了 14 届中国（满洲里）北方国际科技博览会；积极推进"中俄科技信息数据平台"建设。此外，内蒙古农业大学和俄罗斯卡尔梅克国立大学农学院合作开展"中俄双峰骆驼基因资源的收集及开发利用研究"项目。

（三）内蒙古自治区涉外办学及教育国际交流合作不断深化

据内蒙古自治区教育厅提供资料显示，2017 年 9 月 26 日，中蒙教育科技展吸引了中国、蒙古国、俄罗斯、美国、英国和韩国等 16 个国家的 39 所高校参展。展会展示了中外高校在教育教学交流、人才培养、科研合作等方面取得的成就。展会开幕期间，举行了中外学校合作洽谈活动，包括中国在内的 16 个国家、80 所高校、190 人参会。内蒙古师范大学、蒙古国国立教育大学、俄罗斯圣彼得堡国立影视大学、韩国又石大学等中外 18 所高校签订 9 项合作协议，签约项目涉及学校高层互访、科学研究合作等内容，如内蒙古师范大学与俄罗斯圣彼得堡国立影视大学要合作建一所影视学院，预计 2019 年开始招生，并已和塔吉克斯坦、乌兹别克斯坦的两所高校签署合作协议，就足球师资、学生互访等方面将展开合作。2017 年，内蒙古自治区计划选派 32500 名各类国家公派留学人员，包括高级研究学者、访问学者、短期研修生等。

（四）中蒙俄高等教育服务贸易合作现状

2001 年与 2017 年八大留学目的国所接收的国际留学生比例并未发生明显变化，基本保持在 65% 左右，但具体的国家却发生了不小的变动。根据美国国际教育协会的数据来看，全球前八大留学目的国正从传统的欧美国家逐渐分散至欧美和亚太地区。老牌留学目的国如西班牙、比利时正在被新兴国家和热门留学区域中心如中国、加拿大等国所取代。据《中国留学发展报告（2017）》数据显示，中国作为最大的留学国，依旧持续影响着全球留学的发展状态。中国、加拿大、澳大利亚成为接受高等教育国际学生新的增长极。

中国的高等教育服务市场从 1950 年开始发展，经历了随后 20 年的缓慢发展。1980 年，高等教育服务随着中国改革开放及经济的快速发展而迅速发展，但存在严重的教育服务贸易逆差，留学"赤字"现象严重。就国际留学大形势看，留学热点地区正逐渐向欧美发达国家之外更广泛的国家和地区发展。由中国与全球化智库（CCG）研究编著、北京社会科学文献出版社出版的国际人才蓝皮书《中国留学发展报告（2017）》指出，首先，2016 年，作为出国留学生最多的中国，出国留学生数量继续保持全球第一。其次，商科作为中国学生的首选留学专业，其热度较去年再次有了明显上涨——高达 33%，可见专业扎堆的现象依然非常严重。除商科外，2017 年倾向选择工科专业的学生比例也有提升，而文科、理科、艺术类以及医科的所占比例则有不同程度的下降。最后，自费留学比例继续居于高位的原因在于一方面留学群体的家庭条件在持续提升，另一方面依靠国外大学或国外机构资助留学的学生占比逐年下降。出国留学学生偏向低龄化，中学留学生增长速度超过学位学生和交换学生的增长速度。超四成美国国际中学生来自中国，而中国留学生在加拿大、澳大利亚国际中学生的数量占比已过半。

"一带一路"沿线国家助推来华留学生增长。2016 年 4 月，中国国务院办公厅印发《关于做好新时期教育对外开放工作的若干意见》，强调"实施'一带一路'教育行动，促进沿线国家教育合作""扩大中国政府奖学金资助规模，设立'丝绸之路'中国政府奖学金，每年资助 1 万名沿线国家新生来华学习或研修"。目前，来华留学生主要来源于中国周边国家及美国、法国、德国等经济往来密切的国家，"一带一路"沿线国家来华留学生增长明显。2016 年，来华留学生达44.3 万人，来自"一带一路"沿线国家的来华留学生有 20.8 万人，占来华留学生总数的 46.92%。如表 8-1 所示，来华留学人数最多的十个国家依次为韩国、美国、泰国、印度、巴基斯坦、俄罗斯、印度尼西亚、哈萨克斯坦、日本和越南[1]。

报告称，从 2004 年到 2016 年，来华留学生人数从 11.1 万人增长到 44.3 万人，增长了近 3 倍，同期"一带一路"沿线国家来华留学生增长了 7.3 倍多。东

---

[1] 中国与全球化智库. 中国留学发展报告（2017）[M]. 北京：社会科学文献出版社，2017.

南亚国家是中国最主要的留学生来源地之一,2015年东南亚国家出国留学生共22.7万人,其中7.12万人(近1/3)到中国留学。

表8-1　2016年中国国际留学生的前15名来源国家

来源国	2016年中国国际留学生学生数量(人)	2016年中国国际留学生占全部国际留学生比例(%)
韩国	70540	15.93
美国	23838	5.38
泰国	23044	5.20
印度	18717	4.23
巴基斯坦	18626	4.21
俄罗斯	17971	4.06
印度尼西亚	14714	3.32
哈萨克斯坦	13996	3.16
日本	13595	3.07
越南	10639	2.40
法国	10414	2.35
老挝	9907	2.24
蒙古国	8508	1.92
德国	8145	1.84
马来西亚	6880	1.55

资料来源:《中国留学发展报告(2017)》。

蒙古国国立大学孔子学院2007年6月开始试运营,2008年5月揭牌,合建院校为蒙古国国立大学和中国山东大学,是蒙古国第一家孔子学院,也是蒙古国目前规模和影响力最大的孔子学院。历经11年的艰苦创业,规模扩大了数倍,现下辖四家孔子课堂(乌兰巴托大学、国立23中学、希望中学和达尔汗彩虹中学)和8个教学点,有14位中国公派专家教师和50名汉语教师志愿者,师资队伍不断壮大,教学水平持续提高,已发展成为蒙古国汉语教学与师资培训基地、汉学研究与文化传播基地、HSK考试与奖学金推荐中心,在蒙古国赢得了广泛的知名度、良好的口碑和信誉,成为中蒙两国人文交流的旗舰[①]。作为蒙古国最大

---

① 蒙古国国立大学孔子学院,http://www.confuciusinstitute-num.org/。

的 HSK 考点，蒙古国国立大学孔子学院每年定期举办三次 HSK 和 HSKK 考试，HSK 考点考生累计达到 4000 余人。孔子学院提供汉语教学非学历教育，即长期开设初、中、高级汉语综合课、蒙汉翻译、商务汉语课程，满足各层次汉语学习者的需要，并为成绩合格者颁发结业证书；同时开展学历教育，即从小学到大学，国立大学孔院涵盖了完整的学历教育课程体系；设立的奖学金项目包括：中国政府奖学金——每年 3~4 月通过考试从孔子学院优秀学员中择优推荐赴华留学；孔子学院奖学金——每年 4~5 月通过考试从孔子学院优秀学员中择优推荐赴华留学。

三、内蒙古自治区教育服务贸易发展的机遇与挑战

"一带一路"背景下中国高等教育服务发展呈现出新的趋势。随着"一带一路"和亚投行的推进，中国社会面临着从"引进来"向"走出去"的转型，在这一转型过程中，国际化的人才无疑成了转型能否成功的关键要素之一。加强沿线国家来华留学和出国留学是"一带一路"建设中人才培养和交流的重要载体。沿线国家的留学生将会成为核心稀缺人才，也将刺激中国留学生向相关国家分散。当前，与中国有较为活跃的经济交往的国家将成为留学生关注的目的地。CCG 建议增加亚投行在教育领域的投资，设立"一带一路"留学基金。

同时，进入"十三五"时期，教育培训产业发展呈现科技化、信息化、市场细分化的特点。教育培训市场蓬勃发展，吸引众多资本青睐，市场细分布局日趋深入，教育培训产业在科技化及信息化背景下经历着重大变革；市场体量巨大，增速高，行业集中度低；混合学习模式渐成王道；探索"互联网+教育+金融"的商业模式；自适应教育产品出现；婴幼儿教育、民办幼儿园教育、K-12 教育、在线教育、职业教育、留学培训等方面均呈现不同的发展特点。

中蒙两国在教育领域的合作逐年扩大。1996 年，蒙古国科教部部长图木尔奥其尔访问中国，双方签署了《中蒙 1996~2000 年教育交流与合作计划》。1998 年，中蒙签署了《中华人民共和国政府和蒙古国政府相互承认学位学历的协定》。2000 年，中蒙签署了《利用中国无偿援助款项培养蒙古留学生项目执行计划》。2002 年，中国教育部副部长张天保率团访蒙古国。2003 年，蒙古国教育文化科学部部长仓吉德访问中国。2005 年，中蒙签署了《中华人民共和国教育部

与蒙古国教育文化科学部年教育交流与合作计划》。2008年，双方签署了《关于组织国际汉语教师中国志愿者赴蒙古国任教的协议书》，根据这个协议书每年中国要派汉语教师到蒙古国高等教育院校任教。近20年来，蒙古国在教育服务贸易进口方面，特别是在境外消费进口方面有了很大发展。根据政府间文化教育科学合作协定，蒙古国与50多个国家交换留学生。中国教育部每年均向蒙古国提供约150名全额奖学金名额，包括大学本科、硕士生和博士生。此外，中国商务部、中联部等部门每年也向蒙古国提供各类短期援助名额。依据文思君、齐亮亮2016年以狭义统计的"一带一路"沿线61个国家作为分析样本，将其世界银行数据代入预测模型，得出中国对于蒙古国的高等教育服务贸易出口潜力在全部分析国家中排名第11位。可见，中蒙教育服务贸易发展具有巨大发展潜力和美好前景。

"一带一路"倡议为内蒙古高等教育服务贸易带来的新契机。伴随着"一带一路"倡议，"和平合作、开放包容、互学互鉴、互利共赢"的丝绸之路精神开始在沿线国家传播，中国和平崛起的新型发展道路，从根本上摒弃了"国强必霸"的霸权主义和强权政治体系。合作共赢、共享红利、共同繁荣的发展思路逐渐凝聚成了共识，激发了当地学生来华留学的愿望。2014年年底，中国先后倡导并设立了亚洲基础设施投资银行和丝路基金，为"一带一路"提供资金支持。"一带一路"的发展构想也越来越具体，越来越有可操作性。

从中国与"一带一路"沿线国家发展高等教育服务贸易的潜力角度来看，依据中国学者文思君、齐亮亮提出的层次分析模型来预测世界贸易组织成员国与中国发展高等教育服务贸易的潜力，模型包括10个具体评价指标构成，如图8-1所示。该模型选取由世界银行数据统计的国家共114个样本国家2003~2012年的数据进行分析，提出了中国高等教育服务贸易最具出口潜力的目标市场国排名。以当前狭义统计的"一带一路"沿线61个国家作为分析样本，将其世界银行数据代入上述预测模型后，得出中国对于这些国家的高等教育服务贸易出口潜力在全部分析国家中的排名，如表8-2所示。从模型预测的结果可以看出，中国对"一带一路"沿线国家开展高等教育服务贸易的情况呈现以下三个明显特征。

一是中国与沿线国家的贸易出口潜力高于其他地区。从模型结果可以看出，位于1~69位的"一带一路"沿线国家有46个；总排名的前30位中有25个"一带一路"国家。

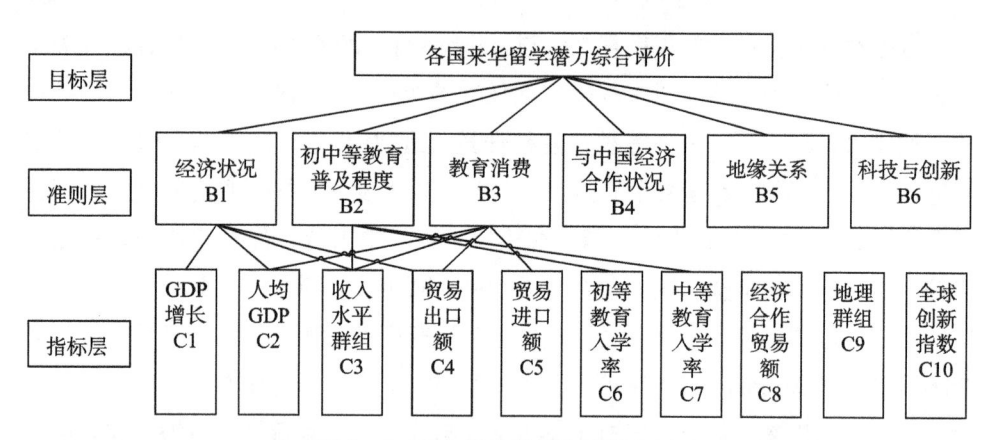

```
目标层          各国来华留学潜力综合评价

准则层    经济状况   初中等教育    教育消费    与中国经济    地缘关系   科技与创新
           B1      普及程度B2      B3      合作状况B4      B5         B6

指标层   GDP增长C1  人均GDP C2  收入水平群组C3  贸易出口额C4  贸易进口额C5  初等教育入学率C6  中等教育入学率C7  经济合作贸易额C8  地理群组C9  全球创新指数C10
```

图 8-1 综合评价的层次结构分析

资料来源：文思君，齐亮亮."一带一路"背景下高等教育服务贸易的发展策略思考 [J]．中国商论，2016（7）：123-125．

表 8-2 中国对"一带一路"沿线国家高等教育服务贸易出口潜力排名

排名	国家	排名	国家	排名	国家
1	印度尼西亚	27	巴基斯坦	60	拉脱维亚
2	东帝汶	28	文莱	61	阿塞拜疆
3	越南	29	土耳其	63	爱沙尼亚
4	泰国	30	黑山	69	匈牙利
7	菲律宾	31	缅甸	87	捷克
8	斯里兰卡	32	乌兹别克斯坦	89	波兰
9	马来西亚	33	马尔代夫	92	卡塔尔
10	印度	34	阿富汗	93	巴林
11	蒙古	35	马其顿	97	阿曼
13	塔吉克斯坦	37	埃及	106	不丹
14	柬埔寨	38	摩尔多瓦	117	立陶宛
15	老挝	39	亚美尼亚	120	克罗地亚
16	俄罗斯	41	黎巴嫩	121	以色列
18	格鲁吉亚	42	土库曼斯坦	122	阿拉伯联合酋长国
19	吉尔吉斯斯坦	46	约旦	128	沙特阿拉伯
20	乌克兰	47	波斯尼亚和黑塞哥维那	129	斯洛伐克
22	新加坡	54	阿尔巴尼亚	131	斯洛文尼亚
23	塞尔维亚	55	伊朗	134	科威特
24	尼泊尔	56	哈萨克斯坦	136	伊拉克
25	孟加拉国	57	保加利亚		
26	罗马尼亚	58	白俄罗斯		

资料来源：文思君，齐亮亮."一带一路"背景下高等教育服务贸易的发展策略思考 [J]．中国商论，2016（7）：123-125．

第八章　国际教育服务

二是沿线国家与中国的相对实力差异明显。沿线国家在世界范围内的市场潜力排名既囊括了前10%的多数位置，也难挡后10%的制约。

三是市场潜力并不与国民经济实力呈线性增长。排在表单后面的国家中不乏中东和欧洲的富裕国家。这充分说明更需要关注的，是与中国的往来数据更突出的国家。两国频密交往需要人才支撑才是激发外国人来华留学的强大动力。

2017年3月，中国商务部等13部门印发《服务贸易发展"十三五"规划》，提出发展教育服务以优质资源"请进来"和教育"走出去"为重点，深化与发达国家教育合作交流，扩大与发展中国家教育合作交流；提升中外合作办学质量，加强中外合作办学管理、完善准入制度建设；建立合作办学成功经验共享机制；重点围绕国家急需的自然科学与工程科学类专业建设，引进国外优质教育资源，建设一批示范性机构和项目；鼓励职业院校和社会力量配合企业"走出去"，积极参与境外办学。努力实现教育合作交流更加深化，培养一大批服务贸易专门人才，为加快发展服务贸易提供更加有力的人才和智力支撑。

四、内蒙古自治区教育服务贸易发展对策建议

2013年国家主席习近平提出的"一带一路"发展倡议，为高等教育服务贸易的发展带来了新的机遇。2014年国家召开的全国留学工作会议，更进一步为未来的教育服务贸易进出口重点指明了方向。在新的时代背景下，教育主管部门、高校、科研机构和社会其他力量要把握机遇，主动适应新形势和新变化，为扩大中国高等教育服务贸易出口、缩小贸易逆差探索出适合国情的发展之路，提出扩大内蒙古自治区教育服务贸易出口的策略建议。

转变教育服务产业发展与贸易观念。由于教育具有公共性和社会性，中国教育服务贸易及教育产业化推行较缓，且系统的教育产业和教育服务贸易发展规划相对欠缺。但目前，美国、澳大利亚和新西兰等许多国家已经将教育服务贸易当作本国国际贸易的重要组成部分和支柱产业。为了更好地把握教育服务贸易日趋产业化、国际化的商业特征，应更新教育服务理念，提供优质的教育和培训服务，进一步拓展国际教育服务贸易市场。教育行政部门要积极制定促进教育服务贸易输出的方针、政策，为教育机构提供必要的市场知识和经验，从而提高各方参与的积极性，加快扩大出口和缩小逆差的进程。

加强教育服务贸易的政府支持。从经济学视角来看,教育服务贸易是一种跨国(地区)的教育选择,消费的主体包括学生及其家庭、政府和社会机构,消费的客体是服务生产者提供的具有一定质量、品牌和特色的多样化的教育服务[①]。"一带一路"倡议推动中国与沿线国家开展教育合作,先后建立了中亚国家大学校长论坛和中欧教育政策智库论坛等平台。2016年,中国出国留学54.45万人,来华留学生44万人,审核批准的中外合作办学机构和项目2469个。中国是世界上最大的留学输出国和亚洲重要留学目的国,中外合作办学数量和质量稳步提高。要抓住"一带一路"建设的良好契机,进一步推动高等教育共同体建设,发展高等教育服务贸易。一是完善高等教育服务贸易法律制度体系。充分把握"一带一路"教育合作热潮,加强教育服务贸易的政府支持,营造政策环境,提升支持力度,改善教育服务贸易不平衡的局面。建立系统的质量保障体系,包括办学审批注册、认证评估、境外教育机构及教育文凭的资质确认等。二是畅通贸易渠道。积极推动落实联合国教科文组织《亚太地区承认高等教育资历公约》,进一步促进国际学分转换与扩大学历认证范围,拓宽境外招生宣传平台并加大宣传力度。提升中国教育服务的品牌知名度,举办高层次、高质量、有较大影响力的国际教育展览,建立境外高等教育服务中心。三是适度推进教育服务机构投资管理自由。优化高校来华留学生的学费定价,适度拓展高校及教育机构来华留学生招生自主。

提升教育服务机构自身的竞争力。一是提高教育服务产业发展水平。提升教育服务专业与区域经济发展需求的匹配度。以"中蒙俄经济走廊"需求为中心,结合内蒙古自治区高校办学特色及优势专业,加大重点领域紧缺专门人才开发力度。提升高校及其他教育培训机构本身学科优化及服务社会水平,开拓国际市场,吸引国际学生。突出文化、语言等优势学科,强化经管、金融、工程技术等学科的核心竞争能力。二是建立中国教育服务品牌,积累专业和项目管理经验,培育并抢占国内外高端市场,扩大教育服务产业发展规模。通过互联网技术进步推进教育服务贸易跨境交付发展规模,如发展移动视频会议、网络远程教育等。通过提升教育服务水平抢占国际市场,增强对境外留学生的吸引力,扩大教育服

---

① 宋岩.中国教育服务贸易的发展研究:基于国际比较的SWOT分析与实证检验[D].山东大学硕士学位论文,2009.

务贸易境外消费规模。通过加强政府支持，完善教育服务贸易政策，扩大高等教育服务贸易商业存在及自然人流动的发展规模。

完善其他相关支持。一是发展教育服务提供主体多元化，推进多渠道融资，拓展中国教育服务产业规模，加强境外办学与合作办学，并加大知名高校与国外优秀高中、高校的高质量合作，提升来华本科留学生生源质量。二是完善配套相关支持。健全相关支持产业，如医疗、保险、就业服务等。完善社会保障体系，加强政府和机构服务，保障留学生在华生活，如加强境外留学生尤其是自费生在中国的医疗保险、支持留学生勤工俭学、设立国际校友会、多层次拓宽就业咨询和社区服务等。

第九章

国际文化服务

进入"十三五"时期，中国文化产业进入了崭新的发展阶段，文化产业的体制改革不断取得新进展，产业投融资活跃，文化市场活力不断释放；文化产业总体稳中有进，其产业数据继续表现出了经济发展增长点的良好势头；以"互联网+"为主要形式的文化信息传输服务业、文化艺术服务业、文化休闲娱乐服务业三个行业均实现了两位数以上的增长。

第九章　国际文化服务

一、内蒙古自治区国际文化服务贸易发展背景分析

文化是民族生存和发展的重要力量。人类社会每一次跃进，人类文明每一次升华，无不伴随着文化的历史性进步。党的十八大以来，党中央、国务院进一步加强顶层设计，制定实施《深化文化体制改革实施方案》《国家"十三五"时期文化发展改革规划纲要》等文件，全面推进文化体制机制改革创新，文化产业增速始终高于GDP增速，保持强劲的发展势头。

据中国国家统计局统计，2017年全国5.5万家规模以上文化及相关产业企业实现营业收入91950亿元，比上年增长10.8%，增速提高3.3个百分点，持续保持较快增长。

（一）文化产业发展势头强劲

在经济进入新常态的背景下，文化领域实施创新驱动发展战略，各重点行业全面协调发展，在稳增长、调结构中发挥了积极作用。依据中华人民共和国文化和旅游部《2017年文化发展统计公报》，截至2017年12月底，全国文化市场经营单位25.74万家，比上年末增加1.47万家；从业人员173.37万人，增加12.42万人。2017年年末，全国共有娱乐场所78616个，从业人员60.01万人，全年营业总收入546.87亿元，增长1.5%，营业利润130.69亿元，增长3.9%；互联网上网服务营业场所143434个，从业人员44.09万人，全年营业总收入382.59亿元，降低11.5%，营业利润107.18亿元，降低18.4%；全国5.5万家规模以上文化及相关产业企业实现营业收入91950亿元，比上年增长10.8%，增速提高3.3个百分点，持续保持较快增长[①]。

2017年末，全国共有艺术表演团体15752个，比上年末增加3451个，从业人员40.32万人，增加7.03万人。其中，各级文化部门所属的艺术表演团体2074个，占13.2%，从业人员11.56万人，占28.7%。2017年，全国艺术表演团体共演出293.77万场，比上年增长27.4%，其中赴农村演出184.44万场，增

---

① 中华人民共和国文化和旅游部. 2017年文化发展统计公报［EB/OL］. http://zwgk.mct.gov.cn/auto255/201805/t20180531_833078.html, 2018-05-31.

长21.7%，赴农村演出场次占总演出场次的62.8%；国内观众12.49亿人次，比上年增长5.7%，其中农村观众8.30亿人次，增长33.8%；总收入342.11亿元，比上年增长9.9%，其中演出收入147.82亿元，增长13.0%。2017年全国艺术表演团体共组织政府采购公益演出16.07万场，观众1.32亿人次，分别比上年增长12.9%和10.2%；利用流动舞台车演出11.80万场次，观众1.02亿人次。2017年年末全国共有艺术表演场馆2455个，比上年末增加170个；观众座席数179.61万个，比上年增长6.3%。其中，各级文化部门所属艺术表演场馆1253个，全年共举行艺术演出7.10万场次，增长4.3%；艺术演出观众人次2713万人次，增长4.8%；艺术演出收入6.92亿元，增长25.0%。全国美术馆499个，比上年末增加36个，从业人员4576人，减少21人。全年共举办展览6757次，比上年增长9.9%，参观人次3724万人次，增长15.0%。

据中国国家统计局统计，2017年，全国文化及相关产业增加值为34722亿元，占GDP的比重为4.2%，比上年提高0.06个百分点；按现价计算（下同），比上年增长12.8%，比同期GDP名义增速高1.6个百分点。

按行业分，文化制造业增加值为12094亿元，比上年增长1.7%，占文化及相关产业增加值的比重为34.80%；文化批发零售业增加值为3328亿元，增长15.9%，占文化及相关产业增加值的比重为9.60%；文化服务业增加值为19300亿元，增长20.4%，占文化及相关产业增加值的比重为55.60%（见图9-1）。

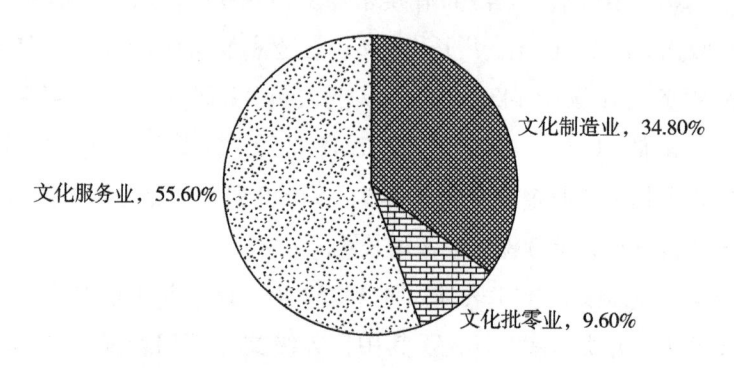

图9-1 2017年文化及相关产业增加值构成

按活动性质分，文化核心领域创造的增加值为22500亿元，比上年增长14.5%，占文化及相关产业增加值的比重为64.8%；文化相关领域创造的增加值为12222亿元，增长9.8%，占文化及相关产业增加值的比重为35.2%（见表9-1）。

第九章　国际文化服务

表9-1　2017年中国文化及相关产业增加值

类别名称	绝对额（亿元）	构成占比（％）
文化及相关产业	34722	100.0
第一部分　文化核心领域	22500	64.8
一、新闻信息服务	4864	14.0
二、内容创作生产	7587	21.9
三、创意设计服务	4537	13.1
四、文化传播渠道	2896	8.3
五、文化投资运营	190	0.5
六、文化娱乐休闲服务	2426	7.0
第二部分　文化相关领域	12222	35.2
七、文化辅助生产和中介服务	5973	17.2
八、文化装备生产	1981	5.7
九、文化消费终端生产	4268	12.3

2017年，积极推动文化外交活动机制化，深度参与中俄、中美、中欧等八大高级别人文交流机制。截至2017年底，中国已与157个国家签署了文化合作协定，累计签署文化交流执行计划近800个，初步形成了覆盖世界主要国家和地区的政府间文化交流与合作网络。主办"中美文化论坛"、第十五届亚洲艺术节、"东亚文化之都""欧洲文化之都"合作论坛、首届金砖国家文化节、第三届中国—中东欧国家文化合作部长论坛和"意会中国""中非文化聚焦"等文化交流活动，进一步扩大中华文化国际影响力。

建立"一带一路"文化交流机制，夯实互联互通基础，建立健全丝绸之路国际剧院、博物馆、艺术节、图书馆、美术馆联盟。举办第四届"丝绸之路国际艺术节"、第三届"海上丝绸之路国际艺术节"和第二届丝绸之路（敦煌）国际文化博览会，参展参演国家和地区总数、演出场次、参展艺术品数量、成交额等再创新高。开展"一带一路"文化贸易与投资重点项目征集活动，培育一批重点文化企业和文化项目，进一步推进与"一带一路"沿线国家文化贸易的发展。

以讲好中国故事为主线，2017年"欢乐春节"在全球140多个国家和地区的500余座城市举办了2000多项文化活动，"欢乐春节"品牌效应逐步形成。海外中国文化中心建设顺利推进，2017年，希腊雅典文化中心、越南河内文化中心、保加利亚索非亚文化中心、以色列特拉维夫文化中心、缅甸仰光文化中心5个海外中国文化中心揭牌或启用,海外中国文化中心总数达35个。2017年经文化系统审批的对外文化交流项目3054起,63961人次参加;对港澳文化交流项目496项,12567人次参加;对台文化交流项目342项,6428人次参加①。

(二) 文化产品与文化服务进出口发展迅速

2017年,中国文化产品与文化服务进出口发展迅速。在文化产品方面,出口实现快速增长。据商务部最新数据显示,2017年,中国文化产品出口881.9亿美元,同比增长12.4%;进口89.3亿美元,同比下降7.6%;顺差792.6亿美元,规模较去年同期扩大15.2%。文化产品与文化服务进出口发展主要有以下特点:一是出口结构趋于优化。文化产品出口的技术含量有所提升,具有较高附加值的游艺器材和娱乐用品、广播电影电视设备出口同比增长19.4%,占比为34.5%,提升2个百分点。二是国际市场更加多元。美国、中国香港、荷兰、英国和日本为中国文化产品进出口前五大市场,合计占比为55.9%,较上年下降1.8个百分点。中国与"一带一路"沿线国家进出口额达176.2亿美元,增长18.5%,占比为18.1%,提高1.3个百分点;与"金砖国家"进出口额43亿美元,增长48%。三是国内区域布局相对集中。文化产品出口仍集中在东部地区,同比增长10.8%,占中国文化出口总额的93.4%;中西部地区出口增长势头迅猛,增速达43.5%,占比为6.1%,提高1.3个百分点;东北地区出口增长15.3%,占比为0.5%。广东、浙江、江苏为中国文化产品出口前三位,合计占文化产品出口的79.4%。

文化服务方面,进口增势明显,出口结构不断优化。文化服务进口232.2亿美元,同比增长20.5%,其中视听及相关产品许可费、著作权等研发成果使用费进口分别同比增长52.1%、18.9%。文化服务出口61.7亿美元,同比下降3.9%,其中处于核心层的文化和娱乐服务、研发成果使用费、视听及相关产品许可费三项服务出口15.4亿美元,同比增长25%,占比为24.9%,提升5.7个百分点,出口结构呈持续优化态势。

---

① 中华人民共和国文化和旅游部.2017年文化发展统计公报 [EB/OL].http://zwgk.mct.gov.cn/auto255/201805/t20180531_833078.html, 2018-05-31.

(三) 文化服务贸易的国内布局

从国内布局看，文化服务贸易主要集中于东部，中西部地区增长迅速。2017年，东部地区文化服务出口占比为95.9%；中西部地区出口增长39.1%，占比为3.5%，提高1.1个百分点；上海、广东、北京为文化服务出口前三位，合计占中国文化服务出口的87.2%。

二、内蒙古自治区国际文化服务贸易发展现状及特点

"十二五"期间，内蒙古自治区党委、政府高度重视文化产业发展，提出了"加快把文化产业打造成为国民经济支柱性产业"的战略目标，相继出台了一系列支持、鼓励文化产业发展的重要政策和措施，如《国家"十三五"时期文化改革发展规划》《内蒙古自治区国民经济和社会发展第十三个五年规划纲要》《内蒙古自治区人民政府关于进一步促进文化产业发展的若干政策意见》等，进一步加强顶层设计，文化产业增速始终保持强劲发展势头。2017年2月，内蒙古自治区颁布《"十三五"文化改革发展规划》（以下简称《规划》），提出推动民族文化宽领域、高层次"走出去"，加大与俄蒙文化交流合作，打造对外文化交流品牌，积极参与海外中国文化中心活动。"十二五"期间，全区文化产业增加值年均增速达22%，高于同期GDP增速12个百分点，到2016年达到525.5亿元，占GDP比重提高到2.82%，规模不断扩大、结构不断优化，文化市场主体日益壮大，文化消费水平不断提升，为促进内蒙古自治区经济社会协调发展做出了积极贡献。

"十二五"期间，中国文化产业以年均15%的速度大幅扩张，但与发达国家相比，文化产业占国内生产总值的比重仍然偏低。内蒙古自治区作为文化产业较为落后的西部省区，文化贸易更是远远落后于全国平均水平。内蒙古自治区为拓宽处于初级阶段的文化出口产业市场，创造发展环境，利用地理便利、文化资源丰厚、"草原丝绸之路"历史悠久等众多优势，加快实施文化产业"走出去"发展战略。在中国文化产业快速发展的背景下，内蒙古自治区草原文化产品出口成为外贸发展的新亮点。

满洲里海关提供的数据显示，俄罗斯是内蒙古自治区文化领域最大的贸易伙

伴。2014年前5个月，内蒙古自治区文化产品的出口国家和地区由上年同期的蒙古国等3个，增加至俄罗斯等18个。其中，对俄罗斯出口文化产品2251.5万元，占同期内蒙古自治区文化产品出口总值的80.5%。从贸易方式来看，内蒙古自治区以一般贸易方式出口文化产品2688.4万元，增长565.5倍，占同期内蒙古自治区文化产品出口总值的96.1%；以边境小额贸易方式出口108万元，增加85.4倍。从出口企业来看，几乎全部为民营企业出口，其中视觉艺术品出口拔得头筹。2017年前5个月，出口视觉艺术品2527.3万元，增长255.6倍，占同期内蒙古自治区文化产品出口总值的90.4%，绘画、印刷品、新型媒介等成为出口"新宠"。满洲里海关积极响应中俄全面战略协作伙伴关系的提升，出台多项措施，促进全方位、多层次的中俄贸易，推动内蒙古自治区文化产品出口。目前，他们已对内蒙古自治区文化产品出口企业提供"一对一"服务，通过深化分类通关改革，按商品归类分别设立接单专岗、设置预警参数辨别报关单风险级别等方式，对低风险报关单实施"电脑自动审单"，确保低风险报关单快速通关，高风险报关单集中审核查验，助力诚信企业驶上通关高速路。

内蒙古自治区第十次党代会提出，要加快把内蒙古自治区文化产业打造成为支柱产业。内蒙古自治区"十三五"规划纲要也明确，2020年文化产业增加值占地区生产总值的比重达4%左右，推动文化产业逐步成为自治区经济支柱性产业。据统计，内蒙古自治区已经命名了20个骨干文化企业，70个重点小微文化企业，认定了70个自治区重点文化产业项目。各个盟市都出台了加快文化产业发展的相关政策。内蒙古自治区正在坚持共建与共享统一，积极推进文化产品供给侧结构性改革，着力提高优秀文化产品生产能力，不断为人民群众提供更好更多的文化产品和文化服务。

经商务部、中宣部、财政部、文化部、新闻出版广电总局评审，内蒙古自治区4家企业跻身于2013~2014年度国家文化出口重点企业和重点项目。4家企业分别为内蒙古东联影视动漫科技有限责任公司、内蒙古发行集团股份有限公司蒙古国塔鸽塔文化发展有限责任公司建设项目、内蒙古广播电视网络集团有限公司俄罗斯乌兰乌德有线电视覆盖工程项目、内蒙古内广传媒有限责任公司对外广播《草原之声》项目。

2016年，内蒙古自治区有42项文化产业项目入选国家级项目库或规划。其中，"内蒙古新华文化物流基地"等3个项目列入新闻出版改革发展项目库2016

年度入库项目；"草原豆思原创动漫及产业链培育"等7个项目列入2016年度文化产业发展专项资金拟支持名单，内蒙古东联影视动漫科技有限公司的《中华德育故事》等3个项目入选2015~2016年度国家文化出口重点项目（见表9-2），1个公司即内蒙古东联影视动漫科技有限责任公司被确定为2015~2016年度国家文化出口重点企业。内蒙古自治区出版的《蒙古部落史研究》丛书、《草原丝绸之路从这里开始》等29个项目入选国家总局《"十三五"国家重点图书、音像、电子出版物出版规划》。此外，自治区新闻出版广电局还有25个项目申报列入国家文化产业发展专项资金重大项目库，计划投资约7.6亿元；"连环画《尹湛纳希》"等8个项目申报参加国家总局"原动力"动漫扶持项目计划，计划投资约2.29亿元。

表9-2 内蒙古自治区入选的2015~2016年度国家文化出口重点项目

项目	机构
大型民族舞台剧《马可波罗传奇》	呼和浩特民族演艺集团有限公司
东联动画系列片《中华德育故事》	内蒙古东联影视动漫科技股份有限公司
"草原之声"对外广播	内蒙古内广传媒有限责任公司

资料来源：中国商务部网站。

三、内蒙古自治区国际文化服务贸易发展机遇与挑战

中国文化部近年来大力推进与"一带一路"沿线国家民心相通。在顶层设计方面，出台了《文化部"一带一路"文化发展行动计划（2016~2020年）》，提出了健全"一带一路"文化交流合作机制、完善"一带一路"文化交流合作平台、打造"一带一路"文化交流品牌、推动"一带一路"文化产业繁荣发展、促进"一带一路"文化贸易合作五大任务，以及12个专项计划。在政府合作层面，截至2016年底，文化部与"一带一路"沿线60多个国家签订了政府间文化交流合作协定。此外，文化部与相关区域国际组织建立了各种有效合作机制。在文化组织和机构层面，文化部正积极推动与"一带一路"相关国家建立5个合作联盟，即丝绸之路国际剧院联盟、丝绸之路国际图书馆联盟、丝绸之路国际博物

馆联盟、丝绸之路国际美术馆联盟和丝绸之路国际艺术节联盟。在人员交流层面，文化部着力打造丝绸之路文化之旅、丝绸之路文化使者、青年汉学家研修计划、中外文学和影视翻译研修活动等，计划到2020年实现与"一带一路"沿线国家和地区的文化交流规模达到3万人次、1000家中外文化机构、200名专家和100项大型文化年（节、季、周、日）活动，以及邀请800名智库学者、汉学家、翻译家来华交流、研修，培养150名国际青年文物修复和博物馆管理人才。在平台和品牌层面，文化部在推动"一带一路"文化交流与合作中着力打造平台和品牌。"欢乐春节"等品牌活动的持续开展，增进了各个国家对彼此文化和历史的了解；海外中国文化中心、国内主题文化交流等平台，为"一带一路"沿线国家间的文化交流与合作发挥了重要促进作用。

"十二五"时期，内蒙古自治区文化战线自觉贯彻中央和自治区党委政府的决策部署，围绕中心，服务大局，以改革创新精神，促进文化事业全面繁荣和文化产业快速发展，加快推进由文化大区向文化强区迈进，各项工作都有新进展。艺术创作生产日益繁荣，推出了一大批优秀作品。覆盖城乡的基本公共文化服务体系日趋完善，人民群众的基本文化权益得到进一步保障。一大批文化基础设施相继建成并投入使用，有效地改善了文化发展的基本物质条件。民族文化遗产得到有效保护，传承体系逐步健全。文化产业加快发展，特色更加凸显。文化市场体系不断完善，监管能力有效提升。对外文化交流成效显著，草原文化影响力进一步扩大。文化体制机制改革稳步推进，文化人才队伍建设不断加强，文化投入持续加大，为文化发展提供了有力支撑。

"十三五"时期是内蒙古自治区全面建成小康社会的决胜阶段，也是建设文化强区的重要时期。从国家看，经济发展进入新常态，供给侧结构性改革实施，文化将在稳增长、促改革、调结构、惠民生方面发挥更加重要的作用；新型城镇化、"一带一路"建设、差别化经济政策、对边疆民族地区文化发展扶持等重大战略的实施，为自治区文化建设提供新的契机。从自治区看，内蒙古自治区综合经济实力迈上新台阶，加之"十个全覆盖"工程的实施，为基层公共文化发展奠定了坚实基础；草原文化影响日益扩大，民族特色更加凸显，各族人民群众日益增长的精神文化需求，为文化发展创造了更加广阔的空间；全社会对文化建设的重视程度和参与热情不断提升，为文化发展营造了良好的社会氛围。与此同时，面对新形势，内蒙古自治区文化发展仍面临着诸多困难和挑战，如艺术创作生产精品缺少，民族文化遗产保护和传承难度增大，文化基础设施和基本公共文化服务相对滞后，城乡、区域文化发展不够协调，文化产业基础薄弱总量偏低，文化对外开放水平不高，文化人才结构不够合理，制约文化发展的体制机制障碍尚未完全破除。综合研判，"十三五"时期，内蒙古自治区文化发展仍处于可以大有作为的重要战略机遇期。在新的历史起点上，必须以新的理念引领文化发展，进一步坚定文化自信，增强文化自觉，不断开创文化发展新局面。

内蒙古草原是文化资源富矿，文化产业化、产业文化化的发展格局正在让蒙元文化、红山文化、大窑文化、河套文化、契丹文化等走向从资源向产业延伸的道路。

内蒙古自治区发展文化产业具备得天独厚的条件，文化产业要释放出更多活力，应该在创新驱动的引领下，重点考虑在文化融合上做文章。文化产业应以"文化+"为依托，注重与其他产业融合发展，这样才能为转型升级提供新的发展空间。近期发布的文化部"十三五"时期文化产业发展规划明确：要坚持跨界融合原则，促进文化产业与相关产业的深度融合，进一步拓展文化产业发展空间，为国民经济和社会转型升级注入文化活力。

文化与旅游融合，增加了旅游景点的"气质"。自治区推动建设成吉思汗陵、响沙湾等60余个重点文化旅游景区，打造了一批知名旅游工艺品品牌和文化旅游演艺精品项目，为文化旅游产品搭建了展览展示平台。

文化与科技融合，让文化产品更加智慧。自治区推动鄂尔多斯市国家级文化和科技融合示范基地建设，孵化和培育了一批文化科技企业和项目。

文化与金融融合发展，积极搭建政银合作平台。自治区研究制定了《进一步推进文化与金融合作的具体实施意见》，近两年，全区有25家文化企业的27个项目获得银行贷款26.7亿元。

截至2017年10月，自治区本级设立的文化产业发展专项资金已累计安排16亿元，支持了158个文化产业项目。两年来，自治区政府批准设立的首只自治区级文化产业发展基金，由自治区财政出资3亿元，引导带动社会资本、金融资本、企业资本投资文化产业，运转良好。

四、内蒙古自治区国际文化服务贸易发展对策建议

"一带一路"既是经贸之路，也是文化之路。共建"一带一路"，也为中国

与沿线国家的文化关系发展带来了新机遇，将有力增进中国与沿线国家民心相通，全面推动中外文化交流与合作。内蒙古自治区实施民族文化强区战略，壮大市场主体，应以科技创新为动力，以优化产业结构为主线，以推动文化融合为着力点，通过挖掘和整合特色文化资源，拓展和延伸文化产业链条，构建完善文化产业体系。

基础设施建设服务要向基础设施运营维护服务升级。基础设施建设到运营产业链，加强基础设施服务贸易。打造铁路、港口、机场、金融、电信等基础设施服务平台，不仅要建设起来，更要充分发挥基础设施的作用，让丝路更加畅通起来。尽快培育国家文化出口重点企业成为海关高信用企业，享受海关便捷通关措施。减少对文化出口的行政审批事项，简化手续，缩短时限。

科教文卫体等人文交流要向服务贸易互利合作升级。目前中国与"一带一路"沿线国家人文交流多以政府主导的教育与文化项目为主，商业化、市场化、企业参与度较低。建议中国在与沿线国家开展人文交流的过程中，以政府引导、企业主导的方式开展，既体现人文交流的公益性，也要注入市场化元素，更加注重项目的盈利性和可持续性，使人文交流与经贸合作相互借力、相得益彰。在文化产品和服务不成为市场的"奴隶"的前提下，积极建立相关的文化经济政策，完善引导、激励、扶持、补偿机制，让文化企业在市场经济环境中坚持社会价值、坚持社会效益的同时，能够轻装上阵、有所保障，更好地实现自身的发展，增强发展活力、实力和竞争力，不断做优、做强、做大。

传统文化服务贸易要向新型文化服务贸易创新合作升级。在继续旅游、建筑、运输等传统服务贸易合作的同时，要加强互联网、信息技术、智慧城市建设等领域合作，加强中国具有优势的移动支付、共享单车、4G网络等新经济领域合作，打造"智慧丝路"。加强"一带一路"电子商务合作，打造"网上丝路"。推动对外文化贸易优化升级，稳定传统优势文化产品出口，利用跨境电子商务等新兴贸易方式，提高数字文化产品的国际竞争力。加强相关知识产权保护，支持文化企业开展涉外知识产权维权工作。加强老字号商标保护，在传承传统技艺的基础上，运用现代理念和技术创新服务方式，开发面向海内外的特色服务。

筹划并实施好一批重大服务贸易示范项目。办好中蒙博览会。搭建若干具有较强辐射力的文化交易平台，使对外文化贸易额在对外贸易总额中的比重提高，中国文化产品和服务在国际市场的份额进一步扩大，中华文化影响力持续扩大。

更加重视服务贸易国际合作,要推动文化交流向文化服务贸易合作升级。推动"一带一路"合作向更加全面、更高水平、更可持续的方向发展,推动内蒙古自治区对外文化贸易快速发展,推动文化企业"走出去",鼓励各类企业通过新设、收购、合作等方式在境外开展文化领域投资合作;加强与俄蒙等毗邻国家的交流合作,支持文化企业积极开拓俄蒙两国文化市场,培育打造具有国际影响力的文化品牌。同时,内蒙古自治区将推进对外文化贸易基地建设,依托现有各文化产业园区,培育一批具有一定出口规模、出口配套条件较好的对外文化贸易集聚区,鼓励和引导具有一定国际影响、行业带动力强的外向型文化企业和机构入驻,进一步做大对外文化贸易规模和总量。

强化服务贸易多、双边合作机制建设,培育一批具有国际竞争力的外向型文化企业。目前,中国仅与沿线国家中的印度、新加坡建立了服务贸易双边工作组。建议加快与沿线更多国家和地区建立服务贸易双边工作组,签署服务贸易双边合作协议。同时,推动与沿线国家和地区商签订自由贸易协定,扩大服务业相互开放,降低服务业投资壁垒与准入门槛。培育一批具有国际竞争力的外向型文化企业,形成一批具有核心竞争力的文化产品,打造一批具有国际影响力的文化品牌;培育一批竞争力较强的中华传统服务企业,打造一批享誉海外的中华传统服务品牌。鼓励和引导文化企业加大内容创新力度,创作开发体现中华优秀文化、展示当代中国形象、面向国际市场的文化产品和服务。支持文化企业拓展文化出口平台和渠道,鼓励各类企业通过新设、收购、合作等方式,在境外开展文化领域投资合作。

建立"一带一路"服务贸易大数据平台,加速推进海外文化阵地建设。通过创新建设思路,引入地方政府和社会力量,多模式推进海外中国文化中心建设。针对"一带一路"服务贸易数据缺失问题,建议整合服务外包、工程承包、文化、教育、运输、医药等领域专业数据,拓展指标体系和数据来源,建立"一带一路"服务贸易大数据系统,包括"一带一路"服务外包大数据体系、"一带一路"工程承包和建筑服务大数据体系、"一带一路"文化贸易大数据体系等,集中统计、分析、宣传、展示中国与沿线国家服务产业贸易、投资、合作情况。

第十章

国际医疗服务

中国社会科学院《中国服务业发展报告》蓝皮书指出，中国将迎来一个"服务经济时代"，这将是中国经济社会发展的一个重要转折点。医疗卫生服务贸易也是服务贸易的重要组成部分。

第十章 国际医疗服务

一、内蒙古自治区国际医疗服务贸易发展背景分析

中国各级卫生计生部门实施健康中国建设，深化医药卫生体制改革扎实推进，医疗卫生服务质量进一步提升，公共卫生、疾病防控、生育服务管理、中医药等工作得到加强，综合监督水平不断提升，各项工作取得了新成效。随着健康中国战略的逐步实施，医改不断向纵深推进，人民群众健康需求不断得到满足，人民群众健康水平持续提高。2017年，中国居民人均预期寿命由2016年的76.5岁提高到76.7岁，婴儿死亡率从7.5‰下降到6.8‰，孕产妇死亡率从19.9/100000下降到19.6/100000，中国居民主要健康指标总体上优于中高收入国家平均水平。

（一）医疗卫生机构数量变化

据《2017年中国卫生和计划生育事业发展统计公报》数据统计，2017年末，全国医疗卫生机构总数达986649个，比上年增加3255个。其中，医院31056个，基层医疗卫生机构933024个，专业公共卫生机构19896个，与上年相比，医院增加1916个，基层医疗卫生机构增加6506个，专业公共卫生机构减少4970个（由于机构职能调整和资源整合，计划生育技术服务机构减少4965个）（见图10-1）。

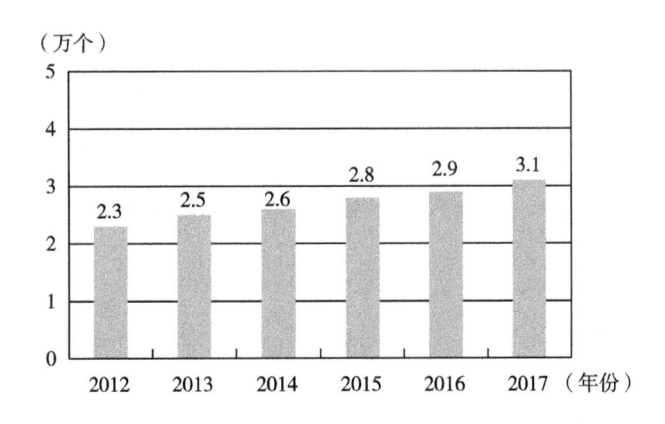

图10-1 2012~2017年全国医疗卫生机构数

医院中，公立医院 12297 个，民营医院 18759 个。按等级分，三级医院 2340 个（其中三级甲等医院 1360 个），二级医院 8422 个，一级医院 10050 个，未定级医院 10244 个。按床位数分，100 张床位以下的医院 18737 个，100～199 张床位的医院 4547 个，200～499 张床位的医院 4223 个，500～799 张床位的医院 1798 个，800 张床位及以上的医院 1751 个。基层医疗卫生机构中，社区卫生服务中心（站）34652 个，乡镇卫生院 36551 个，诊所和医务室 211572 个，村卫生室 632057 个，政府办基层医疗卫生机构 120444 个。专业公共卫生机构中，疾病预防控制中心 3457 个，其中，省级 31 个、市（地）级 412 个、县（区、县级市）级 2773 个。卫生计生监督机构 2992 个，其中，省级 31 个、市（地）级 395 个、县（区、县级市）级 2523 个①。

1. 床位数

2016 年末，全国医疗卫生机构床位 741.0 万张（见图 10-2），其中，医院 568.9 万张（占 76.8%），基层医疗卫生机构 144.2 万张（占 19.5%）。医院中，公立医院床位占 78.3%，民营医院床位占 21.7%。与上年比较，床位增加 39.5 万张，其中，医院床位增加 35.8 万张，基层医疗卫生机构床位增加 2.8 万张。每千人口医疗卫生机构床位数由 2015 年的 5.11 张增加到 2016 年的 5.37 张。

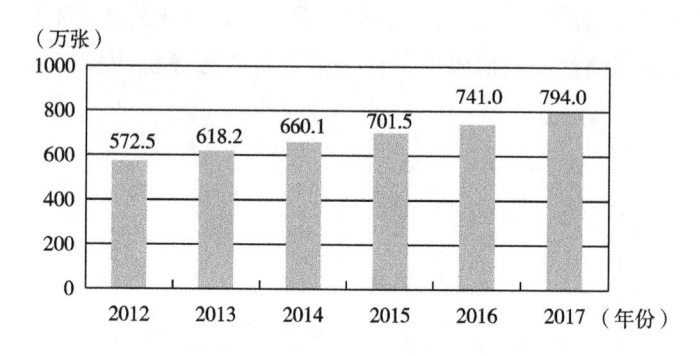

图 10-2 2012～2017 年全国医疗卫生机构床位数

2. 卫生人员总数

2017 年末，全国卫生人员总数达 1174.9 万人，比上年增加 57.6 万人（增长

---

① 中华人民共和国卫生和健康计划委员会. 2017 年中国卫生和计划生育事业发展统计公报 [EB/OL]. http://www.nhfpc.gov.cn/guihuaxxs/s10743/201806/44e3cdfe11fa4c7f928c879d435b6a18.shtml, 2018-06-12.

5.2%）。其中，卫生技术人员898.8万人，乡村医生和卫生员96.9万人，其他技术人员45.1万人，管理人员50.9万人，工勤技能人员83.2万人。卫生技术人员中，执业（助理）医师339.0万人，注册护士380.4万人。与上年比较，卫生技术人员增加53.4万人（增长5.9%）。

2017年末卫生人员机构分布：医院697.7万人（占59.4%），基层医疗卫生机构382.6万人（占32.6%），专业公共卫生机构87.2万人（占7.3%）。与上年比较，专业公共卫生机构人员总数增加1556人。

2017年末卫生技术人员学历结构：本科及以上占34.0%，大专占39.1%，中专占25.1%，高中及以下占1.8%；技术职务（聘）结构：高级（主任及副主任级）占7.8%、中级（主治及主管）占20.5%、初级（师、士级）占61.4%、待聘占10.3%。

2017年，每千人口执业（助理）医师2.44人，每千人口注册护士2.74人；每万人口全科医生1.82人，每万人口专业公共卫生机构人员6.28人。

（二）医疗服务

随着经济社会的发展和城乡居民医保制度的建立健全，居民医疗服务利用持续增加。统计数据显示，2017年，全国门诊总量比上年增加2.5亿人次（增长3.2%），居民平均就诊由2016年的5.8次增加到2017年的5.9次。全国住院总量比上年增加1708万人（增长7.5%），年住院率由2016年的16.5%增加到2017年的17.6%。

通过实施改善医疗服务行动计划，推动医疗服务高质量发展，不断满足人民群众医疗服务新需求。截至2017年底，二级及以上公立医院中，超过40%的医院开展了预约诊疗和远程医疗服务，超过80%的医院开展了临床路径管理和同级检查结果互认，居民看病就医感受逐步得到改善。

门诊和住院量。2017年，全国医疗卫生机构总诊疗达81.8亿人次，比上年增加2.5亿人次（增长3.2%），居民到医疗卫生机构平均就诊5.9次。2017年总诊疗人次中，医院34.4亿人次（占42.1%），基层医疗卫生机构44.3亿人次（占54.2%），其他医疗机构3.1亿人次（占3.7%）。与上年比较，医院诊疗人次增加1.7亿人次，基层医疗卫生机构诊疗人次增加0.6亿人次。2017年，公立医院诊疗29.5亿人次（占医院总数的85.8%），民营医院诊疗4.9亿人次（占医院总数的14.2%）。2017年，乡镇卫生院和社区卫生服务中心（站）门诊量达18.8亿人次，比上年增加0.8亿人次。乡镇卫生院和社区卫生服务中心（站）门诊量占门诊总量的23.0%，所占比重比上年上升0.3个百分点。

（三）医药研发

医药企业的研发热情持续高涨，特别是在近五年中。而随着医药研发服务外包行业竞争的不断加剧，国内优秀的医药研发服务外包企业越来越重视对行业市场的研究，尤其是对企业发展环境和客户需求趋势变化的深入研究。

创新专利药的研发和销售一直是医药行业发展的主要推动力。创新药由于其市场独占性、定价的相对自主性，一直以来在医疗市场中占据主导地位。全球年销售额超过10亿美元的药物以及销售排名前十的榜单一直都被创新专利药所占据。创新专利药的销售和市场渗透率随着时间的推移发生变化，销售额平均在发布后十二年中达到顶峰，与产品上市到专利过期的期限一致。

2011~2020年，年销售额总计达2000亿美元的药物将失去专利保护。专利药到期后，产品的销售额下降，迫使制药企业不断进行创新药物的研发，以丰富自己的在研产品管线，维持市场垄断地位和获取远高于仿制药物的利润。2001~2017年，受创新药物研发需求的影响，全球在研的药物管线（包括临床前、临床期以及待批准新药证书阶段）持续不断增长。

在研发成本增加和专利悬崖的双重压力下，同时受自身研发人才限制的影响，药企更倾向于选择医药研发生产外包服务，从而降低产品开发的成本，提升公司研发效率。医药研发投入的不断增加也为研发生产外包服务的市场发展提供了坚实的基础与保证。全球药物研究、开发及生产服务市场规模持续增长。

中国药企以前以研发生产仿制药为主，创新专利药物研发少，因而在药物发现阶段研发的投入较少。未来，随着中国药企对新药研究及开发投入的增加，药物发现阶段的投入也将有所提升。据《医药研发外包（CRO）行业市场前瞻与投资战略规划分析报告》预计，至2021年，中国药物发现研发投入将达到26亿美元，2016~2021年的年复合增长率为24.7%。

2016年，中国医药研发CRO服务市场规模为1.1亿美元，规模仅占整个药物发现研发市场的12.8%（药物发现CRO服务渗透率），低于全球平均26.2%的渗透水平。预计到2021年，中国药物发现研发CRO服务市场规模将增至4.1

亿美元，2015~2021年的年复合增长率为30.2%，超过同期药物发现投入金额的增速及同期全球药物发现研发CRO服务增速，中国药物发现CRO服务市场渗透率也将上升到15.9%。全球医药研发CRO服务公司众多，市场集中度低，但是未来市场集中度将随着医药研发服务外包公司的发展而逐渐增加。由于具有顺应市场需求、节省药物研发费用和时间、便于管理等优势，规模医药研发服务外包企业一般会将"创新药物研发服务全产业链服务能力"作为其发展目标。

二、内蒙古自治区国际医疗服务贸易发展现状及特点

内蒙古自治区统计局《内蒙古自治区2016年国民经济和社会发展统计公报》的数据显示，截至2016年12月，全区共有卫生机构24001个，其中医院720个，农村牧区卫生院1321个，疾病预防控制机构117个，妇幼卫生机构113个，专科疾病防治院（所）54个。全区医疗卫生单位拥有病床13.9万张，增长3.6%，其中医院拥有病床10.9万张，乡镇卫生院拥有病床2万张，妇幼卫生机构拥有病床0.4万张。全区拥有卫生技术人员16.9万人，增长4.3%，其中执业医师、助理医师6.6万人，注册护士6.6万人。农村牧区拥有村卫生室1.4万个，拥有乡村医生和卫生员1.8万人。

截至2016年12月，全区城镇建立各种社区服务设施3385个，比上年增长11.9%，其中社区服务中心1000个。全区各类社会福利院床位1.8万张，各类福利院收养人数1.4万人。全年共有162.5万人得到国家最低生活保障救济。全年筹集社会福利资金16.2亿元，销售社会福利彩票58.0亿元，分别增长2.5%和8.2%，接受社会捐赠306.7万元。

内蒙古自治区成立70年以来，蒙医药事业得到振兴，形成了以自治区级蒙医医院为龙头，12所盟市级蒙医医院为骨干，103所旗县级蒙医医院为基础，基层医疗卫生机构蒙医药服务为网底，其他各类医疗机构蒙医药服务为补充的蒙医医疗服务体系；建立了以内蒙古医科大学蒙医药学院和内蒙古民族大学蒙医药学院为主体的博士、硕士、本科教育体系，高职高专、中等专业和职业教育为补充，师承教育、继续教育、全科医学教育、住院医师规范化教育、免费订单定向培养全科医学生为延伸的蒙医药人才培养体系；初步搭建了以自治区级蒙医药研究所为龙头，6所盟市级蒙医药研究所为协同的蒙医药科研体系。

《中华人民共和国中医药法》《"健康中国2030"规划纲要》《"十三五"卫生与健康规划》《中医药"一带一路"发展规划（2016~2020年)》提出加强与"一带一路"沿线国家在中医药（含民族医药）领域的交流与合作，开创中医药全方位对外开放的新格局。《内蒙古自治区第十次党代会报告》结合内蒙古实际，对今后五年全区经济社会发展提出了部署要求，提出"七网七业七新"，强调更加注重立足现有基础和优势，统筹部署、集中力量，加快培育打造蒙中医药产业等七大战略性新兴产业。截至2018年12月，蒙医药产业已辐射中国八个省份以及蒙古国、俄罗斯等国家。内蒙古自治区有蒙中医医院122所，占全区公立医院的1/3；有中蒙药企业38家，其中蒙药企业5家；已许可上市的蒙药421种，蒙药剂型10多种，年销售额近16亿元；设有2个蒙医药高校实践教育基地和多支科研团队。内蒙古自治区《蒙医药中医药发展战略规划纲要（2016~2030年)》提出，到2030年，蒙中医药服务领域实现全覆盖，并提出要支持蒙医药中医药发展多种形式的对外交流与合作。

完善扶持政策，推进了蒙医药中医药的快速发展。先后颁布实施了《内蒙古自治区蒙医药中医药条例》《内蒙古自治区蒙医药中医药健康服务发展规划（2016~2020年)》《内蒙古自治区蒙药材中药材保护和发展实施方案（2016~2020年)》《内蒙古自治区振兴蒙医药行动计划（2017~2022年)》，内蒙古自治区党委书记出席全区卫生与健康大会，并指出要下大力气把蒙医药做大做强，推动蒙医药走向全国、走向世界，更好地服务于人民健康。

健全领导机制和管理体系，理顺了蒙医药中医药的管理机制。自治区政府成立了18个委办厅局组成的自治区蒙医药工作协调小组，批准成立了蒙医药中医药管理局，内设3个处，强化了管理职能。12个盟市有9个成立了蒙医药中医药管理局，其他盟市设立了蒙中医科。蒙医药中医药管理体系基本健全。

完善蒙医药中医药医疗服务体系，提高了综合服务能力。现有以内蒙古自治区国际蒙医院、内蒙古自治区中医医院、内蒙古民族大学附属蒙医医院为龙头，覆盖全区12个盟市共103所旗县级蒙中医院。

蒙医药中医药积极参与医改，放大了医改惠民的效果。2013年就已经颁布了《内蒙古自治区人民政府关于扶持和促进蒙医药中医药事业发展的决定》，提出鼓励在医疗保障制度中使用蒙中医药服务。城镇医保和新农合及其他医疗保险参保人员在定点蒙医中医医疗机构就医，报销起付线降低20%~50%，报销比例在原有基础上提高 15%～20%，最高不超过 95%。蒙医中医特色诊疗技术列入住院报销范围。

取消药品加成，实行药品采购"两票制"，加强合理用药和处方监管。实施 2012 年版医疗服务项目价格，进一步合理体现医务人员技术劳务价值。加强医疗质量控制工作，制定蒙医临床路径，推进临床路径管理。强化医保支付和监管作用，开通跨省医保异地结算业务。建立蒙医中医医疗联合体，提升基层蒙医药中医药服务能力，逐步实行分级诊疗，开展远程医疗服务等。建立了远程会诊中心，如内蒙古民族大学附属蒙医医院远程会诊中心。开展手机 APP 预约挂号、缴费，实现了互联网及电话预约诊疗等。

同时，内蒙古自治区让蒙医药走向国际大市场。在医疗卫生方面，根据《内蒙古国际蒙医医院与蒙古国传统医学科学院签订合作建立医疗机构协议》和《医疗卫生人员培训意向》，内蒙古自治区每年接收蒙古国 30 名卫生医护人员来院进行医疗培训。持续加大收治蒙古国、俄罗斯患者力度，年均超过 3 万人次。组织医疗队、志愿者赴蒙古国开展义诊，每年诊疗约 1 万人次，并捐赠医疗设备和药品。二连浩特与扎门乌德市医院签订医疗合作协议，对前来就医的蒙古国患者减免 20% 的医疗费用。开展复明慈善行动，未来 3 年内，内蒙古国际蒙医医院将为 100 名蒙古国患者提供免费白内障手术服务。自治区卫计委与蒙古国加强传染性疾病防控合作交流，取得重大进展。

三、内蒙古自治区国际医疗服务贸易发展机遇与挑战

为深入贯彻落实《中共中央国务院关于深化医药卫生体制改革的意见》（中发〔2009〕6 号）、《国务院关于印发"十三五"深化医药卫生体制改革规划的通知》（国发〔2016〕78 号）精神，推动和深化医药卫生体制改革，实现 2020 年人人享有基本医疗卫生服务的既定目标，2016 年《内蒙古自治区蒙医药中医药事业"十三五"发展规划》印发，明确到 2020 年自治区将实现"人人享有蒙医药中医药服务"的发展目标，包括一个机制、六个体系、八项指标。一个机制，即建立起与经济社会发展相适应、有利于实现蒙医药中医药发展的管理体制和运行机制。六个体系，即健全蒙医中医医疗服务体系、基本建立蒙医中医健康服务体系、完善资源保护与利用体系、构建蒙医药中医药协同创新和科技支撑体

系、形成符合蒙医药中医药特点的人才培养体系、丰富蒙医药中医药文化传承和传播体系。八项指标包括蒙医中医机构数、蒙医中医床位数、蒙医中医执业（助理）医师数、蒙医药中医药人员占比、蒙医中医医疗服务量、蒙医药中医药信息化建设达标率、蒙医中医科普知识普及率、蒙药中药资源普查率。到2020年，将建成全区蒙医药中医药数据中心，实现区域蒙医中医远程医疗。公民蒙医中医养生保健素养显著提升。旗县级蒙药中药材资源监测点和技术信息服务覆盖率达60%。

2017年7月，内蒙古自治区人民政府下发了《内蒙古自治区"十三五"深化医药卫生体制改革规划》。"十二五"深化了医改进展。"十二五"期间，全区各级医改领导小组成员单位按照既定的医改规划要求，坚持保基本、强基层、建机制的工作原则，推动深化医改在重点领域和关键环节取得突破性进展。全民医保体系基本建立，基本医保参保率保持在95%以上，城乡居民医保人均政府补助标准提高到380元，大病保险制度全区范围内已实现全覆盖，基本医保、大病保险、医疗救助和疾病应急救助的衔接机制初步建立。公立医院综合改革持续深化，80个旗县（市）和4个试点城市公立医院综合改革工作稳步推进，取消以药补医政策积极落实，各项便民惠民措施不断完善。基本药物制度和基层运行新机制不断巩固完善，全区所有政府办苏木乡镇卫生院、社区卫生服务中心（站）和一体化管理嘎查村卫生室全部配备基本药物并实行零差率销售，基层医疗卫生机构条件显著改善，绩效考核制度不断完善，运行新机制不断巩固，医务人员服务能力和积极性明显提升。相关领域改革同步推进，公共卫生服务均等化水平逐年提高，人均基本公共卫生服务经费补助标准提高到40元，规范化电子健康档案建档率达81.29%。鼓励和引导社会资本举办医疗机构，逐步清除阻碍社会办医发展的政策障碍。加强医教协同，深化临床医学人才培养改革，建立住院医师规范化培训基地44个，培训1057人。医疗卫生信息化建设得到全面发展。蒙中医医疗体系进一步完善，服务能力显著提升。2015年，全区人均预期寿命比2011年提高了1.4岁，个人卫生支出占卫生总费用比重由40.39%下降到36.45%，医药费用不合理过快增长势头得到初步遏制，基本医疗卫生服务公平性、可及性显著提升。实践证明，深化医改方向正确、路径清晰、措施得力、成效显著，医改政策体系不断完善，地方主动性和创造性不断增强，群众看病难、看病贵问题得到明显缓解，获得感不断增强。深化医改在国民经济和社会发展中的重要作用日益显现。

"十三五"时期，随着深化医改工作不断向纵深推进，内蒙古医疗卫生服务发展过程中难点问题集中显现，体制性矛盾集中暴露，各方面利益交织叠加，面临的挑战更加严峻。一是从服务供给看，优质医疗资源总量不足和结构不合理的问题并存，城乡之间、区域之间医疗资源配置的差异还未得到有效扭转，特别是基层高素质卫生人才数量不足，医务人员水平参差不齐。二是从需求保障看，医疗保障水平总体不高与医保资金使用效益不高的问题并存。一方面，医保的实际报销与疾病救助水平有限，群众看病负担依然很重；另一方面，医保支付方式改革滞后、管理粗放，存在过度检查、过度医疗等问题，影响群众对改革效果的感受。三是从制度建设看，改革的创新度不足与执行力不强的问题并存。一些改革尚未触及深层次矛盾，政策框架仍不清晰；一些改革进展缓慢，缺乏可复制、可推广的模式。四是从外部环境看，工业化、城镇化、人口老龄化以及环境安全、生活方式及医药技术创新等，都对医改提出了更高的要求。五是从改革成效看，与人民群众的期盼相比还有一定差距，推动医改向纵深发展，必须不断提高领导、谋划、推动、落实改革的能力和水平，坚定不移地推动深化医改再上新台阶。

四、内蒙古自治区国际医疗服务贸易发展对策建议

内蒙古自治区制定出台《促进医药产业健康发展实施方案》，其中明确提出，内蒙古自治区借"一带一路"的大好时机，扩大对外开放，拓展发展新空间，发展内蒙古国际医疗服务，让蒙医药走向国际大市场。

继续加大对俄罗斯、蒙古国市场的开发力度。加快开发国际新兴医药市场，优化产品出口结构，推动出口产品由原料药、蒙药材中药材等初级加工产品为主向高端制剂、自主创新类药物、保健品转变。加强蒙医药对外交流合作，建设蒙医药国际交流合作平台，举办好蒙医药论坛及博览会，积极与国际科研机构、医疗机构开展合作，推动建立国际蒙医药产业联盟。支持内蒙古国际蒙医医院等国家确定的对外贸易先行先试机构到境外开办医院、连锁诊所，建立蒙医药中医药国际合作交流基地。借力同仁堂等大型中医药企业国际化，大力推动蒙医药"走出去"，提高国际社会认知度。积极扩大特色蒙药、生物制药、化学药品、保健

品和医疗器械的出口规模。

推动已获得专利保护的原研药国际临床研究和注册，加快品牌药物国际注册认证，制定和公布道地蒙药材中药材重点发展品种目录、濒危保护品种目录和重点种植基地目录。加快《医疗机构制剂配制质量管理规范》（GPP）、《药品生产质量管理规范》（GMP）等生产质量体系国际认证，推动企业建设符合国际质量规范的生产线，提高国际化生产经营管理水平，加快制定蒙医药技术和评价国际标准，建立符合蒙医药发展的国际认证评审体系，鼓励蒙药企业申请国外专利，形成有效的海外专利布局。

充分发挥蒙医蒙药产业技术创新战略联盟作用，建设一批国际一流的蒙医药临床研究基地、科研基地、人才培养基地、科技成果转化基地和国际合作基地。到 2020 年，内蒙古自治区医药产业（包括研发、生产、营销、服务等）主营业务收入超过 900 亿元，年均增长 10% 以上，打造全国具有重要影响力的蒙医药产业基地，建成 3 个以上国家级、30 个自治区级创新平台，培育 5 个以上营业收入超 10 亿元和 50 个以上营业收入超亿元的医药企业集团，打造 20 个以上销售收入超亿元的医药大品种，让蒙医药走向国际大市场，更好地福祉世界各国人民（自治区卫生计生委宣传处供稿）。

提高对外开放合作水平，积极推动在境外设立医疗机构。培育一批境内外中医药服务贸易示范区域和示范机构（企业），打造一批具有国际影响力的知名品牌。

推动国际健康医疗旅游发展，建设健康医疗旅游示范基地，促进上下游产业集群发展。推动卫生应急产业发展并走向国际，积极推进中医药服务标准的国际化进程。

健全国际谈判机制，降低中医药服务的准入。建立中医药服务贸易促进体系，完善境内外营销网络。

设立由金融和产业资本共同筹资的健康产业投资基金，支持各类优秀中医药机构通过新设、并购、合作等方式开展境外投资合作，搭建国际化公共服务平台，加大支持开拓国际市场。

强化知识产权保护，加强海外专利战略布局，有利于健康服务业发展的体制机制进一步健全。打造一批医疗服务知名品牌和产业集群，形成一定国际竞争力。中医药服务贸易多元化发展，促进体系基本建立。

第十一章

国际服务贸易发展的趋势及经验

信息技术进步和现代科技革命推动着全球化进程不断发展，世界各经济体联系日益频繁，经济全球化向纵深发展，世界贸易的重心逐渐从传统的货物贸易向服务贸易转变。国际服务贸易在贸易结构、交易类型、竞争力模式等方面呈现出新的特点。服务贸易规模不断扩大，贸易结构逐渐现代化、高级化，地区发展不平衡仍然存在，发达国家在服务贸易领域仍然占有优势。

内蒙古自治区服务贸易发展报告（2018）

一、国际服务贸易发展趋势

近年来，随着信息技术发展、国际分工深化，全球服务贸易格局正在发生深刻变化，未来走势也日趋明朗。

（一）从服务业的全球分布看，所有收入类别国家服务业在GDP中的占比均有提升

服务业是服务贸易发展的基础。世界银行的数据显示，1997~2014年，所有收入类别国家的服务业在GDP中的比重均有提升。其中，高收入国家由69.5%增至73.9%，中高收入国家由48.9%增至56.9%，中等收入国家由48.1%增至55.8%，低收入国家由40.4%增至47.7%。从地域分布看，2014年，除中东和北非地区外，所有地区服务业增加值在GDP中的占比均超过50%。

（二）从规模与增速看，国际服务贸易以高于GDP和货物贸易的速度增长

在1990~2013年的24年里，国际服务贸易增速发生了三大变化：一是国际贸易的出口增速超过全球GDP增速；二是服务贸易出口增速超过货物贸易出口增速；三是近10年来，转型经济国家、发展中国家服务贸易出口增速超过发达国家，其中，转型经济国家出口增速最快。国际服务贸易快速发展，使全球服务贸易规模达到了一个新的高度，2005~2015年，全球服务贸易规模翻一番，接近10万亿美元。2015年，虽然全球贸易增速低于经济增速，且出现13.23%的负增长，但服务贸易增速下滑速度仍低于货物贸易。

在全球价值链的形成过程中，服务业也发挥了重要作用。联合国贸易和发展会议数据显示，2010年在贸易总出口中，虽然制造业占总出口的71%，服务业占总出口的22%，但按照新的增值贸易统计方法计算，在出口增加值的创造上，服务业（46%）高于制造业（43%），服务贸易已经成为拉动经济增长和扩大就业的驱动力。

（三）从国家分布看，发展中国家是国际服务贸易出口的新生力量

近10年来，全球服务贸易的国家分布出现了三大变化：一是发展中国家打

破了长期以来发达国家主导国际服务贸易的利益格局,不仅在全球服务贸易出口中的占比突破了30%,而且在旅游、建筑、运输服务、其他商业服务、计算机与信息服务五大产业出口中占比接近或超过40%。二是世界前两大发展中国家中国和印度已经跻身于全球十大服务贸易出口国行列。其中,2015年中国仅次于美国,成为全球第二大服务贸易国。三是转型经济国家、发展中国家对全球服务贸易增长的贡献度增大。世界贸易组织(WTO)公布的最新数据显示,2015年,发展中国家的服务贸易额在全球占比达36%。

2017年全球服务贸易排行榜如表11-1所示。美国服务贸易进出口总额为13189.85亿美元,排名全球第一位。其中,服务贸易出口7808.75亿美元,服务贸易进口5381.10亿美元,服务贸易顺差2427.65亿美元,各项数据均位居全球第一位。中国服务贸易进出口总额为6956.79亿美元,位居全球第二位。其中,服务贸易出口2280.90亿美元,服务贸易进口4675.89亿美元,服务贸易逆差2394.99亿美元。德国服务贸易进出口总额为6277.09亿美元,位居全球第三位。其中,服务贸易出口3040.58亿美元,服务贸易进口3236.47亿美元,服务贸易逆差195.89亿美元。英国服务贸易进出口总额为5656.33亿美元,位居全球第四位。其中,服务贸易出口3506.87亿美元,服务贸易进口2149.46亿美元,服务贸易顺差1357.41亿美元。法国服务贸易进出口总额为4899.46亿美元,荷兰服务贸易进出口总额为4291.31亿美元,爱尔兰服务贸易进出口总额为3853.79亿美元,依次位居全球第五到第七位。日本、印度、新加坡2017年服务贸易进出口总额分列全球第八到第十位。值得一提的是,欧洲著名小国卢森堡服务贸易进出口总额也入围了全球前二十位,位居全球第十七位。2017年全球服务贸易进出口总额排名前二十的国家中,欧洲占据十二席,超过半数;亚洲占据六席;美洲占据两席。

表11-1 2017全球服务贸易排行榜

排名	国家	服务贸易出口(亿美元)	服务贸易出口(亿美元)	服务贸易进出口(亿美元)	服务贸易差额(亿美元)
1	美国	7808.75	5381.10	13189.85	2427.65
2	中国	2280.90	4675.89	6956.79	-2394.99
3	德国	3040.58	3236.47	6277.05	-195.89

续表

排名	国家	服务贸易出口（亿美元）	服务贸易出口（亿美元）	服务贸易进出口（亿美元）	服务贸易差额（亿美元）
4	英国	3506.87	2149.46	5656.33	1357.41
5	法国	2494.74	2404.72	4899.46	90.02
6	荷兰	2183.10	2108.21	4291.31	74.89
7	爱尔兰	1864.91	1988.88	3853.79	-123.97
8	日本	1847.71	1908.89	3756.60	-61.18
9	印度	1839.80	1540.14	3379.94	299.66
10	新加坡	1646.80	1707.95	3354.75	-61.15

资料来源：世界贸易组织。

（四）从产业分布看，新兴服务将成为未来服务贸易新的增长点

联合国贸易和发展会议数据显示，2005～2015年，国际服务贸易出口结构出现了三个变化：一是在服务贸易四大类统计中，运输、旅游两项传统服务的出口比重下降，由2000年的占比超过一半下降到2015年的43.7%，而包括计算机与信息服务等新兴服务在内的其他服务在出口中占比提高，由2005年的48.97%提高到2015年的53.19%，占服务贸易出口的一半以上。二是在其他服务出口中，其他商业服务、计算机与信息服务的占比明显提高。2015年，其他商业服务占比最高，由2005年的19.36%增至2015年的21.25%；其次是电信、计算机和信息服务，占比由7.78%增至9.79%；再次是金融服务，占比由8.07%增至8.63%。三是计算机与信息服务、通信服务、技术服务等新兴服务增速较快，正在成为未来国际服务贸易新的增长点。其中，计算机与信息服务增速最快，2005～2013年平均年增速为14%。

（五）从区域分布看，全球约70%的服务贸易进出口市场集中在欧洲和亚洲

在国际服务贸易规模的区域分布上，欧洲、亚洲是全球第一和第二大服务贸易进出口市场，2015年两大区域在全球服务贸易出口市场的占比为73.6%，在服务贸易进口市场的占比为74.2%。在国际服务贸易产业的区域分布上，2015年欧洲在与生产相关的服务、运输、旅游、保险和养老服务、金融、电信、计算机与信息服务、商业服务、文化娱乐服务出口方面全球占比最高,特别是在保险和养老服务、金融、电信、计算机与信息服务、商业服务、文化娱乐服务方面,欧洲占据绝对优势,出口超过全球一半以上;亚洲在建设服务市场上具有较强的竞争优势,出口超过全球一半;北美则在技术服务上具有较强的竞争优势。

(六)从国际收支分布看,发达国家在服务贸易中占据比较优势

总体来看,发达国家在服务贸易中占据优势,发展中国家在货物贸易中占据优势。1996~2013年,在服务贸易上,发达国家顺差,发展中国家逆差;在货物贸易上,发达国家逆差,发展中国家顺差。而从近10年发达国家与发展中国家国际贸易收支的走势看,发达国家服务贸易顺差额逐年扩大,发展中国家服务贸易逆差额逐年扩大,双方的比较优势差异有扩大的趋势。美国是全球第一大服务贸易顺差国,中国是全球第一大服务贸易逆差国。

(七)从限制手段看,外资所有权和其他市场准入限制是主要手段

国际服务贸易壁垒分为五大类:外资所有权和其他市场准入限制、人员流动限制、其他歧视性措施和国际标准、竞争和国有化要求、监管透明度和管理要求。服务业行业特点不同,各国限制服务贸易的手段和重点也不同。

从国际服务贸易限制的主要手段看,2016年经济合作与发展组织(OECD)发布的服务贸易限制指数显示,在18个行业中,外资所有权和其他市场准入限制是各国实行服务贸易限制的主要手段,主要分布在电视广播、海运、公路运输、保险、分销、电影、快递、商业银行、会计、空运等行业;人员流动限制是法律、工程和设计三大行业服务贸易限制的主要手段;其他歧视性措施和国际标准是建筑服务贸易限制的主要手段;竞争和国有化要求是音像、电信、铁路运输三大行业服务贸易限制的主要手段;监管透明度和管理要求是计算机行业服务贸易限制的主要手段。

(八)从各国监管看,全球性规制协调和规制合作将推动建立合理有效的监管体制和政策

与降低关税、取消非关税壁垒实现货物贸易自由化不同,服务贸易的无形性使其无法通过关境交易,一国国内规制或者说服务贸易的政府监管成为影响国际服务贸易自由化的重要因素。与此同时,近年来信息技术发展和全球经济一体化深化引发的规制缺位、规制壁垒也对现行国内规制提出了新的挑战,并对开展全球性的规制协调和规制合作提出了新的要求。

为确保一国为实现国内政策目标实施的服务业监管措施不会造成服务贸易壁垒,推动全球服务贸易自由化,近年来,WTO一直致力于构筑新的服务贸易监管国际框架。可以预见,在WTO框架下,未来国内规制改革将在明确国内监管的形式、透明度、必要性测试、国际标准、规制协调等方面出现新的变化。在全球价值链生产的国际背景下,改革和完善国内监管体制、促使国内监管与国际规制协调正在成为各国面临的重要课题。

(九) 从贸易规则看,全球将迎来新一轮服务贸易自由化浪潮

国际服务贸易协定(TISA)谈判是由美国、澳大利亚倡议实行的新一轮服务贸易谈判。美欧积极推动TISA谈判,旨在促使TISA诸边谈判协议与WTO多边谈判协议《服务贸易总协定》兼容。新的服务贸易谈判将覆盖所有的服务部门,包括金融服务、ICT服务(包括电信和电子商务)、专业服务、海运服务、空运服务、快递服务、能源服务、商人临时进入、政府采购、国内管制的新规则等。随着国际社会对服务贸易认识的深化,WTO成员也对在扩大市场准入、完善国内规制,以及跨境电子商务等方面推动全球服务贸易多边谈判显示了浓厚的兴趣。预计随着WTO多边贸易体制的推进和TISA的进展,全球将迎来新一轮服务贸易自由化浪潮。

(十) 从发展趋势看,货物贸易与服务贸易协同发展将促使全球服务贸易发展进入新时代

信息技术的发展打破了三大产业间的传统界限,出现了服务业制造化和制造业服务化的产业融合发展新趋势。与此同时,全球价值链生产引发的中间产品贸易的增加也表明,货物贸易与服务贸易两者并非分离,而是彼此互动共生,有机地融为一体。2017年WTO最新研究显示:运输、物流、分销为货物贸易的发展提供了必要的基础设施;服务使全球价值链生产成为可能,如果没有跨境服务,就不可能有效地协调跨境生产,有效服务是提升制造业产品出口的决定性因素;服务贸易在数字经济时代将发挥重要作用。德国相关研究也认为,如果成功地将基于网络的服务整合进工业4.0，将极大发挥制造业的创新潜力。这意味着货物贸易与服务贸易的协同发展，将促使全球服务贸易发展进入一个新的时代。

二、国外主要国家服务贸易发展状况

(一) 美国

现代社会服务贸易快速发展，美国作为全球第一大经济体，多年来发展服务贸易，现如今已经在世界服务贸易中占据重要的位置。

1. 美国服务贸易的发展现状

(1) 服务贸易整体水平较高。1990年后，美国开始实行"新经济"政策，即以知识和信息技术的产业发展为核心，在这一政策支持下，美国服务贸易的发展迎来了新的契机，致使其服务贸易高速发展。

首先，服务贸易增长速度快。美国是综合实力最强的经济体，其在服务贸易的历史上一直处于称霸状态。进入21世纪，虽然美国服务贸易的进出口增长率的波动幅度也很大，但也仅仅是在2001年和2009年为逆差状态，其他年份依然处于顺差状态，所以美国服务贸易进出口的总趋势持续上升。2005~2015年这十年间，美国服务贸易的出口年均增加速率一直维持在6.6%左右，进口年均增加速率为5.97%（见图11-1）。因为美国服务贸易发展较早，且发展速度快，就产品生命周期这一理论角度看，美国的服务贸易已经进入了成熟期的生长阶段，因此它的增加速率会低于正处在初级成长阶段的发展中国家。

其次，新兴服务贸易占主导地位。随着服务贸易的迅速发展，美国服务贸易成功完成了向现代服务贸易的转型。作为世界信息产业的发源地，美国于20世纪90年代步入信息社会，成为世界上最大的软件生产国，拥有软件公司8万多个，软件产业在美国已经成为继汽车、电子之后的第三大主导产业。美国作为软件先发国，凭借其技术上的领先地位、坚实的产业基础和良好的制度环境，掌握并控制了软件产品的核心技术、体系结构和标准，软件销量的巨大成功仍为美国带来了丰厚的利润，以电子信息技术为基础和以高科技为先导的一系列新兴服务成为美国服务贸易的主要支柱和强大动力。

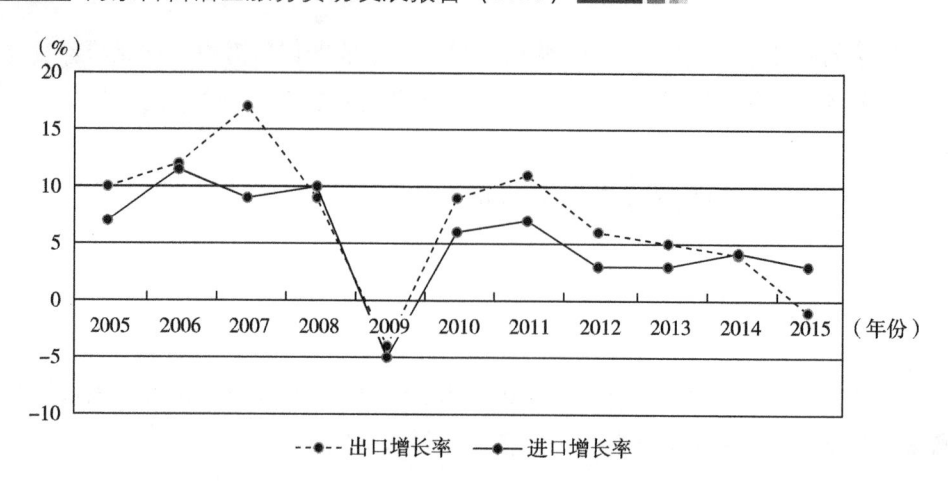

图 11-1 美国 2005~2015 年服务贸易进出口年增长率

最后，服务贸易逆差额逐年减小。美国从 1990 年就开始实行"新经济"战略，重点发展知识、信息技术产业，投入大量的人力、财力、物力在教育、科研等研发领域，给经济文化的成长提供了新的契机，之后美国的服务贸易额就开始大幅度增加，1991 年美国的服务贸易额为 2827.25 亿美元，而到了 2015 年，美国的服务贸易收支总额增加到了 12007.78 亿美元。从全球成长的方面来说，美国的服务贸易一直位居世界第一。2015 年，美国的服务贸易进口额占世界进口额的 10.49%，比英国高 1.09%；美国服务贸易的出口额占世界出口额的 14.96%，比英国的服务贸易出口额高出 7.70%，美国的服务贸易收支总额要高出其他国家许多（见表 11-2）。

表 11-2　2015 年全球主要服务贸易国家的排名计量　　单位：美元，%

排名	出口			进口		
	国家	金额	占比	国家	金额	占比
1	美国	7102	14.96	美国	4906	10.49
2	英国	3448	7.26	英国	4397	9.40
3	德国	2506	5.28	德国	2932	6.27
4	法国	2395	5.05	法国	2242	4.79
5	中国	2304	4.85	中国	2098	4.48

第十一章 国际服务贸易发展的趋势及经验

续表

排名	出口			进口		
	国家	金额	占比	国家	金额	占比
6	荷兰	1780	3.75	荷兰	1755	3.75
7	日本	1626	3.42	日本	1660	3.55
8	印度	1587	3.34	印度	1514	3.24
9	新加坡	1398	2.95	新加坡	1437	3.07
10	爱尔兰	1279	2.69	爱尔兰	1266	2.71

资料来源：根据UNCTADstat数据整理得出。

从20世纪初叶开始，美国服务贸易的进口额大于出口额，然而随着美国服务贸易的快速起步，逆差额不停地减小。截至1971年，美国服务贸易结束逆差，开始进入顺差阶段，从此美国的服务贸易一直处于顺差阶段，且顺差额逐年上升，2014年服务贸易达到有史以来最高的水平，高达2347.11亿美元，相当于当时货物贸易的逆差额7497亿美元的31.31%（见图11-2）。美国的货物贸易一向处在逆差的局面，而美国的服务贸易的顺差则弥补了其在货物贸易范围的逆差，对其国内的、国际的进出口平衡方面产生了有利影响。2015年，法国的服务贸易顺差额为153亿美元，英国、德国、日本均为逆差，美国服务贸易的顺差额远远地高于其他国家，为2196亿美元，服务贸易优势明显。

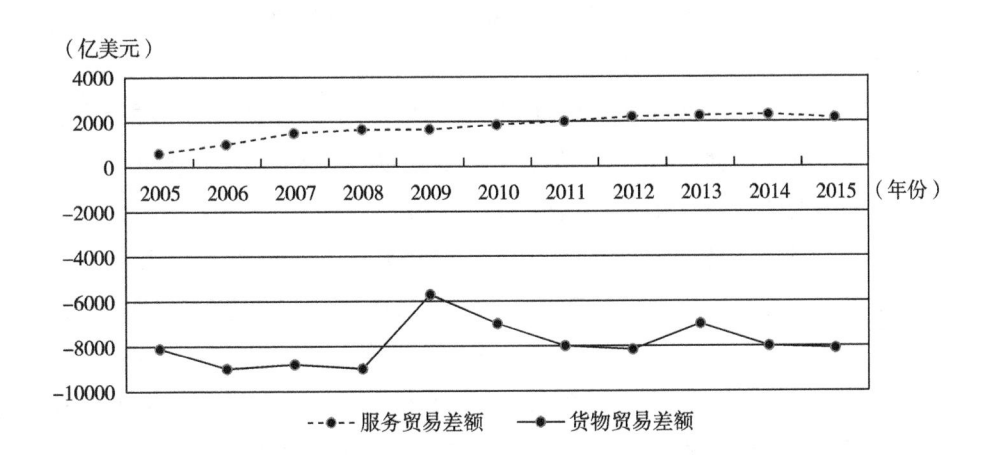

图11-2 美国服务贸易的差额与货物贸易的差额比较

(2) 服务贸易出口以发达国家为主,且呈逐渐多元化趋势。发达国家一直是美国服务贸易的主要出口目的地。近些年,虽然美国对发达国家依旧保持较高的服务贸易出口份额,但与此同时,美国逐渐加强与发展中国家和新兴工业化国家的服务贸易往来,其中包括阿根廷、巴西、中国、印度以及南非等国家。随着贸易伙伴的不断增加,美国的服务贸易出口逐渐呈现多元化趋势。

首先,注重新兴工业化国家市场。美国服务贸易出口的主要市场是德国、英国等欧盟国家和加拿大、日本等工业发达国家。日本市场是美国服务贸易出口的最大市场,近年来,日本每年进口美国服务业项目额是全美服务业出口总额的近16%,这与美国对日本的货物贸易形成了巨大的反差。现在美国各行业正在进入一些大的新兴市场,从20世纪80年代以来,韩国成为美国服务贸易出口的主要对象。在建筑服务项目方面,泰国、菲律宾等市场增长迅速。在南美国家中,墨西哥已经成为美国服务业出口的五大国之一。目前,墨西哥、巴西、阿根廷、中国、印度、印度尼西亚、波兰、韩国、土耳其和南非十个国家已被美国确定作为主要目标的国际服务贸易市场。

其次,服务外包快速发展。服务外包本质上是服务产业的国际转移,兴起的主要原因是为降低成本,由于美国国内工资成本高,为降低经营成本,美国逐步成为服务外包发展最快的领域。随着全球范围内新一轮产业结构的调整和国际分工的进一步深化,离岸外包已成为新的增长点。在这场由美国引起的服务外包浪潮中,美国仍然担任了领导者的角色,它不仅是世界上最大的发包市场,同时也是世界上最大的接包市场之一,其外包商的竞争力居世界第一。

2. 美国服务贸易的发展经验

在服务贸易领域,美国一直居于绝对领先地位,服务贸易进出口额均为世界第一位,顺差额也居世界第一位,2015年服务贸易总额为11590亿美元。这也就意味着美国的发展历程中有许多经验值得去学习。

(1) 雄厚的服务业产业基础。美国在20世纪60年代起就开始向服务型经济转型,国内发达的服务业构成了其开展服务贸易的雄厚产业基础。1980年,美国服务业的增加值在GDP中的比重就已经达63.77%,此后美国的服务业一直保持着较高的增长速度。另外,从服务业的就业比重看,美国一直呈现出上升趋势。美国服务业不仅总规模大,而且门类比较丰富、结构比较完整,同时先进的技术形成了服务业扎实的产业基础。

(2) 制定前瞻性的"服务先行出口发展"战略。1994年，美国发布第二个《国家出口战略》，系统阐述了服务贸易出口的促进战略。1995年，美国商务部正式发布了"服务先行策略"方案，将促进服务出口上升到国家战略地位。美国"服务先行策略"主要包括以下几个方面的内容：加强对外谈判，扩大市场准入；巩固传统市场，打开新兴市场，两个市场兼顾；确定重点服务行业，进行重点支持；加强各部门之间协调，提高效率等。除综合性法案外，美国政府还制定了十分广泛的行业性法律法规，如《国际银行法》《航运法》《金融服务公平交易法》《电讯法案》等。在对外政策方面，主要通过实施多边主义、双边主义和区域主义策略，不断加强对外谈判，促使外国开放服务市场，为其服务出口提供动力和保障。

(3) 确定重点发展的国内服务产业并实施保护。自实施"国家出口战略"和"服务先行策略"以来，美国服务出口重点产业虽然根据市场情况和美国产业竞争力情况有所调整，但基本上将促进重点放在其具有强大竞争优势的旅游、商务与专业技术服务（包括环保、能源等工业服务）、交通运输、金融保险、教育服务、影视娱乐、电信服务等领域。美国采取了一系列措施促进上述重点服务产业出口发展并保持其竞争优势。首先，联邦政府高度重视与服务业和服务贸易出口相关的基础设施公共投资，尤其在应用信息技术等知识、技术和资本密集型服务行业方面的公共投资一直居于各国之首。其次，服务贸易企业重视与服务贸易相关的科技投入，努力提高交通、运输、通信和信息处理等能力，一方面扩大了服务贸易的范围，另一方面大大降低了服务交易的费用。最后，长期高水平的教育投入和人才的引进，使美国始终保持着人力资本优势，这为美国服务贸易提供了具有竞争优势的产业基础。

(4) 完善的服务贸易的管理体系和法律体系。完善的服务贸易管理体制是美国服务贸易快速发展的一个重要支撑。从贸易政策制定到服务贸易管理，再到相关的行业管理，美国在联邦政府及地方层面具有完善的、分工明确的服务业和服务贸易管理机构，而且建立了有效的部门间沟通协调机制。与此同时，美国民间服务行业组织发达，很好地起到了行业自律和协调政府与企业关系的作用。在服务业管理方面，美国已经形成了完善的法律体系，既有综合性的贸易法案，也有产业层面的服务行业法律法规，包括《1974年贸易法》《贸易与关税法》《综合贸易与竞争法》《扩大出口法》《国际银行法》等。这些法律法规全面涉及服务贸易、行业监管甚至技术层面，具有保护本国服务市场、限制外国竞争、进行服务行业监管的性质，为服务贸易发展创造了良好的法律环境。

（5）重视并不断改进服务贸易统计体系。美国的服务贸易统计制度具有法制化、统计机构与队伍专业化、统计方法科学等特点。1985年，美国国会通过了《国际投资和服务贸易调查法》。目前，美国已建成最科学、最完整和最有借鉴价值的服务贸易统计体系与统计方法。美国也是世界上唯一能够提供与GATS服务贸易概念一致、连续的、系统的双向服务贸易统计数据的国家。重视服务贸易谈判，拓展服务贸易发展空间。美国依靠自身高水平的服务业，主动出击，通过双边、区域及多边服务贸易谈判，减低贸易伙伴服务贸易壁垒，开放服务贸易市场，为美国服务出口创新机会。

（二）印度

1. 印度服务贸易现状

（1）服务贸易规模增长快速。印度经济改革把有限的开放转变为全面开放以来，服务贸易飞速发展，取得了非凡的成就。2007年，印度服务贸易进出口总额为1577.34亿美元，占世界服务贸易进出口总额的4.24%，其中服务贸易出口为869.29亿美元，占世界服务贸易出口额的2.25%，服务贸易进口为708.05亿美元，占世界服务贸易进口额的2.30%。到2014年，印度服务贸易进出口总额为3040.97亿美元，占世界服务贸易进出口总额的3.07%，其中服务贸易出口1562.09亿美元，占世界服务出口额的3.11%，服务进口1478.88亿美元，占世界服务进口额的3.02%（见表11-3）。

表11-3　2007~2014年印度服务贸易进出口额及增长率

年份	出口额（亿美元）	年增长率	进口额（亿美元）	年增长率	进出口差额（亿美元）
2007	869.29	24.7%	708.05	20.6%	16124
2008	1071.31	23.2%	883.49	24.8%	18782
2009	925.42	-13.6%	801.51	-9.27%	12391
2010	1169.46	26.4%	1144.55	42.8%	2491
2011	1387.54	18.6%	1247.32	8.98%	14022
2012	1461.14	5.32%	1288.37	3.29%	17307
2013	1513.86	3.59%	1256.89	-2.44%	25697
2014	1562.09	3.19%	1478.88	17.7%	8321

资料来源：根据UNCTAD计算而来。

第十一章 国际服务贸易发展的趋势及经验

印度服务贸易出口迅速增长。服务贸易出口额不断增加，2007 年印度服务贸易出口额仅为 869.29 亿美元，而到 2014 年服务贸易出口达 1562.09 亿美元，增长了约 1.8 倍。印度服务贸易出口年增长率（除 2009 年增长为负值外）一直呈现较高增速，年均增长率高达 13%。

印度服务贸易进口同样发展迅速。2007 年印度服务贸易进口额仅为 708.05 亿美元，至 2014 年贸易进口额达 1478.88 亿美元，7 年增长了约 2.1 倍，服务贸易进口额年均增长率达 15.2%。

从服务贸易进出口差额看，印度服务贸易从 2010 年以后开始由逆差转为顺差，且顺差额呈现扩大的趋势，这充分显示着印度服务贸易良好的发展态势。

（2）计算机和信息出口占比突出。印度服务产品出口以计算机和信息服务、旅游、运输以及其他商业服务为主，服务产品的出口集中度较高。从单项产品来看，计算机和信息服务一直是支撑印度服务出口的主要方面，其比重基本保持在 30% 以上，是出口的第一大类产品；其次是其他商业服务，出口占比与计算机和信息服务基本持平（见表 11-4）。

表 11-4 2007~2013 年印度服务贸易各行业出口占比   单位:%

年份	2007	2008	2009	2010	2011	2012	2013
运输	10.40	10.80	11.90	11.30	12.70	12.00	11.20
旅游	12.30	11.00	12.00	12.40	12.70	12.30	12.20
通信	2.70	2.31	2.11	1.32	1.20	1.13	1.46
建筑	0.87	0.79	0.87	0.45	0.60	0.63	0.81
保险	1.73	1.46	1.64	1.52	1.86	1.55	1.42
金融	3.89	4.01	3.91	5.00	4.50	3.51	3.92
计算机和信息	31.60	33.50	34.90	33.30	32.80	32.20	32.70
专利特许	0.19	0.14	0.21	0.11	0.22	0.23	0.29
其他商业	35.30	35.00	29.50	29.50	28.00	32.90	33.60
个人文化	0.59	0.66	0.47	0.28	0.25	0.52	81.00
政府	0.36	0.37	0.44	0.41	0.43	0.34	0.30

资料来源：商务部。

从表 11-3 中可以看出，在印度，计算机和信息服务的发展最为显眼，计算机和信息服务在服务贸易出口总额中所占份额均高于 30%，且比较稳定。在印度服务贸易出口结构中,运输和旅游服务同样占据着重要地位,不过与中国相比,这两个行业出口所占比例较低,两者之和在30%以下。运输服务和旅游行业在服务贸易出口额中所占比重变化不大,基本上处于12%左右。此外,印度保险服务出口占比维持在1.6%左右;金融服务、保险服务、通信服务和建筑行业的发展也比较可观;通信服务的出口比重有所下降,从2007年的2.70%降到2013年的1.46%;其他新兴服务贸易出口比重有波动。

2. 印度服务贸易发展的经验

第一,服务贸易依托国内服务业的发展,后者可以给前者提供雄厚的基础。印度的服务贸易和国内服务业的发展趋势基本相同,国内服务业在国民经济中的重要作用、服务业不同部门的发展状况都表现在其服务贸易中。印度国内旅游业依靠先天优势得以发展,但是也有其他方面的阻碍,所以旅游服务贸易的发展情况并不十分乐观。运输业作为资源密集型服务在印度的发展受到明显限制,所以其运输服务贸易的发展较为缓慢。软件业的行业产出率之高与其重点的外包服务都影响软件服务贸易的发展。金融业的不断发展,也一定程度上影响了印度金融服务贸易的发展。总的来说,印度国内服务业各部门的发展趋势与服务贸易各部门的变化趋势基本相符。

第二,政府政策在一国经济贸易方面的作用不容小觑。印度自20世纪90年代开始进行经济政策改革之后,其服务贸易的发展也同样获益。政府对经济贸易的支持不仅体现在对外贸易政策上,同样也体现在对国内服务产业的政策支持上。在对外贸易政策上,软件业有印度政府最为有利的开放支持,这就使软件服务贸易的发展如虎添翼。电信行业的开放使外资进入竞争加剧,印度的电信贸易受到冲击。印度政府对金融市场的开放尤为谨慎,所以本国金融业的良好体系和发展并没有过多地反映到金融服务贸易中。在国内政策中,政府的各项支持政策发挥作用有限。政府对旅游业和运输业的支持短时间内并不能得到明显的效果,旅游业基础设施完善之后还要思考如何吸引游客的问题,运输业则需要大量资金投入。金融业的改革进展缓慢,更加不可能马上体现其政策优势。只有软件业的出口导向政策最为明显,政府对软件业的支持在人才吸引、税收优惠、版权保护和资金等方面都有体现。这些都在一定程度上影响了服务贸易各部门的发展状况。

第三,人力资源因素作为生产要素对服务业和服务贸易的发展同样重要。服务贸易注重人力资源,印度服务贸易的迅速发展尤其在软件产业的强劲表现,其人力资源因素早已被中外学者所注意。首先,印度具有英语语言优势,有利于发挥本国外包服务;其次,印度的高等教育和专门性技术培训,都使印度的人力资源作为一项生产要素更适合服务贸易和服务外包。作为知识密集型产业和劳动密集型产业均有混杂的服务贸易,其对高素质劳动者的要求越来越多。

第四,世界服务外包的发展给印度服务贸易提供了良好的机遇,印度适时抓住了机遇大力发展服务贸易,使其服务贸易的发展事半功倍。已有学者指出,印度软件服务外包的重大发展是因为很好地抓住了"千年虫"机遇。世界服务外包的蓬勃多元化发展,也促使印度从技术外包的方式向业务流程外包和知识流程外包方式发展,有利于产业结构的升级。服务外包市场上需求方集中于欧美日等发达国家,供给方中的印度比其他发达国家有廉价劳动力等比较优势。印度服务外包很好地利用了世界服务外包发展的趋势条件,促进了印度服务贸易的发展。

三、国际服务贸易保护政策的比较、选择及效应分析

(一)服务贸易壁垒的概念及分类

提供国际服务贸易自由化框架的《服务贸易总协定》并未明确定义服务贸易壁垒,只在第一款和第三款提到"各成员影响服务贸易的措施",包括"中央、地区或地方政府和主管机关所采取的措施",或"由中央、地区和地方主管机关授权行使权力的非政府机构采取的措施"。之后为了便于研究,国外很多学者分别给出了不同的概念。本书认为,服务贸易壁垒是指一国政府对外国服务生产者或提供服务者的服务提供或销售所设置的有障碍作用的政策措施,即凡直接或间接地使外国服务生产者或提供者增加生产或销售成本的政策措施,都有可能被外国服务厂商认为属于贸易壁垒。

关于服务贸易壁垒的分类,国外学者曾经众说纷纭,较为零散,不便于理论分析。于是人们选择了一种比较合适的分类方法,即把服务交易模式与影响服务提供和消费的壁垒结合起来进行分类,从而将服务贸易壁垒划分为产品移动、资本移动、人员移动、信息移动和开业权壁垒五种形式。

产品移动壁垒。产品移动壁垒包括数量限制、当地成分或本地要求、补贴、

政府采购、歧视性的技术标准和税收制度，以及落后的知识产权保护体系等。数量限制：不允许外国航空公司利用本国航空公司的预订系统，或给予一定的服务进口配额；当地成分：服务厂商被要求在当地购买设备，使用当地的销售网或只能租赁而不能全部购买等；本地要求：德国、加拿大和瑞士等国禁止在东道国以外处理的数据在国内使用；政府补贴：本国服务厂商也能有效地阻止外国竞争者，改变补贴可能改变某个厂商在本国服务贸易上的竞争优势，如英国政府改变在英学习的外国留学生的补贴，由此使学费高到足以禁止留学的程度；政府采购：规定公共领域的服务只能向本国厂商购买，或政府以亏本出售方式对市场进行垄断，从而直接或间接地排斥外国竞争者；歧视性的技术标准和税收制度：对外国服务厂商使用设备的型号、大小和各类专业证书等的限制，外国服务厂商可能比国内厂商要缴纳更多的交易附加税、经营所得税和使用设备（如机场）的附加税；落后的知识产权保护体系：缺乏保护知识产权的法规或保护知识产权不力，都可能有效地阻碍外国服务厂商的进入，因为知识产权既是服务贸易的条件，也构成服务贸易的内容和形式。美国政府估计，每年外国盗版影视片使美娱乐业出口损失约10亿美元，大约80%的影片不能从影剧院的票房收入中收回成本，即便加上出口，仍有大约60%不能收回成本。

资本移动壁垒。资本移动壁垒的主要形式有外汇管制、浮动汇率和投资收益汇出的限制等。外汇管制主要是指政府对外汇在本国境内的持有、流通和兑换，以及外汇的出入境所采取的各种控制措施。外汇管制将影响到除外汇收入贸易外的几乎所有外向型经济领域，不利的汇率将严重削弱服务竞争优势，它不仅增加厂商经营成本，而且会削弱消费者的购买力。对投资者投资收益汇回母国的限制，如限制外国服务厂商将利润、版税、管理费汇回母国，或限制外国资本抽调回国，或限制汇回利润的额度等措施，也在相当程度上限制了服务贸易的发展。这类措施大量存在于建筑业、计算机服务业和娱乐业中。

人员移动壁垒。作为生产要素的劳动力的跨国移动是服务贸易的主要途径之一，也自然构成各国政府限制服务提供者进入本国或进入本国后从事经营的主要手段之一。种种移民限制和出入境烦琐手续，以及由此造成的长时间等待等，都构成人员移动的壁垒形式。在一些专业服务如管理咨询服务中，能否有效地提供高质量服务通常取决于能否雇用到技术熟练的人员。例如，在美国与加拿大之间存在工作许可证制度，某个美国公司在加拿大的分公司需要维修设备，技术人员就在 1 公里之外的美国境内，但他们却不能进入加境内开展维修业务，而是从更远的地方或用更多的等待时间雇用加拿大维修人员来工作。又如，印度尼西亚通过大幅度提高机场启程税的方式，限制为购物而前往新加坡的本国居民数量。

信息移动壁垒。由于信息传递模式涉及国家主权、垄断经营和国家公用电信网、私人秘密等敏感性问题，因此各国普遍存在各种限制，如技术标准，网络进入，价格与设备的供应，数据处理及复制、储存、使用和传送，补贴，税收与外汇控制，政府产业控制政策等限制或歧视性措施。而这些措施不只阻碍信息服务贸易的发展，一国公共电信传输网及其服务（如数据交换、视频通信等）在何种程度上对外开放，即允许外国服务者进入使用，甚至再售或分享，很大程度上决定了外国金融、保险、商贸等基于电信传递技术进行国际信息交流的服务业进入该国的可能性，故同时制约着其他服务贸易的进行。

开业权壁垒。开业权壁垒又称生产者创业壁垒。据调查，2/3 以上的美国服务业厂商认为开业权限制是其开展服务贸易的最主要壁垒。在与被调查厂商保持贸易关系的 29 个国家中都有这类壁垒，即从禁止服务进入的法令到东道国对本地成分的规定等。例如，1985 年以前澳大利亚禁止外国银行设立分支机构，1985 年后首次允许外资银行进入，但仅从众多申请机构中选择了 16 家银行，其选择标准是互惠性考虑和公司对金融制度的潜在贡献。加拿大规定外国银行在国内开业银行中的数量不得超过预定比例。一般地，即使外国厂商能够在东道国开设分支机构，其人员构成也受到诸多限制。除移民限制外，政府有多种办法限制外国服务厂商自由选择雇员，如通过就业法规定本地劳工比例或职位等。美国民权法、马来西亚定额制度、欧洲就业许可证制度、巴西本地雇员比例法令等，都具有这类性质。有些国家还规定专业人员开业必须接受当地教育或培训。

如果按照"乌拉圭回合"谈判采纳的方案，服务贸易壁垒又可分为两大类：影响市场准入的措施和影响国民待遇的措施。虽存在某些无法归入以上两大类的其他措施，如知识产权等，但人们认为现在应集中探讨市场准入和国民待遇问题。市场准入措施是指那些限制或禁止外国企业进入国内市场，从而抑制市场竞争的措施。国民待遇措施是指有利于本国企业但歧视外国企业的措施，包括两大类：一类为国内生产者提供成本优势，如政府补贴当地生产者；另一类为增加外国生产者进入本国市场的成本，以加剧其竞争劣势，如拒绝外国航空公司使用本国航班订票系统或收取高昂使用费。将贸易壁垒以影响市场准入和国民待遇为原则进行划分，也是较为有效的分类方法。原因在于：首先，它便于对贸易自由化进行理论分析。现有国际贸易理论一般从外国厂商的市场准入和直接投资环境两大角度分析贸易自由化的影响。其次，它便于分析影响服务贸易自由化的政策手段。

（二）服务贸易保护政策的比较与选择

1. 关税、补贴和配额

在商品贸易领域中，关税、出口补贴和进口配额的区别是这样的：关税能给政府带来收入，出口补贴却要增加政府的支出。另外，从时间角度看，每一届政府的任期都是有限的，因此总是更乐意选择可以增加即期政府收益的关税政策，把只能在将来才会有收益的出口补贴政策置于其政策"篮子"的最底层。关税一般优于进口配额。如果一国要使用进口配额政策，那么为了减少这一保护政策的经济扭曲程度，就应当坚定不移地实施进口许可证的拍卖制度，以防止寻租行为的发生。

在服务贸易领域，情况有些不同。从服务进口国角度看，作为一种扩大进口竞争产业产出规模的手段，对服务业产出的补贴一般优于关税。因为一般认为，在服务领域为本国厂商提供成本优势的政策将优于使外国厂商面对成本劣势。关于关税与配额的关系，尽管评估各种数量限制措施非常困难，但依然可以找出决定其社会成本的两个主要变量，即租金目标和影响产业的竞争态势。如果国内厂商获取配额租金，且所有受影响的市场完全竞争，那么关税和配额在静态和效率意义上相同。如果配额租金流向国外厂商，那么与关税相比，配额在进口竞争产业中的成本则是十分高昂的。

根据上面的分析，可以得出结论：从经济成本角度衡量，如果定义 $X > Y$，则 X 的成本小于 Y，那么，使进口竞争产业的产出规模扩大的政策选择次序应该是：

对产出的补贴 > 关税 ≥ 配额

这里，关税效应等于配额效应时，需要具备相同的约束条件，但要达到这样的约束条件，配额的成本可能比关税高得多。

2. 进口限制、开业障碍和管制

进口限制。目前尚难找到限制服务贸易的典型案例，但在实际经济中却存在大量的事实。可以认为，如果政策目标是使本国进口竞争产业的规模大于没有实施任何政策时的规模,那么,最低成本方法就是给国内服务生产者以补贴。美国政府对本国服务供应商提供的各种行业性补贴或政策性补贴,使其服务厂商具备强大的成本竞争优势,这足以说明补贴可以很好地达到限制服务进口的目的。可以想象得出,由于部门利益,与执行对厂商直接补贴的政策相比,许多财政部门更加愿意看到政府执行对外国厂商和本国消费者征税的政策。然而,这又不利于本国总体福利的提高,因为前已述及,在征税与补贴之间,选择后者更有利于本国服务厂商的竞争。

开业障碍。开业权常常涉及政治上的敏感问题,但从经济角度看,则是一种简单的服务销售的进口选择方式。通过开业实体,服务生产者将服务进口问题转变为服务销售问题。如果要达到支持本国进口竞争产业的政策目标,最优方式则是对这些产业进行补贴,次优方式是对在当地开业或通过贸易提供服务的外国服务提供者征税。妨碍外国服务提供者竞争效率的措施(这类措施往往不会给政府带来财政收益)与商品贸易领域不同,对开业权的禁令和数量限制,无论从经济效益角度看,还是从财政收益角度看,都将难以长期维持下去。

管制。政府管制能够使国内服务消费者获得公平的经济利益,或在一定程度上保护消费者利益免受国内服务厂商低质量服务的侵害。理论和实践都表明,这种原本为了保护本国服务消费者(改善了消费者的逆向选择境况)、限制本国服务提供者道德风险的措施,不仅是基于服务消费者的利益,而且是基于服务提供者的利益。

在上述三者之间,使进口竞争产业产出规模扩大的政策选择次序是:

管制 > 进口限制 ≥ 开业权

当开业权的选择采取"先来先得"或投标原则来确定时,进口限制与开业权的成本几乎一样,而当开业权以政府行政指令形式确定时,开业权成本大于进口限制。

综上所述,各种保护政策交织形成了一个政策选择菜单。在现实经济中,选择和执行何种保护政策并非轻而易举之事,这要求权衡各种保护政策的成本与收益。一般来说,选择对本国服务业进行补贴以提高其成本优势的措施,可能比抑制外国竞争者以削弱其成本优势的政策更有利于本国服务厂商的竞争。在服务贸易日益成为国际竞争领域和新焦点的时代,采取直接补贴与各种适时的管制措施相结合的服务贸易保护政策体系,可能成为各国政府的理性选择。

第十二章

中国国际服务贸易现状及特点

作为世界第一的货物贸易大国,中国的对外贸易对全球贸易影响显著。同时,经济的全球化发展使中国的服务贸易发展受国际趋势的影响也日益增大。数据显示,中国服务贸易2018年全年服务出口17658亿元,同比增长14.6%,进口34744亿元,增长10%,增速高于世界主要经济体,规模继续保持世界第二位。规模增长的同时,提高整个外贸质量,促使中国加快由贸易大国向贸易强国转变,成为当前中国服务贸易发展的趋势。

第十二章 中国国际服务贸易现状及特点

一、中国国际服务贸易发展总体情况

"十二五"期间至今,中国的服务贸易规模保持增长趋势,2011~2016年同比增长分别为10.3%、10.8%、11.5%、12.3%、15.3%和14.6%。2017年是中国"十三五"规划的第二个年头,面对"一带一路"倡议经济带的深入推进和经济全球化的复杂化,国家经济积极实施转型调整。为此,中国服务贸易总体规模也呈现良好势头。但是,结构有待进一步优化,同时,服务贸易逆差有待控制和扭转,转型中国的服务贸易任重而道远。

(一) 中国服务贸易的贸易规模分析

1. 总规模

服务贸易总体规模。中国服务贸易自2008年开始展现出进出口总额稳步提升的走势。如表12-1所示,进出口总额由2008年的3223亿美元增长到2017年的6957亿美元,年平均增长率为8.96%,实现了1.16倍的增加。中国服务贸易进口额从2008年到2017年完成了近两倍的增长,而出口额几乎保持水平状态,增幅变化不大。

表12-1 2008~2017年中国服务贸易进出口额 单位:亿美元,%

年份	中国进出口额		中国出口额		中国进口额		差额
	金额	同比	金额	同比	金额	同比	
2008	3223	21.4	1633	20.7	1589	22.1	44
2009	3025	-6.1	1436	-12.1	1589	0.0	-153
2010	3717	22.9	1783	24.2	1934	21.7	-151
2011	4489	20.8	2010	12.7	2478	28.2	-468
2012	4829	7.6	2016	0.3	2813	13.5	-797
2013	5376	11.3	2070	2.7	3306	17.5	-1236
2014	6520	21.3	2191	5.9	4329	30.9	-213
2015	6542	0.3	2186	-0.2	4355	0.6	-2169
2016	6616	1.1	2095	-4.2	4521	3.8	-2426
2017	6957	5.0	2284	8.9	4676	3.4	-2395

资料来源:商务部数据中心公布的历年《中国服务进出口统计(USD)》。

2. 中国服务贸易在世界中的地位

在"十二五"期间，中国服务贸易每年持续上升率均在10%之上，在国际上，中国服务贸易额相比其他国家不断提高。据WTO出具的数据统计可以得知，2013年，中国服务进出口总额在世界排名第三，占世界总额的5.7%，与德国相差463亿美元。到2015年，中国服务贸易进出口总额排到了全球第二位，与排在第一位的美国相差减少至320亿美元。这种高速发展进程也延续到了2016年，为"十三五"规划打开了一个良好的局面。在这样的发展速度下，中国服务贸易开始逐渐成为对外贸易的主要部门，为对外开放注入了新的动力，更能为供给侧改革加一份助力。

3. 中国服务贸易的发展趋势

近年来，中国推行服务业改革，逐渐开放服务业，建立开放型的体制，这能让服务贸易的地位显著提升，让服务业成为外贸转型的主要动能。服务贸易结构进一步优化和在政府支持下完成体制改革，将使中国服务贸易更加迅速前进。扩大本国服务业规模发展会给服务贸易对外贸易提供一个良好的基础。从国内看，2016年1~8月，中国服务业同比上升52.8%，与2015年同期相比提高1.6个百分点。中国政府以服务业为中心，逐步推动金融、文化等部门的开放。另外，中国对"一带一路"的建设同时也会连带推动与沿线国家的贸易合作，推动服务外包产业的发展，扩大规模和质量保障共同发展，也能提升中国服务业在全球的地位。

（二）中国服务贸易内部结构现状

1. 中国服务贸易产品进出口结构

本部分通过表12-2体现中国服务贸易11个项目的进出口占比，同时进行计算得出相对指数，可以简单直观地分析服务贸易基本结构。

表12-2 2017年中华人民共和国服务贸易分类进出口统计

单位：亿美元,%

服务类别	进出口		出口		进口		贸易顺差
	金额	同比	金额	同比	金额	同比	
总额	6957.0	5.0	2281.0	9.0	4676.0	3.4	-2395.0
加工服务	183.0	-2.7	181.0	-3.0	2.0	12.3	179.0

第十二章 中国国际服务贸易现状及特点

续表

服务类别	进出口		出口		进口		贸易顺差
	金额	同比	金额	同比	金额	同比	
维护和维修服务	82.0	16.1	59.0	18.0	23.0	12.4	36.0
运输	1300.0	13.7	371.0	10.0	929.0	15.3	-558.0
旅游	2935.0	-3.9	387.0	-13.0	2548.0	-2.4	-2161.0
建筑	325.0	55.2	240.0	89.0	86.0	3.6	154.0
保险和养老服务	145.0	-15.3	40.0	-3.0	104.0	-19.3	-64.0
金融服务	53.0	1.3	37.0	15.0	16.0	-20.5	21.0
知识产权使用费	333.0	32.6	48.0	308.0	286.0	19.2	-238.0
电信、计算机和信息服务	469.0	20.0	278.0	5.0	192.0	52.5	86.0
个人、文化和娱乐活动	35.0	21.8	8.0	2.0	28.0	28.6	-20.0
其他商业服务	1044.0	3.0	615.0	6.0	429.0	-1.3	186.0

资料来源：中华人民共和国商务部。

（1）中国服务贸易进口情况。由表12-2可知，中国服务贸易各部门的进口结构相对稳定，运输和旅游两项是服务进口的主要部分，也是变化较大的两个部分，其余各部门占比相对稳定。其中，旅游进口占比自2012年起保持每年增加，至2015年占中国服务贸易进口一半以上，主要是由于国内人民的生活品质一直有所提升，所以中国国民对于出国旅游存在较高的追求。运输部门的进口比重逐年递减，变化比较稳定，这也说明中国的运输需求已逐渐可以由国内供给，未来可能实现运输的自给自足。还有一项比较明显的不同，就是其他商业项目，2009年之后逐年下降，至2010年已低至10%以下。另外，专有权利使用和特许费、计算机和信息服务这两个技术含量较高部门进口占比有持续微步上升。通信、金融作为两项与人民生活联系密切的重要部门，进口比重很低，优质的通信和金融环境能给人民的生活带来便利，在经济发展时期给予不可忽视的助力。以上两项服务贸易进口占比低于平均程度，是因为中国目前还没有在通信和金融两个方面实现贸易管制的解除，还都处于垄断状态。

（2）中国服务贸易出口情况。由表12-2可知，除通信、专有权利使用和特许费、电影以及其他商业服务外，另外的项目出口所占比重均稳步上升，表中的旅游服务、建筑服务等五项贸易均存在一定差异的增长。可以看到，国内贸易程度的不断进步对于各个项目出口的未来前景也有不一样的影响。从服务贸易中的运输项目和旅游项目的发展趋势可以知道，这两项成为服务贸易出口占比最大的两个不可或缺的元素，到2015年，这两个项目已成为占贸易出口一半以上的主要成分。旅游部门的出口在2015年较2014年提升幅度很大，这说明中国的旅游资源在逐渐被开发，国外对于来中国旅游的需求也越来越大，这种变化与"十二五"规划一直倡导强调开发旅游资源、大力促进旅游业未来前景以及鼓励入境游有密切关系。中国"十二五"规划中涉及培养壮大高技术服务业，所以计算机和信息服务、建筑服务和广告服务出口比重也有所提高。

（3）持续逆差。相比于货物贸易的持续顺差，中国服务贸易一直处在连年进口大于出口的状况，并且这种逆差情况每年持续增大。在全球经济危机之前，服务贸易虽也是连年逆差，但整体上看其变化趋势是较为稳定的，到全球经济危机的时候，服务贸易逆差额就上升到100亿美元以上。2015年，中国服务贸易逆差是1366.2亿美元，同比下降14.6%。

2. 中国服务贸易市场结构

中国服务贸易的重要合作伙伴是美国和欧盟。2015年，中国进入世界受理服务外包总额前十，这是服务出口的一个良好开端，通过这种方式获得总金额为291.9亿美元。在总金额中，受理美国发出服务外包业务占总金额的三成以上，较去年同期上涨15.9%。受理增速较快的包含新加坡、中国台湾、英国及"一带一路"周边地区。中国受理同"一带一路"周边地区在服务外包方面业务的约定金额占总金额的三成，与去年相同时间比较上升率是27.9%和10.4%，上升速度与中国其他服务外包伙伴相比有突出的增速。在这个项目中，中国未来会同"一带一路"周边地区一起建设构想含有丝绸之路等文化特征明显的相关产品以及开展旅游资源拓展，这样可以让更多国际友人了解丝绸文化及看到中华文化独到美丽之处，最终可实现带动服务贸易前进的目的。2016年前三季度，中国承接服务外包金额第一至第五排序依次是美国、中国香港、欧盟、日本及韩国。其中，在对美国的承接额是95.4亿美元，较之前上升0.8%；对欧盟承接总额为69.7亿美元，较之前上升12.3%；对中国香港、韩国承接增速较快，增长分别为29.2%和22.4%；对"一带一路"沿线国家承接金额为70.6亿美元，基本与上年同期持平，承接内容涵盖信息技术服务、工程设计、供应链管理服务、工业设计等。同时，中国与中东欧国家在信息技术服务、工业设计等领域增加了交流合作,承接服务外包金额为2.8亿美元,较之前增长26.9%。

3. 中国服务贸易国内区域分布结构

中国东部沿海地区整体经济基础较好,经济创新也从这些地方开始,是中国服务贸易不断进步的主要推动力。《服务贸易发展"十三五"规划》明确,要打造三个服务贸易核心区,一是打造北京服务贸易核心区,即以北京市为发展中心开始对服务业发展加强支持,以北京的发展模式作为切入点,寻找可以推动服务贸易发展的有效体制,打造"北京服务"世界品牌,同时,得到发展的品牌可以带动北京、天津、河北一带的经济共同前进;二是打造上海服务贸易核心区,将上海建设成走向国际的全球服务贸易中心城市,加快服务贸易领域创新发展进程,构建健全自由的市场环境,提供政府支持体系,在服务业的各个领域支持双向投资;三是打造广东服务贸易核心区,由于广州、深圳具有自由贸易平台优势,可以对此加以创新发展,建设创新试点,在粤港澳贸易自身发展健康的情况下促进其自由化程度,从而辐射到广东周边区域,为发展提供连带动力。

二、中国服务贸易出口竞争力观察分析与发展展望

(一) 中国服务贸易国际竞争力 IMS 指数分析

1. 服务产品国际市场占有率 (IMS) 的含义

服务产品国际市场占有率指一国的服务出口额占世界服务出口额的比重,公式为:

$$A 国服务类产品的国际市场占有率(IMS) = \frac{A 国服务类产品出口额}{世界服务类产品出口总额}$$

$$(12-1)$$

从式(12-1)可知,这个指数与国际服务贸易的规模挂钩,通过得数的大小就可以明确判断某一个国家服务业方面到底具不具备竞争优势,得数越大表明该国服务业竞争优势越大,这是一个很直接的指标。

2. 中国服务贸易国际竞争力 IMS 指数分析

如表 12-3 所示,2000~2015 年中国服务贸易国际市场占有率呈逐年递增趋势,总体来说,中国服务贸易国际市场占有率的发展态势良好。

表12-3 2000~2015年中国服务贸易国际市场占有率

年份	2000	2001	2002	2003	2004	2005	2006	2007
出口额（亿美元）	301	329	394	464	621	739	914	1216
占有率（%）	2.0	2.2	2.5	2.5	2.8	3.1	3.4	3.7
年份	2008	2009	2010	2011	2012	2013	2014	2015
出口额（亿美元）	1465	1286	1702	1820	1904	2058	2794	2855
占有率（%）	3.9	3.8	4.5	4.4	4.3	4.3	5.5	6.0

资料来源：根据历年《国际统计年鉴》数据计算而得。

（二）中国服务贸易国际竞争力TC指数分析

1. 服务贸易竞争力指数（TC）的含义

出口竞争力指数、贸易专业化指数和服务贸易比较优势指数（CAI）是服务贸易竞争力指数的同意替换，值的区间为[-1, 1]，公式如下：

$$TC（服务贸易竞争力指数） = \frac{Xs - Ms（一国服务净出口）}{Xs + Ms（一国服务进出口总额）} \quad (12-2)$$

值越大表示一国服务贸易竞争力越强，值越小则说明竞争力越弱。两个极端值表示的意义为：-1说明一国只有进口，其竞争力最弱；1代表一国只有出口，其竞争力最强。在现实生活中一般很少有这种极端情况出现。

2. 中国服务贸易分行业国际竞争力TC指数分析

如表12-4所示，分行业来看，中国服务贸易进出口结构显然是不平衡的，服务业的竞争力水平参差不齐。2000~2015年，一直处于正数状态的有计算机和信息服务、广告宣传和其他商业服务三项。此外，建筑服务只有一年为负。这体现了中国在上述领域还是具有一定竞争力的。对于出口额占比很高的运输服务，TC值却一直呈现负值，这可能是由于中国正在向资本密集型和技术密集型运输服务发展的缘故；与此同时，作为"龙头老大"的旅游服务在2013~2015年出现了负值，这值得引起重视。另外，从表12-4中可以清楚看到，金融服务、保险服务、专利和许费、电影音像的值在这15年里几乎为负值且绝对值偏大，这正反映了中国在涉及国家安全行业的特别限制和保护，以及中国在这些项目方面的欠缺和薄弱。

表12-4 中国服务贸易TC指数

年份	2000	2004	2005	2006	2007	2013	2014	2015
整体	-0.09	-0.07	-0.06	-0.05	-0.03	-0.22	-0.26	-0.19
运输	-0.48	-0.34	-0.30	-0.24	-0.22	-0.43	-0.43	-0.39
旅游	0.11	0.15	0.15	0.17	0.11	-0.43	-0.49	-0.35
通信服务	0.71	-0.04	-0.11	-0.01	0.04	0.03	-0.12	0.41
计算机和信息	0.15	0.13	0.06	0.26	0.33	0.44	0.37	
建筑服务	-0.25	0.05	0.23	0.15	0.30	0.47	0.52	0.23
保险服务	-0.92	-0.88	-0.86	0.88	0.84	-0.69	-0.66	-0.23
金融服务	-0.11	-0.19	-0.05	-0.71	-0.42	-0.08	-0.09	-0.08
专利和特许费	-0.88	-0.90	-0.91	-0.89	-0.90	-0.92	-0.95	-0.42
咨询	-0.29	-0.2	-0.07	-0.03	0.03	0.26	0.24	0.35
广告、宣传	0.05	0.20	0.20	0.20	0.18	0.23	0.14	0.08
电影、音像	-0.44	-0.62	-0.07	0.08	0.34	-0.78	-0.64	
其他商业服务	0.07	0.31	0.29	0.27	0.19	0.32	0.17	0.80

注：由于2015年服务贸易统计口径发生变化，2015年之前的专利和特许费项相当于2015年的技术、知识产权使用费两项；2015年之前的广告宣传、电影音像两项相当于2015年的文化服务项；2015年之前的通信服务、计算机和信息两项相当于2015年的电信、计算机和信息两项。

资料来源：由历年《中国统计年鉴》数据计算而得。

(三) 中国服务贸易国际竞争力RCA指数分析

1. 显示性比较优势指数（RCA）的含义

Revealed Comparative Advantage是显示性比较优势指数的英文全称，这个指数最初是由巴拉萨提出的，是一国服务贸易相对出口优势指数，公式如下：

$$RCA(也叫相对出口绩效指数) = \frac{Xs(一国服务出口)/Xo(一国总出口)}{Ws(世界服务出口)/Wo(世界总出口)}$$

(12-3)

这里简单介绍一下指数几个特殊值的含义：该指数大于1表明服务贸易具有相对出口优势；小于1表明服务贸易相对出口优势弱；等于1表示处于国际平均水平。具体来讲，如果RCA指数大于2.5，表明该国服务贸易具有极强的国际竞争力；该指数介于1.25~2.5，表明该国服务贸易具有很强的国际竞争力；该指数介于0.8~1.25,表明该国服务贸易具有较强的国际竞争力;该指数小于0.8,表明该国服务贸易国际竞争力较弱。

2. 中国服务贸易国际竞争力 RCA 指数分析

如表 12-5 所示,美国、英国的显示性比较优势指数 RCA 值始终处于 1.25~2.5,表明其国际服务贸易具有很强的国际竞争力,德国接近 0.8,而中国的显示性比较优势指数值是所有国家中最低的,这也说明中国在国际服务贸易中处在劣势地位。

表 12-5　部分国家的服务贸易 RCA 指数

年份	美国	英国	德国	中国
2000	1.4223	1.5200	0.6976	0.5672
2004	1.4764	1.7277	0.7158	0.5672
2005	1.4773	1.8021	0.7446	0.4725
2006	1.5750	1.8939	0.7609	0.4734
2007	1.4782	1.9813	0.6845	0.4974
2011	1.5124	2.0095	0.8111	0.4599
2012	1.5061	1.9700	0.8266	0.4422
2013	1.4710	1.8895	0.7572	0.4232
2014	1.4190	1.9814	0.7324	0.5063
2015	1.4044	1.9138	0.7006	0.4981

资料来源:由历年《中国统计年鉴》数据计算而得。

表 12-3 和表 12-5 的数据显示,总体来说,中国自 2000 年以来服务贸易出口额和国际市场占有率均大体呈上升趋势,2015 年,在全球贸易负增长的大环境下,中国服务出口呈现逆势增长,其市场占有率达 6%,相应的世界排名也不断提升,跃居世界第二位。但从 RCA 指数来看,自 2000 年以来,中国服务贸易 RCA 指数变化不大,基本在 0.47~0.56,而美国、英国该指数一直在 1.40 以上,尤其是英国,该指数一度接近 2.0,德国也在 0.65 以上,中国和发达国家的服务贸易比较优势差距还很大。从 TC 指数来看,一方面,中国整体服务贸易竞争优势指数总是为负,且近几年该指数有明显下降,说明中国服务贸易竞争力仍较弱,并处于比较劣势。另一方面,各行业贸易发展不均衡,其中建筑服务、广

告宣传、计算机信息等行业只有个别年份小于0，而运输服务、保险服务、金融服务、专利和特许费只有个别年份大于0，竞争优势较弱；旅游服务在前几年基本为正，但近几年转为负。相反，咨询服务在前几年基本为负，但近几年转为正。还需要注意的是，除旅游外，其他行业的TC指标在近年来几乎都有不同程度的提高，说明中国服务贸易结构正在逐步优化中。

三、影响中国服务贸易可持续发展的主要问题

(一) 中国服务贸易综合开放度低

中国的服务贸易在实际的发展当中，由于受到诸多层面因素的影响，还存在诸多问题有待解决，其中之一是服务贸易的综合开放相对比较低。从中国国民经济服务贸易的发展趋势来看，在低增长的水平上体现得比较显著，在服务贸易方面的很多层面有很大发展，在发展的不断深化下，中国在经济贸易当中也得到了较好的发展，但是从综合开放度方面来看还相对比较低，在服务的总体进程方面还较为落后，中国的服务贸易出口量和发达国家相比较来说还有很大的距离，一些运营成本比较高的服务贸易还处在初期的发展阶段。

(二) 中国服务贸易的内在结构不完善

中国服务贸易的内在结构还没有完善化。中国服务贸易的总行业架构比例和行业总水准还没有合理匹配，在中国的服务贸易的出口架构层面没有得以协调性的呈现，这就造成了新生服务贸易的后力不足问题的出现。

1. 服务贸易的内在结构不合理

中国是一个发展中国家，与发达国家相比，中国的服务业发展比较缓慢，服务业发展主要是依托丰富的自然资源和劳动力资源，以及一些传统的服务业如旅游业、交通运输业和对外劳务合作等，这使中国服务贸易出口主要集中在旅游服务业、交通运输业等传统产业中。其他发展中国家的服务业结构类似于中国，贸易服务也依赖于丰富的自然资源和劳动力资源。因此，由于类似性质的服务产品，中国的产品很难出口到这些国家和地区。除此以外，发展中国家的经济发展处于低水平，也很难为中国的服务提供服务。因此，中国的服务贸易出口仅集中

于少数发达国家和地区。

中国服务业主要集中在旅游、运输、服务贸易占55%左右,而金融、保险、电信等新兴服务贸易电子工业占不到8%。可以看出,在中国的服务贸易结构不合理,贸易赤字是显而易见的。

2. 服务贸易企业竞争力薄弱

服务贸易发展过程中,一些企业在发展的竞争上处于劣势。中国服务贸易的外部竞争力比较薄弱,一些服务贸易企业还没有达到相应规模,在科技含量上还相对较低,这就阻碍了企业竞争力的提高。再加上服务业内部的竞争机制还没有得到有效完善,在参与国际竞争方面便存在诸多困难。只有在这些问题上得到了加强,才能有助于企业竞争力的提高。

(三)服务贸易出口增长速度慢于服务业发展速度

服务业是服务贸易发展的基础,服务贸易是国家服务业比较优势的体现。中国服务业发展迅速,在国民经济中的占比已经接近50%,但是服务贸易出口增长却相对缓慢,在中国对外贸易中的占比不超过13%。这种背离造成贸易的发展不能反映产业结构的变化。而由于开放程度及贸易政策等原因,这种贸易发展与产业发展的背离现象可能越来越严重。

(四)贸易伙伴相对集中

中国香港、美国、欧盟、日本和东盟为中国主要的服务贸易伙伴,这五大贸易伙伴占中国服务贸易总额的比值接近70%,其中又以中国香港为最大贸易伙伴(地区)。服务贸易伙伴大多集中于发达国家或地区,这使中国的服务贸易极易受到冲击。比如,美国主导的TPP(跨太平洋伙伴关系协定)、美欧主导的TTIP(跨大西洋贸易与投资伙伴协议)、由WTO服务业真正之友集团(RGF)展开的TISA(国际服务贸易协定)都将中国排除在外,而这些谈判网罗了中国主要服务贸易伙伴,如果不做出其他举动,中国的服务贸易将处于更加被动的局面,贸易逆差情况可能更严峻。

(五)中国国内高级服务产业基础薄弱

中国的服务贸易虽然成长速度比较快,但目前服务业的发展还主要集中在传统服务业上，而在金融、保险、咨询等高级服务行业仍处于初级发展阶段。例如银行业，发达国家的金融机构可以经营银行、保险、证券、租赁等相关业务，它们进入金融市场可凭借雄厚的资金、灵活的经营机制、多种金融产品和良好的服务质量来开拓业务，这增加了市场竞争的难度。

（六）中国服务贸易专业人员匮乏

服务贸易的发展过程中，在专业化的人员方面相对比较缺乏。服务贸易的健康发展需要人力资源加以支持，人力资源方面得到了保证，就能有助于服务贸易的快速发展。但是，在实际的服务贸易发展过程中存在诸多问题，比较突出的就是服务贸易的人员相对比较缺乏，对服务贸易的进一步发展产生了很大的阻碍作用；另外，在人力资源的管理理念上相对比较滞后，这就对其实际的经营水平的提高有很大影响。对于以上问题，需要从多方面加以充分重视。

四、中国主要服务贸易试点城市服务贸易发展现状及经验

2016年2月25日，国务院印发《关于同意开展服务贸易创新发展试点的批复》（以下简称《批复》），同意在天津、上海、海南、深圳、杭州、武汉、广州、成都、苏州、威海10个省市和哈尔滨新区、江北新区、两江新区、贵安新区、西咸新区5个国家级新区开展试点工作，试点期为两年。

（一）杭州

杭州市于2016年6月成立了以市政府主要领导为组长的服务贸易创新发展试点工作领导小组，制定了《杭州市服务贸易创新发展试点实施方案》。

根据浙江省服务贸易统计制度，2016年1~11月，杭州市服务贸易实现进出口总额1243.21亿元，同比增长20.25%，占杭州市服务贸易和货物贸易进出口总额的比重为23.02%。其中，出口为825.46亿元，同比增长30.00%，占服务贸易进出口总额的66.40%，占服务贸易和货物贸易总额的21.09%；进口为417.75亿元，同比增长4.72%，占服务贸易进出口总额的33.60%，占服务贸易和货物贸易进口总额的28.06%。

服务贸易规模不断扩大。1~11月，杭州市服务贸易进出口规模不断增大。

2~11月,杭州市服务进出口总额连续10个月保持两位数增长,增长较快的领域有国际服务外包、旅游、保险、通信等。

外包、旅游、建筑三大领域占服务出口前三位。1~11月,居杭州市服务贸易出口前三位的领域是计算机和信息服务(国际服务外包)、旅游服务和建筑服务,分别占出口额的42.43%、24.98%和12.80%。

服务外包业务保持快速增长。2016年,杭州市承接服务外包合同执行额为802047.45万美元,首度突破80亿美元大关。其中,离岸服务外包合同执行额为587168.68万美元,完成年计划的117.43%,同比增加13.04%。

国家级开发区产业集聚度高。2016年,杭州高新技术产业开发区离岸执行额为316300.15万美元,占杭州市执行总额的53.87%,完成年计划的130.29%,超额完成年度计划;杭州经济技术开发区离岸执行额为71913.71万美元,占杭州市执行总额的12.25%,完成年计划的100.65%。两大国家级服务外包示范园区业务总量占杭州市总量的66.12%。

行业领域集聚。杭州市服务外包业务中,通信服务、物联网研发和金融服务外包特色鲜明。2016年,通信服务、物联网研发外包离岸执行额为276523.38万美元,占杭州市总执行额的47.09%,近杭州市服务外包业务总额的一半;金融服务外包离岸执行额为23997.81万美元,占杭州市总执行额的4.09%。

服务外包市场向G20集团国家集聚。2016年,杭州市承接了G20集团国家业务总额为384334.37万美元,占杭州市离岸业务总额的65.46%,超过杭州市总额的一半。其中,来自美国的离岸执行额有166681.67万美元,占杭州市总额的28.39%,稳居服务外包市场第一位;其他主要市场有欧盟、日本,分别占杭州市总执行额的14.33%、10.79%。

(二)成都

成都是西部唯一入选的服务贸易试点城市。成都根据自己的发展优势和特色,"量体裁衣",最后确定了以高铁设计出口、国际航空发动机维修、信息与文化服务四个重点领域为突破口,开启服务贸易创新试点。

维护和维修服务——凭借国内最大的飞机维修基地,成都将服务贸易创新发展的首个突破口放在了该领域。经过一年的发展,双流临空经济圈建设已完成规划研究,形成了以保税航空维修出口基地、飞机维修产业链引进与打造和航空产业后市场培育为主要内容的发展态势。

服务外包——依托国家服务外包示范城市建设，对项目、技术、管理等领域进行大刀阔斧的创新，取得了不俗的成绩。2016年，成都完成服务外包离岸执行金额14.92亿美元，建立行业公共服务平台13个，支持服务外包企业开展国际市场拓展项目100个。此外，市级商务、外事、人社、公安等部门密切协作，为大型服务外包企业引进更多的外籍技术服务人员建立了联动机制。跨部门联动模式的形成，为服务贸易创新发展提供了有力支撑。

技术服务——成都现已形成以轨道交通、建筑设计和信息技术为核心的技术贸易格局。其中，以中铁二院为龙头的工程服务贸易企业，形成了从研发（西南交大）—设计（中铁二院）—工程施工（中铁二局）为核心的轨道交通技术服务产业链；以高新区信息技术服务企业为代表，出口稳步增长超过30%，其中2016年新成立的成都海光集成电路公司，当年已实现2亿美元的技术进口。

文化服务——据悉，2016年，成都高新区网络游戏产业产值首次突破百亿元，收入增幅超过四成。借助在移动游戏领域已形成的产业规模和先发优势，当前，成都逐渐形成了尼毕鲁、完美时空等一批具有较强国际市场拓展能力的文化出口重点企业。其中，以尼毕鲁为代表的行业优势企业在自身业务快速发展的同时，开始培育和孵化小微创业企业，带动了成都数字游戏企业的整体发展；以新华文轩为代表的大型国有企业，则聚焦"一带一路"发展，以图书版权输出为基础，以汉语言教学等文化建设项目为创新，加快建立并完善成都文化贸易产业链和生态圈。数据显示，截至2016年底，成都已批准设立文化贸易基地7个，认定重点文化贸易企业30家，引导全市传统手工技艺、武术、戏曲、民族音乐和舞蹈等非物质文化遗产发展文化贸易。

经过一年的砥砺前行，成都服务贸易创新发展试点工作交出了一份满意的答卷。2016年，成都服务贸易总额突破120亿美元，这一数字较上年同比增长了20%。截至2017年3月，成都在高铁设计出口、国际航空发动机维修、信息与文化服务四个重点领域中，高铁设计服务总收入超过人民币780亿元，国际航空发动机维修实现进出口超过3亿美元，服务外包离岸执行金额完成14.92亿美元，成为中西部地区的"一枝独秀"。

（三）威海

2016年初，威海获批国家服务贸易创新发展试点，开启了服务贸易大发展的春天。市政府第一时间建立了全市服务贸易创新发展试点工作联席会议制度，先后制定了多个指导性文件。根据服务贸易发展趋势和产业特点，威海市确定了重点突破服务外包和信息技术服务、海洋服务和运输服务、健康医疗和中医药服务、文化服务四个领域，稳步提升技术贸易和技术服务、旅行服务、金融服务、建筑和境外务工四个领域。

经过一年多的努力，威海市服务贸易得到了长足发展。2016年，威海服务进出口173亿元，同比增长3.3%，占全市对外贸易比重为12.6%。其中，服务出口111亿元，同比增长6.6%；服务外包离岸执行额17亿元，同比增长70.7%。去年，在全省17市经济社会发展综合考核中，威海市服务贸易考核得分由年初的第七位上升到第四位。获取的主要经验包括以下五点：

第一，推进机制强劲有力。加强组织领导，市委、市政府召开了全市服务贸易创新发展促进大会，建立了服务贸易创新发展试点联席会议制度，成员部门单位达49个；强化顶层设计，下发了《威海市服务贸易创新发展试点实施方案》和《威海市服务贸易创新发展两年行动计划》（以下简称《两年行动计划》）；加强督导考核，建立周调度、月通报制度，纳入全市目标绩效考核体系，制订了《威海市服务贸易发展考核认定办法》，赋分比重占百分制的两分。各区市、国家级开发区也建立相应推进机制，形成了齐抓共管的工作格局。截至目前，《两年行动计划》确定的160项重点任务已完成102项。

第二，政策扶持体系日趋完善。设立了2000万元市级服务贸易发展专项扶持资金和2亿元的服务贸易发展引导基金，出台了《威海市鼓励服务贸易创新发展扶持暂行办法》《威海市服务贸易人才支持计划实施细则（试行）》等规范性文件，梳理编印了《关于支持服务贸易创新发展的57条政策和措施》。同时，相关部门积极配合试点工作，结合各自的业务实际，适时出台了一批配套政策。例如，威海海关积极争取青岛海关政策支持，促成青岛海关出台了《关于支持威海市服务贸易创新发展的意见》，这是青岛海关近年来首次针对单个城市的某项工作出台支持意见。市金融办、商务局、人民银行、银监局等部门联合出台《威海市金融支持服务贸易创新发展实施意见》，经信部门牵头制定出台《关于扶持软件和信息技术服务业发展的若干意见》，有力推动了服务贸易创新发展。

第三，双向开放取得重大进展。引进了总投资6亿元的世界500强日本软银服务外包基地项目，配套的日本IEC培训机构和软银电商项目、韩国希恩提信息技术、八邦呼叫中心等一批服务外包项目相继落地；设立了首个韩国医疗观光旅游服务机构、首家中韩母婴护理中心、首家韩商独资旅行社。泰国吞武里医疗集团与威高集团合作建设高端国际医疗连锁项目，已到位资金1890万美元。组织企业赴德国等欧洲国家开展文化交流及贸易促进活动，举办文化产品展销会及威海服务贸易创新发展试点推介会。

第四，公共平台和载体建设富有成效。按照条块结合、以块为主和重点监测、齐抓共管的原则，创新性搭建服务贸易地方统计监测管理平台，建设商务部服务贸易直报平台的"地方延伸板块"，全面加强数据直报工作，扩大服务贸易统计覆盖面。依托威海市商业银行、中国银行威海分行，设立了威海市服务贸易创新发展金融服务平台——威海市服务贸易（试点）银行，预计试点期间可为服务贸易企业融资15.9亿元，节省利息支出4000万元。依托重点领域骨干企业，建设威海市服务贸易创新发展综合服务平台，并分行业、分领域建设17个子平台，可为近千家服贸企业提供公共服务。高区服务外包基地、荣成市石岛管理区、文登区家纺工艺出口基地获批山东省首批服务贸易特色服务出口基地。

第五，服务贸易便利化水平有了较大提升。威海口岸在全国率先启动韩国"人车同步"入境中国开展自驾游业务，有5家旅行社被国家旅发委和海关总署列为经常从事自驾车旅游业务的旅行社；争取青岛海关的支持，威海市有6家企业取得了海运快件运营资质。在全省率先运行开放海空港口岸国际贸易"单一窗口"全覆盖；试行了关检合作和一次申报、一次查验、一次放行"三个一"口岸通关模式。积极推广使用APEC商务旅行服务卡，对重点企业赴特定国家开展特种项目的业务人员实行了"一次申报、一年内多次出国有效"的出境模式；对口岸签证实行24小时应急服务，为符合条件的外籍人才及时签发R字人才签证入境；开通了"威海工商服务贸易直通车微信平台"。

五、中国服务贸易可持续发展的路径选择

（一）主动参与全球贸易规则制定，提升制定规则的话语权

中国要密切跟踪国际服务贸易规则的新动向，积极争取参与到国际贸易新规则的制定中去，确保在国际规则制定中的话语权。统筹自主开放与协议开放的关

系，建议以 TPP 中的服务贸易新规则为基准，在中国四大自贸区先行先试，为全面对接重大国际服务贸易规则积累经验。深化落实服务业开放义务和承诺，多渠道主动参与国际服务贸易协议谈判。对接"一带一路"倡议，重点与"一带一路"沿线国家签订服务贸易与投资合作协议。服务业标准是影响服务业竞争力的重要因素，要重视和支持企业参与国际服务业标准的制定，提高中国企业在服务业标准领域的国际话语权。

（二）健全服务贸易相关的国内法律体系

美国所有有关服务业和服务贸易的法律法规都有保护其本国市场、限制外国竞争的两重性，为美国在国际贸易领域所采取的各种行动披上了"合法"的外衣，从而规避了某些国际组织的规则和约束。这种开放式保护主义的国际经验对中国服务业以及服务贸易的发展具有重大的借鉴意义。实行开放式保护主义的关键在于健全服务贸易管理体制和与服务业、服务贸易相关的国内法律体系。

服务贸易的发展需要相应的规范制度加以支持，国家方面要积极完善管理政策，使法律体系和中国实际的服务贸易发展进行紧密结合，这样才能有助于服务贸易的进一步发展。首先要建立中央和地方的沟通机制，在发展沟通方面保持畅通的信息交流，在相应的机制上进行完善化；其次要对中国服务产业发展的立法工作加以完善，并制定相应的法规以及监督机制等，对服务贸易的发展加强管理，严格按照这些规章制度加以实施；最后要将中央、地方等紧密结合，保障服务贸易的管理水平的提高，促进服务贸易的进一步发展。

（三）加强服务贸易领域的结构和地区架构的优化发展

在实际的发展过程中，要充分注重结构以及地区架构的整合优化，从具体的方法上实施，即要在当前的服务贸易发展的基础上，对中国的组织结构以及经济架构等进行结合，在服务的质量水平上能够得以有效提高。注重对行业垄断的防治，从具体的方法上进行实施，既要能够构建合理化的竞争机制，对服务贸易行业的发展加以保障，从全面性的角度对管理的水平层次进行提高，从而有助于服务贸易的良好发展，又要保护和各区域整体发展的结合，在产业结构的调整过程中加强服务贸易的发展质量。

第十二章 中国国际服务贸易现状及特点

（四）积极面对服务贸易壁垒并加以应对

通过积极实施措施，对实际的服务贸易壁垒加强完善，如对GATS（服务贸易总协定）当中所规定的服务贸易壁垒加以消除，对世界贸易组织的争端解决机制加以科学的应用，对服务贸易壁垒的问题积极地解决，对服务贸易壁垒的救济立法加以完善化。从发展来看，要充分注重加强民间资本进入服务贸易当中，积极推动现代化服务贸易的发展。只有在这些方面得到了有效加强，才能有助于服务贸易的全面发展，在发展的质量水平上才能有效提高。

（五）大力培养服务贸易人才

服务贸易的基础在于服务贸易人才，为培养一大批精通业务、熟悉国际规则、熟练掌握外语、涉外工作能力强的服务贸易复合型人才，应鼓励和引导高等院校建立与服务贸易发展相适应的配套学科和专业，支持高等院校、职业院校、科研院所与有条件的服务业企业建立服务贸易实习实训基地，鼓励建立服务人才培养基地。应按照服务贸易发展需要，完善和规范职业资格和职称制度，尽快设置相应的职业资格和职称。落实和完善各项吸引和培养服务贸易人才的政策，建立健全激励机制，大力培养和引进金融、保险、信息、商务中介等行业的人才。

（六）加快服务产业结构调整与优化

保持和促进原有优势产业，加快发展新兴产业，优化服务产业结构。在传统服务领域，将运输服务业作为优先发展和加快升级的战略重点，重点发展国际物流业，以满足对外贸易快速增长的需求；继续鼓励国内企业"走出去"抢占国际建筑服务领域市场，提高参与国际工程的层次和水平；旅游业要继续扩大产业规模，延长产业链。在现代新兴服务领域，把信息技术服务贸易作为发展的战略重点，通过重点行业和领域的快速发展来实现中国服务业和服务贸易结构的优化。统筹规划服务业和服务贸易整体发展，使东、中、西部各区域协调发展。东部地区可率先发展知识、资本和技术密集型的现代服务业，中西部地区除教育和旅游外，应先从受益面大的生产性服务业和完善生活服务业配套开始发展。深化服务业各领域的产业划分，引导服务业向专业化方向发展。

综上所述，中国当前的市场经济环境比较多变，在这一重要的发展时期，要能从多方面注重服务贸易的科学发展。在经济社会不断高速发展的今天，中国的经济在高速发展的同时也展露出了很多弊端，要清晰地认识到中国与美国等发达国家之间的竞争力现存的差距。中国应加快对服务贸易立法建设的脚步，建立与国际服务贸易法律相统一的管理协调制度。中国政府应当严格按照服务贸易总协定、世界贸易组织有关规定的要求，在建立健全中国有关服务贸易的法律法规的同时，做到不违背国际法则的相关规定，尽可能地使服务贸易处在一个良好的制度和管理环境下。与此同时，通过加强对外合作，吸引国外先进资本的投资，充分利用外资来促进中国知识、科技、技术密集型服务行业的发展，高效处理中国对美国服务企业在前进中遭遇的资金困难问题。通过密集使用资本、科技、技术服务行业的繁荣，还可获得技术外溢效应，带动其他服务行业的前进，不断良性循环，最终达到提升中国服务贸易核必优势和竞争力的目标。

第十三章

内蒙古自治区现代服务业发展研究

2019年2月，内蒙古自治区人民政府下达了《2019年自治区国民经济和社会发展计划》，提出内蒙古自治区现代服务业的发展重点和趋势即提高服务业供给质量。该计划强调，2019年自治区将完善服务业标准体系，提升标准化水平，制定实施服务业领域先进"内蒙古标准"20项以上。同时，推动商贸流通、文化旅游、家政服务、健康养老等行业升级发展，积极发展电子商务，提升旅游服务质量，推动文化、体育与旅游融合发展，促进养老和家政行业品牌化、规范化、信息化发展。大力发展数字经济，促进大数据开发应用。进一步完善物流体系，推动建设集宁物流中心，综合推进内蒙古自治区现代服务业高质量发展。

一、内蒙古自治区发展现代服务业的背景及意义

服务业作为现代经济的重要产业，其发展水平成为衡量一个国家和地区现代化程度和人民生活幸福指数的重要指标。近年来，关于服务业的发展趋势及其对经济增长的影响成为众多学者研究的热点问题。根据配第—克拉克定律，随着一国经济发展水平的提高，经济重心将逐渐从农业部门向工业、服务业部门转移，特别是工业化推进到一定阶段时，服务业比重的不断上升是一个必然规律。

江静（2004）等认为，作为国民经济的"黏合剂"，服务业对于提升经济整体的运行效率和竞争力具有不可替代的作用，特别是生产性服务业，作为一种高级投入要素，能使工业部门获得更为专业的中间服务，对效率提升能产生带动效应。丁守海（2014）等利用鲍莫尔—富克斯假说检验了服务业的发展潜力，结果发现，中国服务业的需求弹性大于1，意味着随着国民收入的增长，服务业将以更快的速度发展，特别是生产性服务业更为明显；有关统计资料表明，服务业产值每增加1个百分点就能创造出70万个就业岗位。

尽管内蒙古自治区经济发展受到广泛关注，但是却并没有太多文献集中于内蒙古自治区服务业与经济增长关系的研究。现有研究往往从理论、政策等角度分析服务业发展与管理，但是内蒙古自治区服务业对经济增长的影响研究却较为缺乏。不仅如此，通过深入调查分析发现，内蒙古自治区服务业发展存在较多的问题，如结构问题、政策问题、人力资源匮乏问题等。基于此，本书把视角放于内蒙古自治区服务业，以内蒙古自治区服务业问题为关注点，调查分析内蒙古自治区服务业对经济增长的影响。

内蒙古自治区作为国家实施向北开放战略的桥头堡和深入实施西部大开发战略的重要区域，要主动适应经济发展新常态，高度重视服务业的发展。2015年开始，在国家积极扩大内需、促进服务业发展的政策下，内蒙古自治区加大了对服务业的投入，服务业对于内蒙古地区的发展越发重要，因此，如何抓住经济转型和产业结构调整的机遇，发展内蒙古的服务业，是一个值得研究的问题。

深入研究内蒙古自治区服务业的发展现状及其对经济增长的影响，适应新常态，有利于为推动内蒙古自治区产业结构调整和经济增长方式的转变，推进内蒙古自治区实现全面现代化的进程提供理论和决策参考，也能为发展内蒙古自治区

服务业，建立起工业化、城镇化和农牧业现代化建设以及扩大城乡就业的支撑体系提供具体意见和建议。

二、内蒙古自治区服务业发展现状

依据《2017年内蒙古自治区政府工作报告》，内蒙古自治区加快发展现代服务业，把发展服务业作为扩大内需、调整结构和转变发展方式的重要战略任务，打造经济增长新的引擎。

发展全域旅游、四季旅游，实施"旅游+"战略，形成全要素、全产业链旅游发展模式。把绿色发展理念融入旅游业规划、建设和管理全过程。推进文化与旅游融合发展，提升旅游品位和内涵。建立旅游投融资平台和产业发展基金。加快旅游管理体制改革，建设智慧旅游体系，提高旅游管理服务水平。实施专业化、精准化营销，让内蒙古旅游享誉国内外。

培育新型金融主体，引进区外金融机构，发展壮大地方金融，完善多层次、广覆盖的金融体系。创新金融产品和服务，大力发展绿色金融。加快发展普惠金融，着力解决小微企业贷款难、农村牧区高利贷等问题。加快保险市场体系建设，提升保险业保障服务能力。做好防控金融风险工作，完善监测预警和应急处置机制，支持金融机构依法处置不良贷款，坚决守住不发生系统性、区域性风险的底线。

发展现代物流业，建设一批大型物流园区、物流配送中心和电子商务示范城市，完善旗县、苏木乡镇、嘎查村物流体系，积极培育第三方物流企业；发展健康养老产业，推进医养结合，扩大服务供给；发展会展业，形成一批各具特色和有影响力的会展品牌；发展健身休闲、竞赛表演、场馆服务等体育产业，建设体育产业示范基地；发展科技咨询、教育培训、法律服务、家政服务等产业，满足群众多样化需求。

（一）服务业增加值逐年提升，发展迅速

近年来，内蒙古地区生产总值逐年增长，与此同时，内蒙古自治区第三产业增加值也逐年增长。2000年内蒙古自治区第三产业增加值为605.74亿元，此后逐年递增，2017年第三产业的增加值为8047.4亿元，是2000年的13.3倍。

2017 年内蒙古自治区全区规模以上服务业发展主要呈现以下特点①：

1. 生产经营快速增长，规模以上服务业企业继续增加

2017 年 1~12 月，全区规模以上服务业企业生产经营态势良好，共实现营业收入 1358.3 亿元，比上年增长 18.3%，增幅比上年提高 8.4 个百分点。达到规模以上服务业企业 1724 户，比上年增长 18.5%。

2. 吸纳就业能力强，部分行业职工薪酬增加多

2017 年，全区规模以上服务业企业共吸纳就业人员 36.6 万人，比上年增长 2%，特别是铁路运输服务业吸纳就业能力明显提高，共吸纳就业人数 7.4 万人，增长 5.2%，平均每户铁路运输服务业企业新增就业 147 人。技术密集型互联网和相关服务业吸纳就业能力增强，平均每家互联网和相关服务业企业新增就业 11 人。全区规模以上服务业企业职工收入增长较快，全年应付职工薪酬 291.8 亿元，比上年增长 8.4%；互联网和相关服务业、航空运输业、娱乐业和广播电视电影及影视录音制作业 4 个行业应付职工薪酬增长分别达 75.2%、38.7%、31.1% 和 30.8%；航空运输业、铁路运输业、电信、广播电视和卫星传输服务业、管道运输业人均年薪酬超过 10 万元。

3. 营业成本明显上升，企业利润增加较快

2017 年，全区规模以上服务业企业在用工、材料、财务等方面的费用明显增加，企业生产经营成本明显上升。全区规模以上服务业企业营业成本 1094.2 亿元，比上年增长 18.4%，高于营业收入增长速度。

全区规模以上服务业企业实现营业利润 59.4 亿元，与上年同期相比由亏增盈 99.1 亿元。在调查的 33 个行业中，有 14 个行业整体盈利。从总量看，电信和其他信息传输服务业、铁路运输业、商务服务业 3 个行业营业利润超过 10 亿元。

4. 现代服务业营收增长较快

2017 年，全区规模以上广播、电视、电影和影视录音制作业企业实现营业收入 3.5 亿元，比上年增长 15.9%；代表新技术、新产品、新工艺的科技推广和应用的规模以上服务业企业完成营业收入 7.6 亿元，增长 23.7%；互联网和相关服务、软件和信息技术规模以上服务业企业营业收入分别达 2.9 亿元、19.7 亿

---

① 内蒙古统计局. 2017 年内蒙古规模以上服务业企业发展呈现九大特点，存在三个问题需要关注 [EB/OL]. http://tj.nmg.gov.cn/nmgttj/tjfx/webinfo/2018/05/1525102877335558.htm, 2018-05-02.

元,分别增长21.6%和15.4%。

5. 生产性服务业表现出色,成为拉动服务业发展的主力

2017年,全区规模以上生产性服务业企业实现营业收入777.3亿元,比上年增长28.4%,占全区规模以上服务业企业营业收入总额的57.2%;完成应交增值税20.1亿元,增长46.8%;实现利润105.3亿元,增长28倍;应付职工薪酬103.9亿元,增长9.5%。全区规模以上生产性服务业企业吸纳就业人员14.4万人,比上年增长1%,占全区规模以上服务业企业吸纳就业人数的39.2%。

6. 龙头企业贡献明显

2017年,全区规模以上服务业企业中24家营业收入超5亿元的企业,共实现营业收入795.1亿元,比上年增长25.2%,占全区规模以上服务业企业营业收入的58.5%,大型龙头服务企业对全区规模以上服务业营业收入增长的拉动作用显著。

7. 外商投资企业增长较快,港澳台商投资企业低位运行

2017年,全区规模以上外商投资服务业企业实现营业收入2.7亿元,比上年增长19.7%,增速高于全区规模以上服务业企业平均增幅1.2个百分点,比上年提高9个百分点;全区规模以上内资服务业企业实现营业收入1310.5亿元,占全区规模以上服务业企业营业收入总额的比重达96.5%,增长18.7%,比上年提高了8.5个百分点,特别是电信、交通运输、邮政业等关系国计民生的服务业仍以内资为主;全区港澳台商投资规模以上服务企业营业收入仅比上年增长7.6%,远低于全区18.3%的平均增幅,处于低位运行状态。

8. 东部盟市规模以上服务业企业营业收入增长提速

2017年,内蒙古东部盟市(呼伦贝尔市、兴安盟、通辽市、赤峰市、锡林郭勒盟)规模以上服务业企业实现营业收入330.5亿元,比上年增长35.4%,高于全区平均增速17.1个百分点,规模以上服务业企业营业收入占全区规模以上服务业企业营业收入的24.3%,比上年提高3.1个百分点。

9. 市场预期继续看好

伴随自治区加快服务业发展政策措施的落实,服务业发展环境进一步改善。从2017年四季度服务业生产经营景气问卷调查情况来看,服务业企业对下季经营状况的合理预期认为乐观的占28.5%、一般的占58.5%、不乐观的占12.9%,经营状况预期指数为57.8%,表明企业家对市场预期看好。

(二) 服务业占地区生产总值比重低于全国

服务业增加值是地区生产总值的重要组成。2000年，内蒙古自治区服务业占地区生产总值比重为39.3%，2017年为50%。全国第三产业增加值占国内生产总值比重一直高于内蒙古自治区，2017年全国第三产业增加值占国内生产总值比重51.6%。内蒙古自治区服务业增加值增长速度低于全国服务业增加值的增长速度。按可比价格计算，内蒙古自治区服务业增加值比上年增长6.1%，而全国服务业增加值比上年增长8.0%。

(三) 服务业发展呈现新的特点

第一，商业性、环境服务业成为竞争焦点，知识型、生产性服务业发展迅速。近几年，服务贸易迅猛发展，主要是建立在高速增长的、以高新技术为载体的知识型服务业基础上的。通信、物流、金融、批发、农业支撑服务、专业技术咨询服务等生产性服务比重在不断增加。商业服务贸易额是国际服务贸易内最为重要的组成部分，可持续发展是时代主题，因而环境服务业正蓬勃兴起。2017年，内蒙古自治区级服务业集聚区共78家，其中现代物流园区19家、商贸功能区15家、中央商务区3家、旅游休闲区26家、文化创业园区6家、科技创业园区9家；实现营业收入1587亿元，增长3.4%；入驻企业数14077户，吸纳就业人数26万人，分别增长13.8%和9.1%；完成税收48亿元，增长8.9%。集聚效应凸显，营业收入超过10亿元的集聚区27个，超50亿元的5个。

第二，现代服务业在GDP增加值中的比重逐年增加，服务业各部门的产出也呈逐年增加态势，其中增加最多的是保险、金融、房地产以及商务服务等现代服务业，服务业需求增长主要体现在这些服务部门的需求增长方面。

第三，服务业竞争中的信息比较优势十分显著。在知识经济时代中，知识作为最重要的生产要素之一，其产生和传递主要是通过信息业完成的。因此，传统比较优势逐渐弱化，信息比较优势将成为服务业及服务贸易国际竞争力的构成要素。

(四) 服务贸易迅猛发展

伴随高新技术的发展，服务贸易进入了高速发展阶段。在知识经济条件下，科技的发展一方面极大地拓展了传统服务贸易的范围和领域，另一方面也简化了交易流程、降低了交易成本、增加了服务贸易的流量。这两个方面的合力使服务贸易在经济发展中的重要性日益增强,构成了一国的竞争优势。国际服务贸易的内容、方式和构成也对服务业的发展提出了新的挑战和要求。

三、内蒙古自治区现代服务业发展中存在的主要问题

内蒙古自治区服务业长期发展不足和结构升级缓慢,而技术和知识含量较高的服务业能够缓和服务业供求结构不平衡的矛盾,同时,服务业的发展对促进经济长期增长和提升经济增长质量具有重要意义。因此,在未来较长时间内,服务业的发展与国内经济增长将保持较强相关性。

(一)服务业总体规模偏低

近年来,内蒙古自治区服务业增加值尽管呈逐年上升趋势,但其占全区GDP的比重却没有提升,呈平缓发展态势,仍处于40%以下,即使在2017年达到了50%,仍低于国家平均水平近1.6个百分点(2017年国家的平均水平为51.6%),而发达国家,甚至在国内发达地区,这一指标已经达70%左右。可见,全区服务业的总体规模显著偏低。

此外,规模以上服务业企业的数量在行业、地区分布不均。从行业来看,2017年全区规模以上服务业中道路运输业、物业管理业、商务服务业、专业技术服务业等5个行业企业数量之和占全区规模以上服务业企业总数的59.2%,其他28个行业企业数量仅占40.8%;分地区来看,呼包鄂三市规模以上服务业企业数量占全区总数的53.2%,其他9个盟市之和只占46.8%。

(二)服务业部门构成不合理

内蒙古自治区服务业不仅总量不足,而且内部结构不合理。传统服务业比重较大,新兴服务业比重较小。仓储、运输、餐饮、商贸等传统服务业占比过高,而保险、金融、房地产、通信、旅游、信息服务和现代物流业等新兴服务业发展严重滞后。2015年,商贸餐饮、仓储、交通运输等传统服务业占全区服务业增加值的主体地位,而金融、保险、信息咨询与服务、新闻出版、广播电视、科学研究开发与服务、教育、旅游等新兴服务业占全区服务业增加值的比重尚不足

30%。相比之下，发达国家甚至国内发达省区在此方面要优于内蒙古自治区。在美国，金融、保险、不动产等各种新兴服务业占比在1994年时就已经达50%。在经济合作与发展组织中，1998年金融保险、不动产以及生产性服务业的比重也平均达32%。比较后发现，内蒙古自治区的传统服务业占比依然偏高，一些为生产服务的金融、保险、技术服务与咨询等生产性服务业发育不足，内蒙古自治区服务业仍然处于低层次结构水平。

部分产业同质竞争加剧。为推动内蒙古自治区服务业实现跨越发展，各地都加大了服务业集聚区建设，实施重点项目和重点服务产业战略，在一些地区出台的加快服务业发展的若干政策中，纷纷选择信息服务业、科技服务业、文化体育产业、家庭健康养老服务业、旅游业、现代物流业、商贸流通业、金融业等产业作为本地现代服务业发展的主攻方向，区内地区间竞争加剧，产业同质化明显，个性特征不明显。在优惠期内，服务企业得到了一定的发展。一旦优惠期满，一些企业必然会有寻求再优惠的利益驱动，从东移到西或从南迁到北，成为候鸟型企业，不利于本土服务企业的成长。

（三）营改增后部分服务业企业税负率不降反增

内蒙古统计局调查显示，2017年被调查的全区部分规模以上服务业企业税负并没有明显减少，有的反而较上年同期有所增加。一是服务业中部分以人力投资为主的企业，支出较多的是人力成本，然而人力成本却无法抵扣，但进项税额相对于销项税额抵扣较少，则间接造成此类服务业企业税负率上升。二是服务业中同一类公共工程类企业，前期工程主要采取分包的形式，此阶段由于基础环境较为偏远以及设施不健全，增值税专用发票取得较为困难，可抵扣的进项税减少；该企业工程类的项目所缴纳的增值税率是17%，而工程实施过程中所购进的混凝土等原材料由于是小规模纳税人以及优惠政策的缘故，税率只有3%，这中间13%的差额无法抵扣，同样也导致税负率上升较多。三是部分服务业企业反映在购进原材料或办公用品时，由于出售方一般为小规模纳税人，只能提供增值税普通发票，无法提供增值税专用发票，而企业在急需购买某类原材料或办公用品的情况下，只能接受没有增值税专用发票带来的无法抵扣进项税额的现状，从而导致税负率提高。

（四）对外开放程度不高

尽管近些年来全区服务业对外开放的进程在不断加快，对外开放的领域不断加大,但是与其他发达省区相比,对外开放程度仍然较低,利用外资的规模仍然偏小,制约了服务业整体实力的提升,导致了内蒙古自治区服务业的国际化水平较低,国际竞争力较弱,国际化进程较慢。

四、内蒙古自治区服务业发展对经济增长影响的实证分析

(一) 服务业的分类、数据来源及分析模型

1. 服务业分类

服务业是包含较多行业的产业部门,有关三次产业分类。经济学家辛格曼(Signelman)按照服务的功能把服务业分为四类,这个分类方法反映了经济发展过程中服务业内部结构的变化。一是流通服务,指通信、运输业以及商业的批发和零售业。流通服务是从生产到消费的最后一个阶段,它们与第一产业和第二产业加起来就是商品从原始自然资源经过提炼、加工、制造、销售最后到消费者这一整个生产、流通和消费的过程。二是生产者服务,指那些与生产直接相关的服务。生产者服务的特征是被企业用作生产商品与其他服务的投入。这类服务的重要性在于它对劳动生产率和经济增长效率的影响。三是社会服务。如果说上面两种服务都是工业生产的延长,或者说是由工业文明的发展所推动,那么社会服务和个人服务的需求则主要来自消费者对它们的直接需要,它们的发展也就主要为最终需求所推动。四是个人服务,指那些从吃喝到娱乐的与个人消费相关的服务。个人服务主要来自最终需求,它们大多是传统服务业,一般具有规模小、分散经营、人力资本和物质资本投入少、技术含量低等特点。

本书按照上一分类,采用1985年4月中国国家统计局和国家计委对中国的三次产业进行的新的划分,即第一次产业为农业,包括农业、林业、牧业、渔业;第二次产业为工业,包括采掘业、制造业、自来水、电力业、蒸汽、热水、煤气、地质普查业和勘探业以及建筑业;第三次产业为服务业,包括商业、运输、金融、文教卫生和其他社会公共需要服务部门。

2. 数据来源及模型构建

依据2016年《内蒙古统计年鉴》的数据,对2000~2015年时序数据进行分析和计算,在分析模型的选择上,借助回归模型进行分析。模型借鉴刘伟和李绍

荣（2002）在产业结构与经济增长中所应用的模型：

$$\log Y = a_0 + a_1 \log Y_1 + a_2 \log Y_2 + a_3 \log Y_3 + \cdots + a_k \log Y_k + \varepsilon$$

式中，Y 表示总产出，$Y_i(i=1,2,\cdots,k)$ 表示第 i 产业的产出，a 表示技术进步和经济制度变迁对总产出的贡献，$a_i(i=1,2,\cdots,k)$ 分别表示不同产业对经济增长的贡献。

3. 服务业对经济增长贡献总体分析

2000~2015年，内蒙古自治区三次产业均呈稳定上升趋势，其中第一产业从2000年的350.8亿元增加到2015年的1618.7亿元，增长4.6倍；第二产业从2000年的582.57亿元增加到2015年的9200.58亿元，增长15.8倍；第三产业从2000年的605.74亿元增加到2015年的7213.51亿元，增长11.9倍。当前内蒙古地区第二产业产值占GDP总量较高，对经济增长贡献最大，其次是第三产业，最后是第一产业，三大产业总量呈增长趋势，而第一产业增长趋势较缓慢，第二、第三产业增长趋势较快。从三次产业的曲线斜率中得出，第三产业服务业发展势头较好。

2000~2015年，内蒙古自治区第一产业占GDP比重呈逐渐下降趋势，由2000年的22.8%下降到2015年的9%；第二产业占GDP比重呈逐渐上升趋势，由2000年的37.9%上升到2015年的51%；第三产业占GDP比重由2000年的39.3%上升到2004年的41.8%，后有所下降，到2015年下降到40%（见表13-1）。由此可以看出，目前内蒙古产业结构为"二三一"，第三产业服务业还并未成为推动经济增长的最大动力。因此，未来应该继续加大第三产业服务业发展对经济增长的贡献。

表13-1 内蒙古自治区 2000~2015 年三次产业产值、占 GDP 比重及三次产业就业比重

年份	GDP（亿元）	第一产业			第二产业			第三产业		
		产值（亿元）	产值比重（%）	就业比重（%）	产值（亿元）	产值比重（%）	就业比重（%）	产值（亿元）	产值比重（%）	就业比重（%）
2000	1539.25	350.80	22.8	52.20	582.57	37.9	17.10	605.74	39.3	30.70
2001	1713.81	358.89	20.9	51.60	655.68	38.3	16.80	699.24	40.8	31.60
2002	1940.94	374.69	19.3	50.90	754.78	38.9	16.00	811.47	41.8	33.10

第十三章　内蒙古自治区现代服务业发展研究

续表

年份	GDP（亿元）	第一产业			第二产业			第三产业		
		产值（亿元）	产值比重（%）	就业比重（%）	产值（亿元）	产值比重（%）	就业比重（%）	产值（亿元）	产值比重（%）	就业比重（%）
2003	2388.38	420.10	17.6	54.59	967.49	40.5	15.17	1000.79	41.9	30.24
2004	3041.07	522.80	17.2	54.51	1248.27	41.0	14.91	1270.00	41.8	30.58
2005	3905.03	589.56	15.1	53.83	1773.21	45.4	15.64	1542.26	39.5	30.53
2006	4944.25	634.94	12.8	53.78	2374.96	48.1	15.98	1934.35	39.1	30.23
2007	6423.18	762.10	11.9	52.64	3193.67	49.7	16.98	2467.41	38.4	30.38
2008	8496.20	907.95	10.7	50.45	4376.19	51.5	16.88	3212.06	37.8	32.67
2009	9740.25	929.60	9.5	48.84	5114.00	52.5	16.92	3696.65	38.0	34.24
2010	11672.00	1095.28	9.4	48.20	6367.69	54.5	17.41	4209.02	36.1	34.39
2011	14359.88	1306.30	9.1	45.87	8037.69	56.0	17.73	5015.89	34.9	36.40
2012	15880.58	1448.58	9.1	44.70	8801.50	55.4	18.10	5630.50	35.5	37.20
2013	16832.38	1599.41	9.5	41.25	9084.19	54.0	18.79	6148.78	36.5	39.96
2014	17769.50	1627.2	9.1	39.20	9219.80	51.9	18.30	6922.60	38.95	42.50
2015	18032.79	1618.7	9.0	39.10	9200.58	51.0	17.10	7213.51	40.0	43.80

资料来源：《内蒙古统计年鉴2016》、《2016年内蒙古统计公报》。

从就业结果来分析，内蒙古自治区第一产业就业比重由2000年的52.2%下降到2015年的39.1%，下降了13.1个百分点；第二产业就业比重2000年与2015年均为17.10%，2010～2014年有缓慢增加，2015年又下降到2000年的就业水平；第三产业就业比重由2000年的30.70%增加到2015年的43.8%，增长了13.1个百分点。由此可以看出，第三产业吸纳就业的比重呈逐渐上升趋势，且上升的趋势已经超出第二产业，未来第三产业服务业将成为吸纳就业的主要力量。1972年，刘易斯又发表了题为《对无限劳动力的反思》的论文。在这篇论文中，刘易斯提出了两个转折点的论述。当二元经济发展由第一阶段转变到第二阶段、劳动力由无限供给变为短缺时，由于传统农业部门的压力，现代工业部门的工资开始上升，第一个转折点即"刘易斯第一拐点"开始到来。在二元经济发展到劳动力开始出现短缺的第二阶段后，随着农业劳动生产率的不断提高，农业剩余进一步增加，农村剩余劳动力得到进一步释放，现代工业部门的迅速发展足以超过人口的增长,该部门的工资最终将会上升。当传统农业部门与现代工业部门的边际产品相等时,也就是说传统农业部门与现代工业部门的工资水平大体相当时,意味着一个城乡一体化的劳动力市场已经形成,整个经济——包括劳动力的配置完全商品化了,经济发展将结束二元经济的劳动力剩余状态,开始转化为新古典学派所说的一元经济状态,此时,第二个转折点即"刘易斯第二拐点"开始到来。2015 年,内蒙古自治区第一产业就业比重为 39.1%,第二产业的就业比重为 17.1%,第三产业就业比重为 43.8%,第三产业就业比重仅仅超出第一产业就业比重 4.7 个百分点。由此看来,内蒙古自治区近年来所提出的劳动力转移等政策效果明显,第三产业已经逐渐成为吸纳就业的主要力量。

(二)服务业内部对经济增长贡献的分析

内蒙古自治区第三产业服务业 2000~2015 年对 GDP 贡献表现出总量增加,但在三次产业总的比例结构没有明显变化的趋势。服务业内部交通运输仓储邮电通信业占 GDP 比重由 2000 年的 11.4% 下降到 2015 年的 7.3%,批发零售贸易餐饮业占 GDP 比重无明显变化(见表 13-2)。

表 13-2 内蒙古自治区服务业内部产业结构变动

年份	服务业占 GDP 比重(%)	交通运输仓储邮电通信业占 GDP 比重(%)	批发零售贸易餐饮业占 GDP 比重(%)	其他行业
2000	39.3	11.4	12.7	15.2
2001	40.8	11.9	13.2	15.7
2002	41.8	12.6	13.7	15.5
2003	41.9	12.4	13.1	16.4
2004	41.8	11.9	12.6	17.3
2005	39.5	10.9	11.7	16.9
2006	39.1	10.3	11.9	17.0
2007	38.4	9.8	11.9	16.7
2008	37.8	9.3	11.9	16.6
2009	38.0	9.0	12.1	16.9
2010	36.1	8.5	11.5	16.1
2011	34.9	8.2	10.8	15.9

续表

年份	服务业占GDP比重（%）	交通运输仓储邮电通信业占GDP比重（%）	批发零售贸易餐饮业占GDP比重（%）	其他行业
2012	35.5	7.5	11.6	16.4
2013	40.0	7.7	12.0	16.8
2014	42.5	5.6		
2015	43.8	7.3		

资料来源：《内蒙古统计年鉴2016》。

（三）服务业对GDP贡献的回归分析

2000~2015年，内蒙古自治区第一产业对GDP的贡献逐渐减少，由2000年的22.8%下降到2015年的9%；第二产业对GDP的贡献逐渐增加，由2000年的37.9%增长到2015年的51%；第三产业对GDP的贡献由2000年的39.3%增加到2004年的41.8%，后又逐渐减少，2015年为40%。这进一步证明了内蒙古自治区未来产业结构调整应逐渐加快第三产业对国民经济的突出力量。

将分析数据代入回归模型：$\log Y = a_0 + a_1 \log Y_1 + a_2 \log Y_2 + a_3 \log Y_3 + \cdots + a_k \log Y_k + \varepsilon$，得出回归方程：$\log Y = 0.393 + 0.225 \log Y_1 + 0.483 \log Y_2 + 0.318 \log Y_3$，得出判决系数$R^2 = 0.9999$，由此说明方程中三次产业对GDP解释有效。根据回归方程，第一产业产值每增加1个百分点，会促使GDP增加0.225个百分点；第二产业产值每增加1个百分点，会促使GDP增加0.483个百分点；第三产业产值每增加1个百分点，会促使GDP增加0.318个百分点。由此回归分析结果可以得出，从16年整体数据分析结果来看，内蒙古自治区第二产业对GDP贡献最大，这也说明目前第二产业成为拉动内蒙古自治区经济发展的主要推动力量，第三产业对GDP的相关程度也较强，对经济增长的影响较大，这说明内蒙古自治区产业结构调整由"一二三"转变为"二三一"是正确的。未来内蒙古自治区产业结构调整的方向应逐渐由"二三一"向"三二一"转变，逐渐促使第三产业服务业成为拉动经济增长的主要推动力量。

（四）基本结论

从上述内蒙古自治区三次产业结构发展及对GDP贡献的实证分析得出以下

基本结论：

第一，当前应加快产业结构的调整步伐，努力实现"退二进三"，逐渐促使第三产业成为内蒙古自治区 GDP 增长的主要推动力量。2015 年，内蒙古自治区实现生产总值 18032.79 亿元，增速 7.7%，实现了中高速增长，符合经济新常态的新要求。内蒙古自治区进入"后经济增速"时代，如何适应经济新常态下新的特征和新的发展要求，兼顾增速换挡与产业结构调整、转化升级的双重要求，寻找产业结构与经济增长之间的内在规律，促进内蒙古自治区经济平稳发展，将成为其今后产业结构调整的主要方向。

第二，从就业比重看，2015 年，内蒙古自治区第一产业就业比重为 39.1%，第三产业就业比重为 43.8%，第三产业就业比重仅仅超出第一产业就业比重 4.7 个百分点。第三产业服务业将成为内蒙古自治区吸纳就业的主要力量。应因势利导，积极采取措施，进一步促进劳动力向第二、第三产业转移。按照配第一克拉克定理：随着国民收入的增加，劳动人口由农业转移到制造业，再由制造业转移到商业和服务业。内蒙古自治区当前的就业发展规律，恰恰与世界经济发展规律相一致。

第三，第一产业对 GDP 的贡献逐渐下降，第二产业对 GDP 的贡献逐渐上升，第三产业对 GDP 的贡献无明显变化。回归分析结果显示，尽管目前第二产业与 GDP 增长关联度最强，但从长远来看，第三产业必然取代第二产业成为影响 GDP 增长的关键因素，并最终实现未来产业结构调整的"三二一"发展方向，即逐渐加快第三产业的建设步伐，将服务业作为内蒙古自治区产业结构调整的主攻方向。

五、促进内蒙古自治区服务业发展和经济增长的合理化建议

增强内蒙古自治区服务业的竞争力是推动服务贸易良性发展的根本举措，也是促进内蒙古自治区经济增长方式转变的出路和途径。

（一）加大服务业自主创新力度

国内外服务业发展的实践表明，对于技术含量高、关联性大的服务行业，如现代物流业、金融业、信息服务业、旅游业等，优先发展能有效带动服务业全面

发展。就目前内蒙古自治区服务业的发展而言，企业应该加大技术创新力度，建设以企业为主体、市场为导向、产学研相结合的技术创新体系，以充分激发服务业企业的创新活力，不断进行管理、产品和服务等的创新，从而提高服务业的整体实力和水平。要着重培育技术含量高、附加值高、有市场发展潜力的龙头企业，通过实施品牌经营和实现业内外企业的优势互补，来改变目前服务业行业和企业竞争力的现状，如推动区内银行和其他金融业态的发展。另外，通过在高等学校及中等职业学校增设服务业紧缺的专业、加强服务业岗位职业培训、制定和切实推进服务业人才引进计划等渠道来加强服务业创新人才队伍的建设，从而提高内蒙古自治区服务业发展水平，促进内蒙古自治区经济增长。

（二）突出重点项目建设，优化服务业发展环境

统筹规划避免区域内过度竞争。要站在全区服务业发展"一盘棋"的高度，统筹规划各地的服务业项目和重点产业布局；各地应结合地方实际，各有侧重制定发展目标和投资项目，避免同一产业在全区遍地开花，从而减少地区间同业恶性竞争，实现全区服务业又好又快发展。

实施服务业重大项目带动战略，以项目做大产业，以项目提升产业，以项目集聚产业，加快形成新的增长点，带动服务业规模化、品牌化、高端化发展。建立服务业重大项目分级推进责任制，明确项目推进责任人，跟踪落实项目推进计划，及时协调解决项目建设中存在的问题，确保项目按计划实施。支持物流、商贸、金融、旅游、科技、信息、文化体育、家庭健康养老等领域企业联合重组，培育形成一批龙头企业，提高产业集中度和市场竞争力。全面落实促进中小企业、非公有制经济发展的政策措施，扶持中小型服务企业健康发展。引导服务业企业树立先进服务理念，开展技术创新、管理创新和模式创新，提高企业创新能力。实施服务业品牌战略，加大品牌创建、品牌开发和品牌运营力度，放大品牌增值效应，推动形成一批国内外著名产品和企业。

此外，内蒙古自治区服务业内部各行业仍存在垄断现象，这些垄断服务业依靠资源或政府占据服务业的较大份额，使服务业内部缺乏竞争，导致行业低速运转。特别是在金融业、保险业、通信、运输业以及科技信息业存在较高的进入壁垒，垄断打破了市场经济本该有的秩序，使市场经济畸形发展。因此，打破服务业的进入壁垒、建立公平竞争的市场机制，是发展内蒙古自治区服务业的先决条

件。首先要打破行政垄断，政府应增加对中、小服务业企业的扶持力度，在融资和税收方面设立优惠政策，从而发展和壮大一批服务业企业，改变国有服务业"一家独大"的现状；其次消除服务业的准入门槛障碍，建立公开、平等、规范的行业准入制度，允许更多外资、民营企业参与现代服务业的发展，使资本合理流动；最后要强化政府的高效管理，营造鼓励和支持现代服务业发展的法治环境、诚信环境、政策环境和市场环境。

(三) 大力培育和发展生产性服务业，促进服务业与现代制造业的有机融合

促进服务业发展的核心是优化服务业内部结构，确定好重点产业发展。对于内蒙古自治区来讲，要突出发展生产性服务业，围绕制造业的结构调整和升级，大力培育和发展生产性服务业，促进服务业与现代制造业的有机融合，形成二者之间的良性互动。内蒙古自治区的工业化发展很快，需要生产性服务业的支撑。对于生产性服务业的发展，内蒙古自治区要将现代物流业放在重点发展的地位。物流业是国家提出的十大振兴产业之一。现代物流业对于提高国民经济运行质量、优化经济流程、调整经济结构、扩大内需、增进社会福利等都具有全局性的积极影响，已成为中国国民经济体系重要的基础性服务产业。内蒙古自治区地域面积广阔，除呼和浩特、包头、鄂尔多斯这三个中心城市外，城镇布局普遍比较分散，发展现代物流业对内蒙古自治区经济社会发展具有重要意义。金融业是内蒙古自治区发展速度较快的现代服务业，近几年内蒙古金融业在第三产业增加值构成中的比重逐年增加，金融业在国民经济中处于牵一发而动全身的地位，关系到经济发展和社会稳定，具有优化资金配置和调节、反映、监督经济的作用，必须稳健、快速发展。此外，还应加快科技、信息、农业服务业的发展。

(四) 积极发展生活性服务业

生活性服务业是连接物质、精神产品生产和消费之间的载体，建设小康社会离不开生活服务业的支撑。生活服务业建设的重点是发展商贸流通业。内蒙古自治区地域广阔，中心城市分散，城镇化建设是重点，新型农村社区建设是重中之重，发展商贸流通业在内蒙古自治区具有特殊重要的意义。内蒙古自治区具有得天独厚的发展旅游业的自然条件和丰富多彩的民族文化，因此要把旅游业作为重点来发展。要完善旅游综合服务体系，加快重点旅游城市的旅游服务中心、游客

集散中心和旅游咨询服务体系建设。此外，内蒙古自治区的草原文化、红山文化等深厚的文化积淀也为发展文化产业奠定了基础，要积极发展创意设计、影视制作、出版发行、印刷复制、演艺娱乐等文化产业。

（五）规范服务业市场秩序和行业标准，鼓励企业加入协会

建设和完善服务业发展体制。实践证明，体制也是生产力，落后、垄断和僵化的体制必然阻碍服务业的发展，推进中国服务业体制改革与创新势在必行。首先，经过调查研究，掌握服务业发展实情，完善相关政策措施，使政策措施在加快服务业发展上切实发挥强有力的指导和推动作用。通过不断调整完善相关政策，推进服务业的改革和发展。加快服务业发展的政策措施出台后，要明确政策落实的责任主体和责任人，及时有人跟进督查政策落实情况，使好的发展政策见到实效。其次，在基础建设上下功夫。政府投资建设的公益性服务项目，政府应负责做到位；企业应承担的事项要求企业做好。最后，把服务业发展与新型城镇化建设紧密结合，一并规划设计，同步投资建设，配套完善服务功能。同时，政府要鼓励服务业企业转变经营理念，增强发展信心，找准市场定位，尽快适应市场需求变化；鼓励企业舍得消费，舍得投资，尤其是在人才聘用、文化建设、信息化建设和服务市场开发等方面舍得投入；鼓励服务业企业增强诚信服务意识和防控风险意识。只有这样，才能促进内蒙古自治区服务业的健康发展。

行业协会是市场经济的必然产物，一个地方行业协会组织的健全程度反映了一个地区市场经济的成熟程度。目前，以锡林郭勒盟家庭服务业为例，该盟在工商部门登记在册的家庭服务业企业70户、个体192户，但仅有31家是锡林郭勒盟家庭服务行业协会的会员单位，接近九成仍处于各自为政的游离状态。行业标准是规范服务业市场秩序的必要保障，而协会在规范市场、建立机制、制定标准、对行业发展进行调查研究、协调服务价格、监督服务质量、组织服务管理经验交流、开展法律和经营准入等咨询服务、提供市场信息、树立行业品牌等方面至关重要。

（六）以政府服务业为导向，加大投资力度

内蒙古自治区服务业基础设施薄弱，对服务业投资力度的加大符合全区经济发展战略的整体要求。因此，要建立健全以政府投入为引导、企业投入为主体、境内外投资共同参与的多元化现代服务业投资机制。首先要加快重点项目建设，充分利用国家信贷政策，以确保符合国家产业政策、符合市场准入条件、竞争力和经济效益被看好的服务业项目的建设资金需求。其次要积极培育上市公司后备军，积极推进符合条件的企业上市，这样不仅会为企业带来极为宝贵的发展资金，还会在很大程度上促进社会资源向内蒙古自治区转移。最后要开辟多元化的融资渠道，鼓励有条件的服务企业通过发行股票、企业债券进行项目融资，通过进入投资基金市场、金融期货市场、企业产权交易市场等方式筹措资金，吸引更多资金流向现代服务业，从而推动内蒙古自治区的经济发展。

（七）积极推进服务业的信息化建设，提升企业管理水平和经济效益

要想有效地提高效率、整合市场资源，提高内蒙古自治区服务业的发展水平，还要运用现代经营方式和信息技术加强服务业的信息化水平，全面提升企业素质、管理水平和经济效益。加快服务业的信息化建设，需要加强信息网络基础建设和平台建设，提高服务业的网络化水平；根据行业特点建设专业服务网站，把本行业的技术信息、市场信息、服务信息等聚集起来，为服务业企业提供有针对性的服务。

第十四章

"中蒙俄经济走廊"背景下内蒙古自治区服务业"走出去"战略研究

改革开放以来,内蒙古自治区不断开拓国际贸易市场,贸易伙伴不断增加,贸易规模日益扩大。在"中蒙俄经济走廊"发展背景下,内蒙古自治区由偏远闭塞的北部边疆逐步转变为国家向北开放的重要窗口和桥头堡。但是,内蒙古自治区对外开放的独特优势尚未得到有效发挥,开放型经济新体制远未形成。新时代改革开放,内蒙古自治区要创造更具吸引力的投资环境,构筑对外开放新优势,积极推进高水平的境外经贸合作区建设,引导内蒙古自治区服务业"走出去",抱团发展、集群发展,奋力开创全面对外开放新局面。

一、内蒙古自治区服务业"走出去"的必要性

(一)实现服务贸易自由化的需要

在当前的国际分工和世界市场上,服务贸易的地位越来越重要,国际服务贸易的发展速度甚至超过了货物贸易的发展速度。世界各国越来越重视服务贸易,服务贸易方面的竞争也越来越激烈,所以服务贸易自由化也越来越受到各国的重视。中国自"入世"以来,一直大力倡导和推进贸易自由化。在中国,服务贸易自由化的进程相对落后于货物贸易。作为经济发展水平比较落后的省区,尤其是作为服务业比较落后的地区,内蒙古自治区的服务贸易自由化就更加缓慢了。服务贸易自由化是贸易自由化的重要内容,也是国际贸易谈判绕不开的主题。提倡内蒙古自治区的服务业"走出去"恰好迎合服务贸易自由化的潮流。内蒙古自治区服务业应该抓住时机,积极"走出去",参与国际竞争,积极开拓服务市场,推进服务自由化进程。

(二)实现产业升级的需要

发达国家以及国内经济发达省区的基本经验充分证明,服务经济的发展对整个宏观经济及国家现代化的进程有着极大的推动作用。服务业的产值与就业人口数业已成为衡量一个经济体宏观经济发展水平的重要指标。美国、欧盟、日本等发达国家的服务业产值早已超过GDP的70%,占据GNP的80%左右。近年来,内蒙古自治区服务业增加值占GDP比重稳中有升,基本维持在40%左右。但是,与国内服务业发达省区相比,或者与发达国家相比,内蒙古自治区的服务业比重还有很大的提升空间。在当前服务业对外开放的大格局下,如果不能迅速进入国际市场,就可能错失很多良机。因此,内蒙古自治区要选择部分具有一定竞争优势的服务行业,如矿产资源开发、工程承包等,走向俄罗斯、蒙古国等国际市场,这不但能带动内蒙古自治区产业结构的优化和升级,还能够增加国民收入。

(三)实现提升服务贸易竞争力的需要

由于现代科技的普及应用以及迅猛发展,服务已经成为多数产品增值的主要

第十四章 "中蒙俄经济走廊"背景下内蒙古自治区服务业 "走出去"战略研究

来源,国际市场的竞争也顺其自然地由价格竞争转向非价格竞争,譬如金融、运输、技术、信息、通信等生产性服务上升为国际服务贸易的主题,这些行业的发展状况能够作为衡量一个经济体经济发展和国际竞争力水平的重要标志。与此同时,服务贸易的发展使技术、信息、金融、资源获得了更加有效的传播途径,服务贸易对一个经济体的物质生产和宏观经济增长的调节作用日趋重要,对一个经济体的就业、贸易、收支、国际竞争力等经济生活的主要方面的影响不断加深。对外服务贸易的发展水平与规模大小越来越深刻地影响宏观经济的发展水平,服务贸易也逐渐构成宏观经济的竞争优势。因此,大力发展服务贸易,推动内蒙古自治区服务"走出去",可以提升内蒙古自治区服务业及整个宏观经济的国际竞争力。

(四)实现扩大服务贸易规模的需要

货物贸易的市场中,有型的商品的生产和消费是相互分离的,生产者可以独立地生产产品,而无须直接面对消费者。服务贸易有其特殊性,服务不能被移动和储存,其生产和消费不能分离,只有当生产者和消费者直接面对面的时候,才能生产和消费,也正是服务的生产和消费同时发生的特殊性,决定了服务企业不能向制造业企业那样,成为跨国公司国际生产体系的一个环节而已。因此,面对服务业国际化和服务贸易自由化的趋势,内蒙古自治区的服务企业要生存和发展,不仅要守得住国内的市场,而且要积极主动"走出去",拓展蒙古国、俄罗斯等国际市场,积极参与来自国内、国际的双重竞争,并形成在竞争中发展以及在发展中竞争的良性互动局面。

(五)实现劳动力转移和劳务输出的需要

和全国好多份市相比,内蒙古自治区并非人口大省(区),但近年来,随着农村剩余劳动的增加以及死亡率的降低,内蒙古自治区的就业压力越来越大。而服务业恰好在吸纳劳动力、解决就业方面有着天然的优势,能够满足各种不同层次的就业需求。在美国,占劳动力总数 3/4 以上的人数从事服务业;在加拿大,这个比重达 91%。据专家测算,服务业从业人员占总劳动人口的比重每提高一个百分点,就可以增加约 700 万个就业岗位。因此,在制造业增长和农业结构调整的客观事实面前,内蒙古自治区一方面要同大力发展经济,为制造业提供优质服务，另一方面必须使服务业"走出去"，走向国际市场，带动劳动力转移和劳务输出，为农业结构调整和城市化提供便利条件的同时，解决了部分人的就业问题，达到促进社会稳定和经济平稳运行的目的。

二、内蒙古自治区服务业"走出去"的有利因素

（一）"一带一路"与"中蒙俄经济走廊"的战略支持

"一带一路"与"中蒙俄经济走廊"建设都重在发展地区经济与贸易，而服务业作为宏观经济的重要组成就显得越发重要。内蒙古自治区作为"一带一路"倡议的覆盖省区之一，同时也是中国向北开放的桥头堡，服务业可以借助国家宏观战略的支持，更加顺利地向"一带一路"沿线国家"走出去"，尤其是向蒙古国和俄罗斯"走出去"。

（二）独特的区位因素

内蒙古自治区地处祖国正北方，边境线长4200多公里，与蒙古国、俄罗斯接壤，山水相连，民族相亲，语言相同，习俗相似。全区拥有各类口岸19个，拥有满洲里、二连浩特等知名的边境城市，拥有若干边民互市点、边境合作区、国际商贸城等，是中国向北开放的桥头堡。

（三）政策因素

据以往的经验证明，无论是制造业"走出去"，还是服务业"走出去"，都离不开政府优惠政策强有力的支持以及东道国开放的经济政策。近年来，内蒙古自治区作为西部欠发达省区，除享受"一带一路"倡议下的各项优惠，还受惠于西部大开发战略、兴边富民行动、东北亚区域合作战略、联合国扶贫开发计划等，自治区政府根据本地的实际情况，也相应地推出一些宏观经济发展的举措和政策，如"8337计划""十个全覆盖工程"等。在这样的宏观环境下，内蒙古自治区的服务业企业"走出去"的同时，会享受到税收、保险、融资、物流、贸易、科教、财政、规划、土地使用、重大项目布局及申报、审批、核准、备案等各方面的优惠照顾。同时，在"中蒙俄经济走廊"建设的背景下，内蒙古自治

第十四章 "中蒙俄经济走廊"背景下内蒙古自治区服务业"走出去"战略研究

区乃至中国与蒙古国、俄罗斯的宏观经济战略相对接，经济贸易的各相关主体加强了沟通与协作。内蒙古自治区的服务业向蒙古国、俄罗斯拓展市场，填补了当地的市场缺口，因此也深受东道国欢迎，是一个"双赢"的事情。

三、内蒙古自治区服务业"走出去"进程中的制约因素

（一）服务业发展水平滞后，国际竞争力较弱

内蒙古自治区的服务业发展水平较低、竞争力较弱，甚至有些新兴服务业领域如服务外包等还处于刚刚起步阶段，无论与服务业发达的国家相比，还是与国内东南沿海地区相比，内蒙古自治区的服务业在竞争中都处于十分弱势的地位。当前内蒙古自治区的服务业基础较为薄弱，服务业增加值比重和就业比重都远远低于国内外同等发展程度的国家或者地区。一些体制性或机制性的因素极大地制约了内蒙古自治区服务业的持续快速发展。目前，内蒙古自治区服务业企业在实施"走出去"战略时遇到了较多较大的挑战，因此迫切需要不断快速提升参与全球化国际分工与合作的深度，迅速改变和调整参与国际分工的方式。另外，内蒙古自治区服务业企业在参与全球化分工体系的进程中，割裂了服务业与制造业之间的关联关系，使内蒙古自治区仍然处于较为典型的以外资推动为主的发展模式，即以低成本的加工制造为主要特征的"原料和市场两头在外"的发展模式，导致外资企业与本土企业之间的关联程度被弱化，从而造成内蒙古自治区产业链的延伸受阻，尤其是向现代服务业增值部分的延伸受阻。

（二）"走出去"的政策缺失，经验匮乏

近些年，中国中央和各级地方政府已经陆续出台一系列鼓励企业"走出去"的政策措施，这些鼓励和扶持政策也如期收到一些良好成效。但是，即便这样，内蒙古自治区的服务业企业，乃至全国的服务业企业仍然会遇到诸如税收、金融保险、物流采购、项目申报、出入境、通关、投融资、土地使用、知识产权保护等方面的诸多问题，致使企业在"走出去"的时候投入成本增加、经营困难增加、程序繁杂、意愿淡化等。另外，尽管中国各行各业"走出去"的经验已经积累多年，但内蒙古自治区作为经济发展落后的地区，开放的时间较晚，"走出

去"的历史较短,"走出去"积累的经验较少,这些弱势在服务业"走出去"的进程中更加显著地体现了出来,致使企业没有太多"走出去"的榜样可学习,也没有太多"走出去"的经验可借鉴,可能会使企业"走出去"时走弯路、走岔路,甚至无功而返。

(三)"走出去"的风险和挑战长期存在

内蒙古自治区企业依靠自身的发展潜力和竞争优势,展开了对其他国家轰轰烈烈的投资浪潮,特别是把部分类似蒙古国、俄罗斯等具有发展潜力的国家或地区作为内蒙古自治区企业"走出去"的首选之地,但是,由于这些国家政治经济形势多变,社会矛盾凸显,企业"走出去"面临较多风险,特别是服务业领域,随着海外工人的不断增多,突发事件与日俱增。例如,2012年2月2日,中资企业在苏丹八年来第三次被抢劫,29名中方员工遭遇此恶性劫持,事件令世界瞩目,也影响了企业"走出去"的脚步。另外,许多发达国家为了保护本国在海外的投资利益,都制定了比较齐全的海外投资保险办法。例如,全球跨国公司最多的超级大国——美国,对外投资活动频繁,跨国并购频繁,对外投资长期高举全球首位,为了保护企业对外投资积极性和规避政治风险,美国建立了双边"代位求偿"制度。因此,内蒙古自治区的企业"走出去"须有国家和地方政府相配套的安全战略保护。

(四)与东道国的合作稳定性和信任度不足

服务业行业"走出去",与其他产业"走出去"相比较,会更多地涉及国家机密以及各方面安全的问题,诸如经济安全等,因此,服务业"走出去"会遭遇很多诸如贸易壁垒等障碍。内蒙古自治区服务业"走出去",尤其是走向蒙古国、俄罗斯,长期以来一直存在双方信任度和合作稳定性不足的问题。一是信任度不足。国家与国家之间的合作与竞争无非是利益的合作与竞争,即便两个国家关系再好,也会有分歧。双方之间由于各种原因产生的隔阂,也会影响两国的经贸合作。二是合作稳定性不足。尽管当前中蒙、中俄关系良好,但从长远看,不稳定性仍然存在。服务业企业对此也有所顾虑和担忧,这也一定程度上影响了内蒙古自治区服务业走向蒙古国、俄罗斯。

第十四章 "中蒙俄经济走廊"背景下内蒙古自治区服务业"走出去"战略研究

（五）服务业内部结构发展不均衡

近年来，在"转方式、调结构"的宏观思想的指导下，内蒙古自治区产业结构有了很大的进步和改善，服务业增加值的比重也上升到了40%左右，但是，总体上内蒙古自治区的产业结构仍然很落后，服务业基础仍然很薄弱，技术含量仍然很低，这些都制约着内蒙古自治区服务业"走出去"。另外，内蒙古服务业内部结构也非常不均衡，如城市地区发展快、农村牧区发展慢，呼包鄂等地发展快、其他盟市发展慢，传统服务业规模大、新兴服务业规模小等。内蒙古自治区的服务业主要集中于传统领域，诸如旅游、餐饮零售服务、交通运输、社会福利事业等，而新兴服务业发展相对滞后，诸如服务外包、文体服务、科技研发、农业服务业等。这种结构的不均衡，也导致"走出去"的不均衡。"走出去"的企业大多数来自呼包鄂城市圈，企业大多从事矿产资源开发、基础设施建设等行业，从事商业性服务、法律咨询、文体娱乐等高利润回报方面的企业非常少，自相竞争激烈。

（六）企业规模较小，服务业市场化程度较低

近年来，内蒙古自治区服务业的整体规模逐年扩大，增加值占GDP的比重在逐年上升，目前基本处于40%左右。但是，服务业企业规模偏小，在资金、管理、人才、营销、经验、品牌建设等方面都存在严重的意识匮乏和能力有限的问题。在前述问题的制约下，企业可能发展的地域更多地倾向于本地，部分企业会放眼全国，"走出去"的想法相对比较淡漠。另外，内蒙古自治区的服务业在"转方式、调结构"的宏观努力下有了空前的发展，但仍然存在垄断经营严重、竞争力提升乏力的问题。在内蒙古自治区的服务业中，交通运输、金融保险、医疗保健、教育卫生、旅游环保等占比较大，而这些领域存在十分严重的政府管制，市场准入限制较多，政策依赖思想较深，外资进入较难，但凡有垄断行为存在，市场上就会表现为高价格、有限供给和低质量并存的现象，这种垄断也会导致相关经营者竞争意识薄弱、竞争力提升乏力、"走出去"动力不足。

（七）服务业人才匮乏

内蒙古地区属于边疆民族地区，经济发展水平和生产生活环境整体不及东南

沿海地区，吸引和留住服务业人才比较困难。同时，内蒙古自治区高校数量较少，服务业人才培养的专业建设落后，尤其在现代服务业领域需要大量的专业型人才，譬如跨境电子商务、计算机软件技术研发、国际物流、服务外包、金融保险、公司管理等方面更是人才紧缺、资源有限。

四、推动内蒙古自治区服务业"走出去"的对策建议

（一）加强政府引导和鼓励

内蒙古自治区服务业"走出去"起步较晚，经验不足，国际视野有限。因此，政府要加大对"走出去"企业的支持和指导力度。一是要尽快出台和落实境外服务业企业的扶持鼓励措施，如积极为"走出去"企业与银行等金融机构牵线搭桥，解决投融资问题等。二是要简化"走出去"企业的审批手续，尤其要照顾民营企业，推行民营企业"走出去"登记备案制。三是要大力推广"走出去"企业的先进经验，举办经验交流会或者座谈会，倡导鼓励更多有能力的服务业企业放心大胆地"走出去"。四是要对"走出去"的政策进行大力度的宣传，开展有针对性的"送政策上门"活动，向潜在"走出去"的服务业企业提供咨询服务，提供有价值的项目投资信息，帮助指导企业如何规避境外风险。政府要大力加强引导，通过建立平台、开办展会，加强与"走出去"的东道国的沟通交流，帮助企业开拓国际视野，寻找国际市场，开发投资领域。五是要发挥好驻外机构和商会的职能作用。近几年，和国内其他省市一样，内蒙古自治区也设立了一些驻外机构，政府要倡导这些机构不但要进行招商引资，同时也要为企业"走出去"提供信息咨询服务。同时，政府要给企业"走出去"以政策和资金方面的支持和鼓励，加强企业"走出去"的信心，免除企业的后顾之忧。

（二）大力发展和规范国际劳务输出中介组织

服务业"走出去"和国民"走出去"的主要障碍之一就是对国际市场真实情况缺乏了解。倡导和引导发展国际劳务中介组织，不但可以为"走出去"的企业和个人提供专业的咨询服务，而且可以促进服务业自身的成长，对产业结构升级和服务业内部结构优化也有好处。然而，当前自治区内乃至整个中国境内的

第十四章 "中蒙俄经济走廊"背景下内蒙古自治区服务业"走出去"战略研究

一些中介服务机构,存在非法组织和派遣劳务人员的行为,有的用虚假投资信息骗取投资者钱财利益,有的以虚假项目或者虚高收入为幌子,以旅游、商务签证等形式诓骗劳务人员出国并收取高额费用,造成出国劳务人员在境外无法获得工作许可,有的甚至因非法务工被遣返回国,给当事人造成无可挽回的重大损失。因此,政府应该出台措施和标准,规范外派劳务市场的秩序,加大监管力度,在各种媒体平台刊登具有资质的中介机构名单,以降低广大企业和国民上当受骗的概率。

(三)企业要明确跨国竞争的企业战略

服务企业要"走出去"须满足如下条件:一是要尽快建立现代企业制度,实现企业经营机制的快速合理转换,在这一点上,国企更须加紧脚步,尽快改革;二是要鼓励扶持服务外包企业走规模经营发展的道路。对于服务外包企业,规模大小是决定其竞争力的重要因素。放眼当今国际服务业,凡是能够占有较大市场份额的,并能够对整个行业形成一定影响的,都是一些大型的跨国企业集团,而内蒙古自治区大部分新兴服务业,特别是知识技术密集型服务企业,规模相对较小,所以,当前的紧要任务就是按照市场的规律和原则,大刀阔斧地进行产业整合,通过并购、联合形成大型服务外包企业集团,以最终达到能与国内国、外大企业集团相互抗衡,增强国际竞争力的目的。

(四)加大力度发展现代信息技术服务业

内蒙古自治区服务业在结构上,传统服务业占据的比重远大于新兴服务业所占比重。众所周知,新兴服务业的利润回报率和发展空间要远大于传统服务业。在当前,现在信息技术业已成为任何一个国家或者地区制定服务战略的首选。工业化国家和地区正在大力推动以劳动力和资本为基础的社会,朝着以知识、信息为基础的方向转变,开始进入信息产业化、产业信息化和社会大众生活信息化为标志的知识经济时代。对于内蒙古自治区乃至中国而言,信息技术的现代化不仅是推动服务业"走出去"的有效手段,更是提升各种服务部门工作效率的先决条件。信息技术的突飞猛进,使知识密集型服务业的生产和消费相分离成为可能。信息技术作为生产力,一方面是企业各个部门联系的纽带,另一方面也是各产业部门技术更新的手段。更为重要的是,新兴服务业大多以信息技术为基础或支撑,所以企业"走出去",信息技术是关键之一。

(五) 调整服务业内部结构,均衡发展

综观国际服务业发展,服务业有从劳动密集型逐渐向信息技术密集型发展、从传统服务业向新兴服务业倾斜的趋势。发达国家和地区正试图有计划、有目的地控制甚至是垄断国际信息服务业。在这样的情况下,在注重发展传统优势服务业的同时,要更加注重对新兴服务业的鼓励和培养。具体来说,内蒙古自治区要培育信息比较优势,有步骤、有规划、有重点地培养信息服务业,培养资本密集型、技术密集型、知识密集型、高等级、高层次的信息服务产业。同时,引导信息服务业服务于传统服务业,实现两者良性互动、共同发展。

(六) 按照国际市场需求培养职业管理和服务人才

内蒙古自治区服务业要"走出去",仅仅拥有参与国际分工的比较优势是远远不够的,还必须不断培养和引进大批量的专业人才,构筑起人才高地,增加内蒙古自治区服务业人力资本的供给数量,提升其质量,只有这样,才能够使本地宏观经济发展的各项战略和全球知识经济时代的发展节奏合拍。因此,自治区政府部门和地方高校要加大这方面的人才培养力度,尤其在当前,要在高等教育、职业教育等领域重点培养餐饮、贸易、建筑、采矿、商业服务等国际市场所需要的经营、管理、服务运营等人才,除通用知识和技能培训外,这些人才的教育培训还要按照国际市场国别区域的不同以及需求的不同,分别在语言、礼仪、法律、服务规范、贸易规则等方面进行特别培训。另外,政府和用人单位要加大、加强人才引进措施,以及引进人才的后期再教育工作。在这方面,内蒙古自治区可以向国内服务业比较发达的省区借鉴学习,譬如开展"境内引智""海外引智",加强服务业从业人员区内外乃至国内的交流学习,学为所用。同时,必须加快服务业人才培训的软件、硬件设施的建设,努力培养符合服务业国际化的高素质的服务人才、科技人才和经营管理人才,从而提升内蒙古自治区服务业服务水平,为"走出去"做好人才储备。

第十五章

内蒙古自治区口岸服务贸易发展研究

作为中国"一带一路"倡议中的重要内容,中蒙俄经济走廊不但是联通中国与俄罗斯、蒙古国的重要桥梁,还是沟通欧洲与亚洲的重要纽带。在中蒙俄三国的积极推动下,2016年6月,三国正式签署《建设中蒙俄经济走廊规划纲要》(以下简称《纲要》),其中重点关注了"加强口岸建设""深化经贸合作"等问题。尤其在2017年3月24日,三国相关部门又齐聚一堂,召开了《纲要》的推进落实会议。2017年4月20日,中国、蒙古国、俄罗斯、德国、哈萨克斯坦、波兰、白俄罗斯七国铁路部门共同磋商签署了《关于深化中欧班列合作协议》,在中欧班列基础设施规划衔接、运输组织、海关联检等多个方面深化合作。《纲要》《协议》等的签订与落实,逐步将中蒙俄经济走廊建设从合作意向推向合作行动,标志着中蒙俄经济贸易合作发展已经迎来了新的机遇期。在这一新形势下,作为中蒙俄经济走廊上的关键节点,内蒙古自治区及其边境口岸物流发展将面临全新的机遇与挑战。

一、内蒙古自治区口岸发展概况

口岸是内蒙古自治区对外开放的重要组成部分,为自治区经济建设和繁荣边疆、稳定边疆,发展与俄蒙睦邻友好关系做出了突出贡献。尤其是《推动共建丝绸之路经济带和21世纪海上丝绸之路的愿景与行动》的提出,为内蒙古自治区口岸的发展带来了新的机遇与挑战。作为"一带一路"陆路通道中的重要节点,快速推进口岸的发展,充分发挥内蒙古自治区在共建"一带一路"愿景与行动的作用,特别是在"中蒙俄经济走廊"建设中的功能与作用,是内蒙古自治区的重要使命。

(一)满洲里口岸发展现状

1. 满洲里口岸概况

满洲里是中国最大的边境陆路口岸,是由铁路口岸、公路口岸、航空口岸组成的立体大口岸,是中国东线铁路新丝绸之路的关键节点,也是中国通往俄罗斯和欧洲各国的重要枢纽,承担着中俄贸易65%以上的陆路运输任务,口岸货运量居全国同类口岸之首。

近年来,该口岸开展的旨在"整合口岸资源,集中口岸力量,提高口岸通关效率,扩大对外开放"的大通关,通过开展口岸基础设施建设、优化口岸通关环境、扩大口岸跨区域合作、开展中俄毗邻口岸合作等工作取得了显著成效,使口岸焕发了生机与活力。

在口岸大通关工作的促动下,满洲里口岸通关环境明显改善,得到了俄方口岸以及中俄对外经济贸易企业和进出境人员的认可和赞誉,赢得上级口岸部门的肯定。2013年,满洲里口岸获得"全国运行管理先进口岸"的殊荣,进而显现了全国最大陆路口岸的风采,坚定了对外经济贸易企业和货代公司在满洲里口岸经营发展的信心和决心,吸引了国内口岸前来洽谈合作,增强了满洲里口岸的吸引力、辐射力和竞争力,在茫茫草原上架起新丝路。

2. 满洲里铁路口岸物流发展现状

满洲里铁路口岸于1901年开通,是中国规模最大、通过能力最高的铁路口岸,也是中俄贸易最大的通商口岸,承担了中俄贸易60%的货运量。据满洲里

第十五章 内蒙古自治区口岸服务贸易发展研究

海关统计数据表明，2017年1~9月，经满洲里铁路口岸进出境"中欧"班列共978列，同比增长18.26%，共8.28万个标箱，同比增长40.1%，进出口贸易值为41.5亿美元，同比增长25.9%。其中，出境班列695列，同比增长10.49%，共5.9万个标箱，同比增长26.16%，货值30.38亿美元，同比增长38.4%，主要出口商品为服装、电子配件等；进境班列283列，同比增长42.93%，共2.38万个标箱，同比增长93.78%，货值为11.12亿美元，同比增长14.23%，主要进口商品为板材、汽车零配件等。

满洲里铁路口岸现有宽准轨到发编组线51条，其中宽轨24条，准轨27条；口岸站换装线、专用线等线路90余条；宽轨列车会让站1个。换装场地20余个，其中设施完善、功能齐全的大型或专业换装仓储基地11个。1999~2007年，满洲里铁路口岸进行应急改造和扩容扩能改造工程，增加、改造了多条线路，新建了集装箱、原油等专业换装场，新建木材熏蒸场、落地及换装场、国内货场，改造准轨东场、宽轨到发场等。改造后的宽轨站存车能力达到2087车，准轨站存车能力达到2347车，换运能力达到3000万吨。2008年开工建设的铁路口岸国际货场项目占地面积15平方公里，一期投资33亿元，主要包括铁路物流中心、煤炭散装货场、汽车专业货场和化学危险品等专业货场建设，全部建成投入使用后，铁路口岸年综合换装能力增加到7000万吨。

铁路口岸查验手段先进，通关作业信息化程度高。满洲里铁路口岸配有钴60火车自动检查系统、列车电子监控系统、放射性检测仪等现代化设备设施，建立了覆盖各监管场区的网络系统，实现了进出口货物远程监控和查验信息的同步传输。各货代报关企业与海关、检验检疫局、铁路车站实现了微机联网，配备了多种性能先进的现代化换装设备，能够满足各种进出口货物的换装仓储需求。

铁路口岸软环境优良，能提供高效优质的服务。2002年，满洲里铁路口岸启用了新的联检大楼，进一步改进完善了"一条龙"办公程序。在此基础上，口岸各部门积极改进作业流程，创新管理办法，采取"径放"、集中报关、预报关、联合查验、一机双屏、出入境列车电子监控等措施，通关效率和服务质量显著提高。

满洲里铁路口岸进口货物主要品类有木材、原油、化工、纸类、化肥、铁矿砂、合成橡胶等。出口货物以轻工产品、机电产品、矿产品、石油焦、食品、建材等为主。

目前，经满洲里口岸出境的中欧（俄）国际集装箱货运班列已有13条，分别是"苏满欧""营满欧""津满欧""鄂满俄""湘满欧""昆满欧""哈满欧""渝满俄""沈满欧""长满欧""盘满欧""临满欧""赣满欧"。这13条中欧（俄）国际铁路运输班列为"丝绸之路"经济带东线通道建设提供了实体支撑。以满洲里口岸为枢纽的国际班列使满洲里口岸的枢纽地位日益凸显。

3. 满洲里公路口岸物流发展现状

满洲里公路口岸于1998年投入使用，是中国规模较大的边境公路口岸，口岸封闭区面积117万平方米。2004年以来，满洲里市政府对公路口岸进行了大规模的改扩建，口岸功能日趋完善。2008~2009年新建了总建筑面积42000平方米的公路口岸旅检通关大楼，对公路口岸货车待检停车场进行了改造扩建，改善了口岸通关环境，使公路口岸年通过能力达到人员1000万人次、货物300万吨和车辆100万辆次。

2006年1月1日，满洲里公路口岸正式实行24小时通关制度，成为全国唯一实行该制度的公路口岸。公路口岸进口货物以废钢和木材为主，占进口总量的90%以上；出口货物主要是蔬菜、水果，占出口总量的85%以上，其次为机电产品。

为进一步完善延伸满洲里国际公路口岸功能，为外贸企业开拓俄罗斯市场搭建平台，满洲里市口岸委于2014年启动了公路口岸国际物流综合体和厂商跨国贸易通道项目。位于满洲里公路口岸东侧、301国道以北区域，占地870亩、总投资约10.2亿元的满洲里公路口岸森富国际物流贸易综合体项目一期工程已于2014年10月末完工并投入运营，现已投入近2.65亿元建成冷链库房、通用仓储库房、车库和公寓等（其中包括80000平方米海关国检监管区），预计二期、三期分别将于2016年和2017年完工，将完成加油站、客户服务中心、商业行政服务中心、物流专用设施设备维养中心、商品住宅、展品展示厅、商务办公、酒店及生活配套设施等。项目整体建成后，年仓储通过能力400万吨，进出境车辆100万辆次，产值100亿元。

4. 满洲里航空口岸物流发展现状

满洲里积极推进国际航空口岸建设，实施了航空口岸扩建工程，使西郊机场的设计标准达到4D级。2009年5月，航空口岸正式对外开放，目前已经开通了满洲里至俄罗斯和蒙古国7条国际航班，每周进出港国际航班22架次，2014年进出港旅客5万人次。

满洲里航空口岸属于国家一类开放口岸，自2010年满洲里被国家确定为重点开发开放试验区以来，航空口岸进出港航线不断丰富、进出境人员持续增长。2015年3月17日，满洲里西郊机场航空口岸签证工作正式启动，标志着满洲里口岸成为内蒙古自治区首家公路、铁路、航空三个入境通道都可以办理落地签证的国家口岸枢纽。

满洲里西郊国际机场已先后开通直达俄罗斯赤塔、伊尔库茨克、乌兰乌德、克拉斯诺亚尔斯克和直达蒙古国乌兰巴托、乔巴山等地的国际定期航线及通往新加坡、韩国仁川等国家和地区的商务或公务包机航线。2014全年完成旅客吞吐量40.6万人次，同比增长34%，高于民航平均增速。满洲里西郊机场已经成为内蒙古自治区开展经济文化交流的重要窗口。

5. 满洲里口岸进出口货物情况

长期以来，满洲里口岸进口商品始终以能源、资源型商品为主，商品结构较为单一，缺乏机电产品和高新技术产品支撑，进口商品结构略有失衡。随着区域通关改革的深入开展，2013年起，机电产品已跃居口岸进口首位。2014年，口岸机电产品进口102.07亿元，占口岸进口总值的34.5%，较2013年和2010年分别提升17.32个百分点和32.21个百分点。2017年前8个月，满洲里口岸出口机电产品29.9亿元，较上年同期（下同）大幅增长72.3%。2017年1~8月，满洲里口岸机电产品出口呈现多个特点。从出口国来看，逾九成出口至俄罗斯，对乌克兰出口增长较快。满洲里口岸出口至俄罗斯的机电产品29.5亿元，增加70.5%，占同期满洲里口岸机电产品出口总值的98.7%；对乌克兰出口118.9万元，猛增1.7倍，其余出口至香港等地。从商品品种来看，机械设备占有份额大，运输工具增幅显著。按HS8位商品编码统计，满洲里口岸出口机械设备17.1亿元，增长44.8%，占同期满洲里口岸机电产品出口总值的57.2%，居首位；运输工具出口5.6亿元，显著增长264.5%，占18.7%，位列第二；电器及电子产品出口4.6亿元，大增116.4%，占15.4%；其余重要出口种类分别有金属制品和仪器仪表等。

（二）二连浩特口岸物流发展现状

1. 二连浩特口岸概况

二连浩特口岸位于内蒙古自治区二连浩特市，同有蒙古国的"深圳"之称的扎门乌德隔界相望。二连浩特口岸是中国对蒙古国最大的铁路、公路口岸，是中蒙俄经贸物流的重要国际通道，也是中国推行向北开放战略的重要支点。依托北疆"一带一路"发展格局，2014年6月，二连浩特口岸被国家批准为国家重点开发开放实验区。2016年，口岸进出口货物累计完成1435.7万吨，同比增长2.4%。其中，进口货物1104.8万吨，同比增长16.9%；出口货物330.9万吨，同比下降27.7%。

2. 二连浩特铁路口岸发展现状

二连浩特铁路口岸位于集二线终端，连通京包、京山线，与蒙古国、俄罗斯及东西欧各国铁路形成亚欧铁路大陆桥。以北京为起点，经二连浩特到莫斯科，比经满洲里口岸的滨洲线近1000余公里。二连浩特铁路口岸是随着1956年北京—乌兰巴托—莫斯科国际联运列车的开通而设立的，也是中国与蒙古国接壤的唯一铁路口岸。目前，铁路口岸货物吞吐能力达到1500万吨以上，承担着对蒙贸易60%的运输任务，成为连接欧亚的大动脉。

近几年，在各级部门的共同努力下，铁路口岸基础设施日趋完善，仓储、转运、换装等服务功能逐渐完备，先后完成了铁路站场的改扩建工程、铁路换轮库、H986货运列车查验系统、二连浩特至扎门乌德铁路宽轨联络二线，使铁路口岸年过货能力达到1200万吨，换装能力达到2000万吨。目前二连浩特车站宽轨场与准轨场为纵向式分布，各系统车场为横列式分布。现有宽轨、准轨线路169条（宽轨74条、准轨78条、中间站17条）；道岔243组（手动42组、电动201组）。宽、准轨联锁设备均采用6502型集中联锁设备。有宽准轨、轮场区3座信号楼、6个行车室。客运站台3座，客车换轮库1座，国际客运联检楼、国内候车室各1座。货物交接换装（装卸）作业区有国内货场、人力换装区、机械换装区、外围作业区，新旧货场换轮库各1座，液体化工换装站1座，机械区配备门式起重机22台，货物仓库4座，货物站台6座，具有仓储、转运、换装等多种功能。"集二线"扩能改造正在稳步推进，建成后铁路口岸的过货能力将达到3000万吨以上。

经过多方联系沟通，二连浩特口岸已与郑州、成都、重庆等地区的内陆港口取得联系，并于2013年成功开通了郑州、成都、重庆至欧洲的中欧国际货运专列，大大提升了口岸的知名度。

2016年，二连浩特铁路口岸进出口货物完成1231.6万吨，同比增长

14.2%。其中，进口货物1099.3万吨，同比增长17.1%，出口货物132.3万吨，同比下降5.5%。大宗货物进口情况：铁矿石进口552.1万吨，同比增长15.9%，占进口总量的50.2%；木材进口129.1万吨，同比增长19.2%，占进口总量的11.7%；铜矿粉进口66.2万吨，同比增长10.6%，占进口总量的6%；石油进口15.3万吨，同比下降14.1%，占进口总量的1.4%；纸浆进口57万吨，同比增长3.6%，占进口总量的5.2%；集装箱进口15.3万吨，同比增长16.3%，占进口总量的1.4%。大宗货物出口情况：化工出口20.7万吨，同比下降5%，占出口总量的15.7%；沥青出口4.5万吨，同比下降37.8%，占出口总量的3.4%；金属出口5.7万吨，同比下降58.6%，占出口总量的4.3%；矿建出口5.4万吨，同比下降17.4%，占出口总量的4.1%；石油出口4.8万吨，同比下降5.4%，占出口总量的3.6%；集装箱出口41.9万吨，同比增长6.2%，占出口总量的31.7%。

口岸铁路部门积极加强与蒙古国乌兰巴托铁路及相关企业的沟通协商，严格盯控矿石、矿粉装车作业过程，采取有力措施减少矿粉、矿石含水量，消灭俄罗斯进口板材装载加固、车体技术不良等装运过程中存在的问题，并积极协调蒙方铁路和"一关两检"等相关部门，优化夜间办理运输申报、重车到达解体、进口货物落地等通关报关程序，提高通关运输效率，全年仅铁矿石进口475.92万吨，创历史新高。同时，中方铁路部门积极开办中蒙跨国零散货物快运业务，二连浩特到蒙古国首都乌兰巴托的货物运输时间从过去的两周压缩到5天，打通了中蒙间物流、经贸交流的又一条"丝绸之路"。

3. 二连浩特公路口岸发展现状

二连浩特公路口岸于1992年开通，是在中蒙两国铁路员工通勤通道的基础上改建的，当时只有一条客货混用通道，基础设施、查验条件非常简陋。2000年6月，投资6166万元新建公路口岸联检楼，设计总占地面积34.3万平方米、最大通关能力为货运100万吨，客运200万人次。2011年6月，投资1.28亿元，新建了二连浩特公路口岸货运新通道，总占地面积为25万平方米、最大年过货能力可达500万吨以上，实现客货分流，通关与查验分流。2012年，投资7000余万元对公路口岸旅检通道进行改扩建，改扩建面积达1万平方米，年通关能力由200万人次提高到400万人次以上。

公路口岸货检通道在2011年6月16日正式运营，总投资1.3亿元。工程包括以下两个内容：一是报关楼。建筑面积为6129平方米，框架结构六层，总投资约2832万元。二是通道工程。①验货通道道路工程，全线由直线段与曲线段构成，全长3825.665米。北疆街以南段宽度为24米，沥青混凝土路面，北疆街以北段宽度为10.5米×2，中间隔离带2米，水泥混凝土路面，双向四车道，卡口部分为四进四出。②北疆街道路工程，全线由直线段构成，全长350米，北疆街道路宽度为18米，沥青混凝土路面。③卡口办公用房，建筑面积为2522平方米，砖混结构，二层。④公路口岸货运通道风雨篷建筑面积为1575平方米，合计总长度为4175.665米，总投资约8941万元。

2016年，二连浩特公路口岸进出口货物完成204.1万吨，同比下降40%。其中，进口货物5.5万吨，同比下降12.9%，出口货物198.6万吨，同比下降37.5%。通过集二线、京包线，二连浩特口岸与呼包鄂经济圈、环渤海经济圈、天津港相连，是中国对蒙俄贸易和交往的重要据点。

4. 二连浩特市公路口岸边民互市贸易区

二连浩特市边民互市贸易区项目位于旅检通道西侧、外运公司以南，占地面积10万平方米，建筑面积8.5万平方米，总投资3.5亿元。该项目分三期建设，一期工程预计投资1.2亿元。在2015年8月20日开幕的2015中国二连浩特中蒙俄经贸合作洽谈会上，中蒙二连浩特边民互市贸易区正式对外招商，标志着中蒙最大的陆路口岸在"一带一路"倡议中，向完善口岸功能、繁荣边境贸易的目标迈进一步。该项目主要规划五大功能区：边民互市贸易区、物流配送区、电子商务服务平台、跨境综合商务服务系统、中蒙口岸购物旅游服务区，形成集传统边民互市贸易、电子商务、进出口贸易、旅游购物、物流配送为主体的现代化边民互市贸易综合体。项目建成后采取政府、联检部门、企业共同管理，企业自主经营的运营模式。

(三) 甘其毛都口岸

甘其毛都口岸位于中蒙边境线703号界标附近，与蒙古国南戈壁省汉博格德县嘎顺苏海图口岸相对应，辐射蒙古国七省二市，距南戈壁省达兰扎德盖德市290公里，距蒙古国首都乌兰巴托市直线距离610公里，是距离乌兰巴托市最近的双边性常年开放的中国口岸，也是内蒙古自治区过货量最大的公路口岸和内蒙古自治区西部重要的对蒙开放贸易通道。甘其毛都口岸于1989年12月20日被

第十五章　内蒙古自治区口岸服务贸易发展研究

自治区人民政府批准为对蒙边境贸易临时过货点；1992年正式辟为国家一类季节性双边口岸；2004年实现煤炭进口在非开放期间临时开放；2004年5月28日蒙古国原煤正式通关；2004年7月5日，甘其毛都口岸议定由双边季节性开放提升为双边常年开放口岸；2007年9月12日，国务院批复甘其毛都口岸为中蒙双边常年开放的边境公路口岸；2008年10月17日，口岸通过自治区常年开放预验收；2009年6月3日，口岸通过国家常年开放正式验收，于2009年9月实现正式常年开放。

甘其毛都口岸毗邻蒙古国最南部资源富饶的南戈壁省，堪称中国脊背上的"聚宝盆"。南戈壁全省总人口4.69万人，总面积16.5万平方公里，60%以上的地下有丰富的资源，如煤、镁、铜、铅、锌、铁、芒硝、水晶、萤石等，其中煤和铜储量最丰富，且易开采。已探明煤炭储量为530亿吨，其中距中国甘其毛都口岸190公里的塔本陶勒盖煤矿储量64亿吨，其中主焦煤18亿吨、动力煤46亿吨，该煤低灰、低硫、高热值，是世界稀缺煤种，属优质冶金炼焦用煤。距甘其毛都口岸70公里的奥云陶勒盖铜矿已探明铜金属量2540万吨、黄金1028吨、银5144吨、铁矿石27亿吨、钼81600吨，储量居世界第三、亚洲最大。由于蒙古国不具备加工矿产品的水、电等生产要素，甘其毛都口岸成为国内外开发利用蒙古国资源的最佳出口通道和中国"脊背"上的国际边贸重要口岸。

甘其毛都口岸自实现双边常年开放以来，中蒙边境贸易大幅增长，日均过货量突破6万吨。海关监管场所企业4家，现有过煤企业28家。过煤车辆已发展到近6500辆，煤炭进口量已突破2600万吨，跃居内蒙古自治区公路口岸进出口贸易量之首，成为自治区过货量最大的公路口岸和仅次于满洲里的综合口岸。

为加快利用蒙古国煤炭资源，甘其毛都口岸通关时间延长，查验设施和检测手段得到进一步改进，过煤通道已达到5条（三出二进），使煤炭运输进出车辆的通关能力达到日均1200多辆。2011年过煤量突破1100万吨。2012年起，物流园区便已实现过境车辆全封闭运行，口岸的通关能力和物流体系已初具规模。

随着口岸对外贸易的迅速发展，中蒙双方的经济交流与合作进一步扩大，甘其毛都口岸的基础设施进一步完善，逐渐成为自治区乃至全国重要的人流、物流、信息流的集散地。开放期间，口岸基础设施建设累计投入资金近12.77亿元，先后建成海关、国检大楼、口岸联检楼、海关监管场所、欣泰物流园区、际誉物流园区、宏蓬商贸城、报关报检大楼、集中供水、供电、供热工程等；实现了规划区内 2.2 平方公里的道路、供水、供电、通信、电子报关等"五通"。2011 年，甘其毛都口岸在建的项目共有 28 个，总投资共计 14.5 亿元，总规模共计 87 万平方米。其中，续建的项目共有 17 个，有报关报检大楼、互市贸易区、汽配物流区、商贸住宅、通道扩建等，总投资共计 9.5 亿元，总规模共计 51 万平方米；新建的项目共有 11 个，有口岸医院、金泰酒店、商住综合楼、国贸大厦等，总投资共计 5 亿元，总规模共计 36 万平方米。在交通方面建成了总长 1800 米、宽 30 米的口岸疏港通道，完成了由口岸到蒙古国塔本陶勒盖煤矿区 230 公里的无卸载运煤道路，已建成连接京藏高速公路的一级疏港外运公路。连接中蒙甘其毛都口岸的神华甘泉（甘其毛都—包头万水泉）铁路，全长 354 公里，投资 41 亿元，铁道铺设已全部完工，其他基础设施正在建设，一个向北辐射俄罗斯、蒙古国，南连包头市、呼和浩特市到黄骅港，贯通南北的国际能源通道正在形成。甘其毛都口岸已成为蒙古国南戈壁省能源资源输出最近的出海通道、中蒙俄的经济大动脉。

（四）策克口岸

策克口岸位于内蒙古自治区额济纳旗境内，是根据中蒙两国政府协定，经内蒙古自治区人民政府批准于 1992 年开通的双边性季节开放口岸。2005 年 6 月 29 日，国务院（国函〔2005〕57 号）批准策克口岸为中蒙双边性常年开放陆路边境口岸，分设公路通道和铁路煤炭运输专用线通道，并批准策克口岸设立海关、边检、检验检疫等查验机构。2009 年，策克口岸正式实现中蒙双边性常年开放。资料显示，策克口岸开关 23 年来，从临时过货到季节性口岸再到国家一类常年开放口岸，已累计过货近 6000 万吨，贸易额近 28 亿美元，出入境人员 250 多万人次。

策克口岸与蒙古国南戈壁省西伯库伦口岸对应。对外辐射蒙古国南戈壁、巴音洪格尔、戈壁阿尔泰、前杭盖、后杭盖五个畜产品、矿产资源较为富集的省区，是阿拉善盟对外开放的唯一国际通道，也是国内陕、甘、宁、青四省区和内蒙古自治区共同利用的陆路口岸。目前，策克口岸已成为全国第五大、内蒙古自治区第四大陆路口岸，也是内蒙古地区过货量最大的公路运输口岸，是中蒙两国最为重要的贸易通道之一，也是阿拉善盟向北开放的桥头堡。

策克口岸的大通道有策克口岸—达来呼布一级公路、嘉（峪关）策（克）

铁路、临（白）策（克）铁路。这些大通道为策克口岸发展提供了充足的运力保障。

受限于蒙古国的交通基础设施条件，策克口岸向外辐射能力局限在100公里左右。为了进一步推进策克口岸的发展，以"一带一路"为契机，策克积极推进中蒙两国互联互通基础设施建设。

目前已完成策克口岸至西伯库伦口岸商旅通道、货运通道硬化项目，规划了策克口岸至蒙古国南戈壁省、策克口岸至蒙古国巴彦洪戈尔省公路项目，并已与蒙古国巴彦洪戈尔省、南戈壁省政府签订了项目合作建设框架协议，预计于2015年年底开工建设，建成后将形成从乌兰巴托至南戈壁省至策克口岸、乌兰巴托至巴彦洪戈尔省至策克口岸的交通运输网络。

同时，策克口岸至乌兰巴托铁路正在策划中，该铁路将连通正在修建中的中国额哈铁路，接入亚欧大陆桥；策克口岸至那林苏海特铁路已完成勘察设计，该铁路建成后不仅可简化和缩短通关时间，还可大大降低因倒装而产生的装卸费用。

在内联内通方面，京新高速公路阿拉善段正在建设当中，2017年6月通车后，将进一步提升策克口岸对西北地区的辐射能力。

策克口岸将积极参与长江经济带建设，实施东西双向开放战略，积极构建铁路运输通道。该通道东南线可达上海，西南线可至川渝。届时，策克口岸进口的蒙煤，可通过这条"阿拉善至长江经济带煤炭运输通道"进入长江经济带，形成新的腹地支撑。

日前，国家发展和改革委员会对外公布了《西部大开发"十三五"规划》（以下简称《规划》），确定了"五横两纵一环"西部开发总体空间布局，策克口岸作为"一环"——沿边重点地区之一，被列入西部开发总体空间格局规划之中。同时，《规划》明确：积极开展国家新型城镇化试点和中小城市综合改革试点工作，培育发展一批特色小城镇。根据已发布的"百座特色小城镇"名单，额济纳旗策克镇作为"边境口岸型城镇"之一位列其中。策克口岸迎来新一轮发展机遇。

近两年来，按照阿拉善盟委、行署提出要把阿拉善打造成为服务丝绸之路经济带和中俄蒙经济走廊的重要通道的开放定位，策克口岸经济开发区管委会从优化口岸经济发展环境、密切与蒙古国的合作往来、推动通关便利化、切实降低通关成本等方面主动作为、攻坚克难，使口岸经济日益繁荣。2016年，策克口岸进出口货物1257.67万吨，比去年同期增长64.98%；进出口贸易额22.6亿元，比去年同期增长70.92%；国地税收入完成5915万元，出入境人员达32.12万人次，出入境车辆26.29万辆次，增速居全国陆路口岸之首。

（五）其他口岸发展现状

相比于以上口岸，其他口岸过货量相对偏低，发展规模相对偏小。

1. 珠恩嘎达布其口岸发展概况

珠恩嘎达布其口岸是以原油进口为主，原煤进口、建材、机电产品出口为辅的国际性常年开放边境公路口岸，与蒙古国苏赫巴托省毕其格图口岸对应，于1992年开放为季节性口岸，2006年8月成为国际性常年开放口岸。珠恩嘎达布其地处满洲里和二连浩特中间地段，口岸辐射范围包括蒙古国的苏赫巴托、东方和肯特三省，三省富含有色金属、煤炭和石油等资源；国内辐射范围包括内蒙古自治区中东部地区、华北和东北腹地，是连接东西、纵贯南北的重要口岸。珠恩嘎达布其口岸2014年进出口货运量首次突破百万吨，达110.22万吨，同比增长37.41%，进出口总值达到6.17亿美元，同比增长23.01%，均创历史最高水平。

2. 阿日哈沙特口岸发展概况

阿日哈沙特口岸于1992年成为季节性开放口岸，2010年成为常年开放口岸，经过18年的发展，口岸环境得到优化，口岸功能日益完善，进出口货运量逐年攀升，在中蒙俄三角经济区的地位日益突出。

3. 黑山头口岸发展概况

黑山头口岸位于中俄边界额尔古纳河东岸，现有码头平台800平方米，引路800延长米，口岸货场125000平方米。

4. 室韦口岸发展概况

室韦口岸位于中俄界河额尔古纳河中游东岸，室韦口岸相对应的奥洛契口岸，辐射赤塔洲东北部九个区市，自室韦—奥洛契额尔古纳河界河桥投入使用以来，口岸通过能力明显提高，过货量达到60万吨/年，客运量20万人次/年，交通工具进出境10万辆次/年。

5. 满都拉口岸发展概况

满都拉口岸毗邻蒙古国东戈壁省，距蒙古国首都乌兰巴托约700公里，是目前中蒙两国间开放的距离最近的口岸，经中蒙双方协定，已于2015年11月28日举行扩大开放启动仪式，正式对公众实施常年开放。口岸常年开放后，必将成为国家"一带一路"倡议规划中对接中蒙俄的重要组成部分。满都拉口岸海关保税库投资项目总投资1.5亿元，总用地面积为500亩，项目建设内容主要包括5万平方米的封闭建筑仓储、24.9万平方米的露天仓储、800个货运停车位以及符合监管要求的卡口设备等其他配套设备。目前，该项目正在办理前期手续。

6. 阿尔山口岸发展概况

阿尔山口岸是季节性开放口岸。该口岸受限于贸易量和自身的经济条件，只是在固定时间内实现通关，针对一些特殊企业实现固定时间集中通关。阿尔山公路口岸根据自身的特殊优势，发展生态旅游，境内拥有温泉、冰雪、森林、草原、火山遗迹等独特的自然资源，目前阿尔山正向中蒙边境第一大生态旅游口岸迈进。

7. 额布都格口岸物流发展概况

额布都格口岸位于阿木古郎镇西南22公里处，隔哈拉哈河与蒙古国巴音胡舒口岸相对应；距海拉尔180公里，距满洲里260公里，1991年设立临时过货点，1992年为自治区二类口岸，2004年9月28日被确定为双边季节性开放口岸。2005年11月，额布都格—巴音胡舒中蒙口岸第一桥竣工通车。2006年2月，国家口岸办批准该口岸临时对大庆油田常年集中开关。

额布都格口岸发展前景广阔。一是蒙古国石油资源丰富，现在大庆油田在蒙古国开采塔木察格油田所需的设备、原材料从额布都格口岸通关。二是蒙方旅游资源丰富，特点突出。世界上最早的立体式战争——诺门罕战争的主战场大部分在蒙古国境内，战场原貌保留完好。近年来，口岸原油进口逐年大幅攀升，2016年进口原油约58万吨，预计2017年将达到110万吨，年度进口总量有望实现翻倍增长。

二、内蒙古自治区口岸服务贸易发展

（一）口岸物流概述

口岸物流是指利用口岸货物集散的优势，以先进的物流服务基础设施、设备为依托，以进出口贸易和转口贸易为支撑，以现代信息技术为手段，以优化物流资源整合为目标，强化口岸周边物流辐射功能的综合物流形态。内蒙古自治区狭长的4221公里的边境线，在俄、蒙对外经济贸易中拥有独特的地理优势，特别是国家实施新一轮的向北开放战略，自治区桥头堡地位和作用将越发凸显。因此，充分利用内蒙古自治区口岸物流的特点和优势带动对俄、对蒙的经济贸易增长，将对整个自治区经济发展至关重要。

（二）口岸物流发展特点

内蒙古自治区口岸物流从改革开放发展到现在，从口岸的基础设施建设，到口岸进出口货运量规模，再到口岸功能定位，都发生了巨大变化。目前内蒙古自治区口岸共有19个，分布在边境14个旗以及呼和浩特市和呼伦贝尔市。内蒙古自治区口岸物流发展特点主要表现为以下几个方面：

1. 口岸物流规模迅速扩大

随着外贸进出口总量的增加，内蒙古自治区口岸物流规模迅速扩大。从口岸的货物运输种类分析，口岸进口的主要品类有原木、石油、矿产品、化工产品等，货物流向全国29个省、市、自治区；出口的主要商品有轻工产品、机电产品、菜果、日用品等。

根据统计数据可见，自2001年以来，内蒙古自治区边境口岸进出境货运总量及贸易额呈现持续提高的态势。2001~2008年，内蒙古自治区边境口岸进出境货运量呈现稳步上升态势；2009年开始出现快速增长，到2014年已从2009年的3736万吨增长至7085.7万吨；在经历2015年大调整之后，又一跃升至2016年的7887.44万吨。2016年，内蒙古自治区对俄罗斯口岸进出境货运量占总货运量的39.1%，其中进境货运量为1364.99万吨，出境货运量325.92万吨；对蒙古国口岸进出境货运量则占60.9%，其中进境货运量为4187.88万吨，出境货运量为615.51万吨。

通过数据可以看出，虽然从2008年至今，内蒙古自治区口岸贸易额波动较大，且近两年出现下滑趋势，但是从货运量来看基本呈现持续上涨的趋势，尽管2015年出现小幅下跌，但2016年增幅更大，其中进境货运量上涨幅度最大。因此可以判断，内蒙古自治区口岸作为通道作用日益突出。

2. 形成层次多样、立体化的口岸体系

内蒙古自治区道路运输行业积极响应国家"一带一路"倡议，推进国际道

第十五章 内蒙古自治区口岸服务贸易发展研究

路运输向北开放，不断加强与蒙古国、俄罗斯的双边交通合作，推进国际运输便利化发展，国际道路运输取得新成绩。截至2015年底，内蒙古自治区与蒙古国、俄罗斯的国境线长达4200公里，已经开放11个陆路口岸，其中对俄罗斯口岸3个、对蒙古国口岸8个，满洲里口岸是全国最大的陆路口岸。积极推进政府确定的3条向北开放重点国际道路运输线路开通事宜。为服务战略能源运输需求，调整了原油运输行车许可证使用类别，进一步提高原油运输便利化程度。在继续发展二连浩特和满洲里两个老口岸的同时，积极发掘策克、甘其毛都等与内蒙古自治区进行能源运输合作较为便利的陆路运输口岸的潜力。

内蒙古自治区对俄罗斯开放的口岸有6个：满洲里铁路口岸、满洲里公路口岸、黑山头水运口岸、室韦水运口岸、二卡公路口岸、胡列也吐水运口岸；对蒙古国开放的口岸有10个：二连浩特铁路口岸、二连浩特公路口岸、策克公路口岸、甘其毛都公路口岸、珠恩嘎达布其公路口岸、阿日哈沙特公路口岸、满都拉公路口岸、额布都格水运口岸、阿尔山公路口岸、巴格毛都公路口岸；有3个国际航空口岸，分别为呼和浩特航空口岸、海拉尔航空口岸和满洲里航空口岸。

从不同运输方式所承担的货运量分析，内蒙古自治区从俄罗斯和蒙古国进口的货类主要是煤炭、矿石、木材等大宗货物，进口货物以铁路为主，公路为辅；出口货物主要是农副产品及生活日用品，运输以公路为主，铁路为辅。整体上，目前铁路运输占主导地位，承担了约60%的口岸物流货运量；公路口岸运输量则突破2000万吨，占口岸运输量的39%；航空口岸虽然在口岸物流中所占比重非常小，但随着社会物流的结构性调整，增势加快；沿江水运口岸受客观条件的制约，物流潜力有待进一步挖掘。

3. 构建了以满洲里、二连浩特为龙头的口岸物流格局

口岸货运量及货物周转量与口岸的地理位置、所在盟市经济总量、发展速度、产业结构具有一定的关联性。2015年，全区货运量列前五位的口岸分别为满洲里、甘其毛都、二连浩特、珠恩嘎达布其和策克（见图15-1）。

4. 口岸物流基础设施得到改善

近几年来，自治区政府加大了对公路、航道、航空、铁路口岸物流基础设施的投入，初步形成以公路、铁路、水路和航空为网络的立体化、枢纽型的口岸物流基础设施体系，改善了口岸物流运作环境，增强了口岸的物流处理能力。在口岸物流园区、物流中心建设方面，为了适应口岸物流发展的需要，满洲里、二连

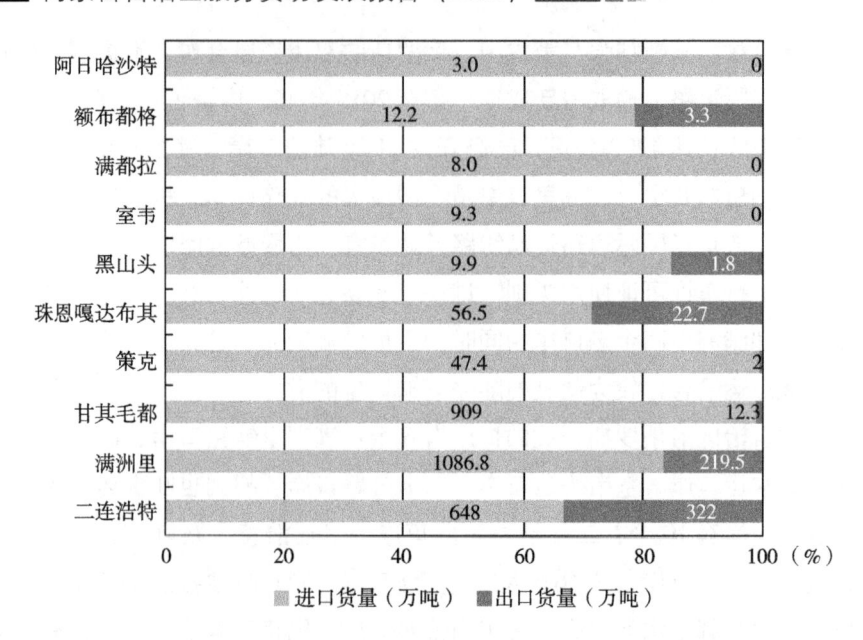

口岸	进口货量(万吨)	出口货量(万吨)
阿日哈沙特	3.0	0
额布都格	12.2	3.3
满都拉	8.0	0
室韦	9.3	0
黑山头	9.9	1.8
珠恩嘎达布其	56.5	22.7
策克	47.4	2
甘其毛都	909	12.3
满洲里	1086.8	219.5
二连浩特	648	322

图 15-1 2015 年内蒙古自治区不同口岸进出口货运量情况

浩特等口岸相继规划、建设物流园区和物流中心，进一步拓展了口岸物流功能，从原来单纯的货物集散中心向综合物流中心转变，朝着全方位增值服务的方向发展。例如，满洲里正积极打造在蒙东北以及中俄蒙边境地区具有突出影响力和竞争力的大型现代化国际性物流中心；二连浩特依托二连市利众国际物流园区，以及在建的二连市益德物流园区、二连昊罡果蔬物流园区、二连汇通公路进口物流园、二连环宇公路出口物流园，实现集现代仓储、货运配载、分拨配送、展示交易、流通加工、物流信息服务、物流企业总部及综合配套服务等功能于一体的口岸物流功能；呼和浩特航空口岸也正启动大型航空物流中心建设，满足货物集散、仓储、流通加工、信息咨询、通关、保税、贸易等口岸物流功能。此外，甘其毛都、策克等口岸也依托进口煤炭、矿石等原材料，在口岸规划建设相应的物流园区。

5. 电子口岸平台建设有序推进

2014 年 11 月，内蒙古自治区开始启动电子口岸建设。满洲里口岸作为全国边境口岸中的首家口岸，在 2016 年 11 月 20 日正式上线运行"单一窗口"各相关应用系统，其中包括了进出口货物"一次申报"系统、自助通关一体机、进出境货车信息管理查询系统等模块。单一窗口应用系统的使用,为企业办理报关手续提供了更大便利,简化了大量的重复工作,且极大提高了数据准确;数据信息的有效共享,更加便利海关、检验检疫局等查验部门的查验。"一次申报"系统的使用,极大地简化了工作流程,大幅度提高了车辆通关速度提高,为通关便利化提供了重要保障。

6. 口岸通关效率有效提升

内蒙古自治区始终高度注重并积极推进边境口岸通关效率提升。2014年,国家深化口岸通关改革,部署了"三互"大通关,满足贸易便利化需求。内蒙古自治区积极响应贯彻国务院大通关建设改革的指导意见,并积极打造大通关升级版,进一步提高监管效能、简化通关手续,积极开展边境口岸"三互"大通关改革项目。目前内蒙古自治区大通关改革已初见成效,年进出境货运量排名前四位的满洲里、二连浩特、甘其毛都、策克大口岸已全部实现"一次申报、一次查验、一次放行"的"三个一"查验模式,通关效率大大提升,通关时间节约达50%。2016年12月31日,二连浩特公路口岸率先实现行邮、货运渠道"三互"通关模式。改革使行邮渠道的通关手续缩减了50%,通关效率大幅提升,平均车次通关时间降至5分钟到10分钟。

(三)内蒙古自治区边境口岸服务贸易发展存在的不足与挑战

1. 口岸基础设施建设有待完善

在中蒙俄多次沟通协商之下,三国已形成对基础设施互联互通建设的共识,签署了《纲要》,并召开《纲要》落实工作会议。目前内蒙古自治区在积极推进与俄蒙基础设施的互联互通,加快公路交通运输网络建设。但是,在中蒙俄经贸合作不断深入、内蒙古自治区边境口岸物流需求不断提高的背景下,边境口岸通道、联检、货场、仓储、物流以及各类进出口加工、综合服务园区基础设施建设等方面明显滞后;口岸综合配套设施差,换装能力不足,难以满足不断提高的口岸货运量;内蒙古自治区国际、省际间的交通运网密度低,口岸运力趋于饱和,拥堵情况时有发生;各运输方式之间、不同区域运输系统之间尚未形成有效衔接。基础设施建设是口岸物流能力提升的基础,因此要尽快完善和优化。

2. 口岸物流服务功能不健全,国际联运不发达

内蒙古地区口岸物流企业存在"小、少、乱、差"等普遍问题。一方面,

口岸物流企业服务层次不高，大多企业仅停留在提供运输和仓储等基础服务，而在流通加工、信息服务、库存管理、成本控制等其他功能方面还无法广泛提供服务，尤其是在一体化物流服务及方案设计等方面尚无企业能够实现。口岸物流企业服务功能单一，服务水平相对偏低，难以满足市场对口岸物流的更高要求。另一方面，口岸物流企业组织规模较小，物流资源相对有限，物流网络布局明显不足，在面对国际化物流企业时缺乏必要的竞争实力。此外，内陆口岸物流通道建设相对滞后，口岸各运输方式之间缺乏有效的协调，因此国际联运运行效果不佳。

3. 口岸物流信息化程度不足，制约物流效率提升

尽管内蒙古自治区电子化口岸建设取得了一定的成效，口岸信息化程度有一定的提升，但是总体来看，尚未建立有效的口岸物流信息平台和健全的口岸物流经营网络，物流信息化建设水平有待进一步提升。从目前来看，内蒙古自治区口岸物流企业之间、内蒙古自治区物流企业与俄罗斯和蒙古国企业间的信息平台也尚未建立，口岸物流资源无法实现协调运作、优化配置，严重制约着中蒙俄物流活动效率的提升。

4. 口岸物流专业人才缺乏

内蒙古自治区边境口岸物流运营管理需要的是了解中蒙俄国际贸易规则，熟悉国际贸易具体业务且掌握俄、蒙等国语言，能够提供专业的口岸物流服务的专业人员。但目前来看，内蒙古自治区各口岸从事物流活动的专业人员相对较少，尤其是精通俄蒙语言、专门化口岸物流方面的高级人才更是少之又少，主要原因在于社会化的物流尤其是口岸物流教育仍相对有限，有关口岸物流的教育基本集中在沿海城市，并且集中在港口物流专业，对于内陆口岸物流的专业培训严重滞后。此外，企业对物流从业人员的培训投入以及重视程度也不够，对于专业技能、管理能力缺乏有效激励，导致员工自身也缺乏学习动力，因此，亟待建立良性的物流人才培养机制。

5. 沿线各国口岸发展程度不同，缺乏有效对接

中蒙俄三国在口岸基础设施建设、物流通道建设、信息系统等软硬件方面存在较大差异，因此导致内蒙古自治区边境口岸物流通道与俄蒙间无法高效衔接。另外，中蒙俄三国物流通道运营系统技术标准存在差异，增加了场线衔接中转环节，导致通道运行时间过长，运输成本较高。比如俄蒙现有铁路都为宽轨，而中

国是标准轨道，因此在中蒙俄之间的铁路运输还需在内蒙古边境铁路口岸进行换轨，不但增加了物流成本，而且降低了物流运输效率，明显难以与中蒙俄日益旺盛的经贸需求相匹配。

（四）内蒙古自治区口岸贸易服务发展的对策与建议

1. 优化口岸基础设施建设、推进互联互通

中蒙俄经济走廊建设可以推动三国在更多领域、更广阔范围进行交流合作，因此对于联通中国与蒙、俄的重要口岸而言，内蒙古自治区口岸迎来了全新的发展机遇。中蒙俄经济走廊建设中的一项重要内容就是促进三国交通基础设施发展及互联互通，而内蒙古自治区边境口岸是中蒙俄三国联通的重要地带，必然是推进基础设施互联互通的重要抓手。

（1）加快口岸公路建设。一方面继续推进内蒙古口岸与中国内陆城市间公路物流通道网络的对接；另一方面加强与俄蒙的会晤与磋商，与俄蒙协商尽快推进基础设施互联互通，包括与俄蒙相邻地区连接以及重点区域的跨境公路、口岸之间公路通道、口岸通道高等级公路网络建设，尽快实现口岸作为境外与国内内陆地区交通网络的衔接。

（2）优化空运网络布局。优化内蒙古自治区空运网络布局，构建以满洲里和二连浩特口岸支线机场为核心，以呼和浩特机场、鄂尔多斯机场、包头二里半机场、阿尔山等机场作为支撑，对内连接内陆腹地经济区，对外连接俄罗斯和蒙古国的航空运输网络。

（3）完善口岸铁路网络建设。在优化利用现有口岸铁路运输网络资源的基础上，加快建设连接主要口岸、城镇和主要产业基地的铁路通道，推进满洲里、二连浩特等口岸地区至国内经济腹地以及港口城市的铁路网络对接。进一步扩大通往俄罗斯和蒙古国口岸跨境及重点区域的国际货运班列线路的覆盖区域和班列数量，扩大铁路网覆盖比率，最大限度地发挥陆路口岸铁路运距长、运量大的运输优势。

2. 提高口岸管理水平、规范市场秩序

（1）提升管理水平。发挥口岸管理部门在海关、边检等机构间的协调作用，加强交管部门进出口监管职能，提升口岸各项管理水平。积极推进口岸相关部门的供给侧改革，基于用户服务的便利化需求树立服务观念意识，借助电子口岸的

建设简化不必要的环节与程序，缩短货物口岸滞留时间，提升口岸物流便利化程度。

（2）规范货运市场秩序。以满洲里口岸和二连口岸为重点，加强口岸货运市场监管和调控，对已取得出入境经营资格的汽车运输企业进行定期审验；规范要求已取得出入境经营资格的汽车运输车辆在指定位置粘贴或悬挂资格凭证；及时向有关口岸的海关、检验等部门通报取得出入境汽车运输经营资格的企业及车辆情况。

3. 加强国际物流企业管理

在中国提出的"一带一路"倡议与俄罗斯倡导的"大欧亚伙伴关系"及蒙古国提出的"草原之路"战略目标高度契合的背景下，中蒙俄经济走廊的建设不但要求内蒙古自治区边境口岸基础设施的完善与物流通道的畅通，更需要优秀的口岸物流企业提供高水平的国际物流服务，因此迫切需要建立口岸物流企业的管理与规范。

（1）培育、引进口岸物流企业。口岸要提供政策优惠和资金支持，大力培育口岸物流企业发展，并鼓励大型现代化专业物流企业参与口岸物流经营，积极引进国内外第三方物流企业在口岸城镇设立分支机构和地区总部。

（2）建立国际物流企业行为规范。在口岸物流业务中，国际物流企业面对国家交往时，不但提供物流服务，同时也承担着重要的社会责任。要彰显中国物流企业的国际化水准，建立并遵守物流企业行为规范是必不可少的基础保障。口岸国际物流企业服务对象一般是俄、蒙等异国企业，物流企业本身除完成国外客户经贸物流服务外，还要严格遵循企业经营行为规范，维护内蒙古自治区企业乃至作为中国企业的形象。物流企业一旦在合作中出现失信行为或其他不恰当的言行举止，会破坏中国企业的整体形象，会影响国际间的经贸合作，因此，一定要加强对中方物流企业的诚信教育，建立物流行为规范以及言行举止的规范。

4. 继续推进口岸物流信息化建设、提升物流效率

内蒙古自治区应依托电子口岸建设，提升口岸物流信息化水平，建立和完善运政管理信息系统、电子公路口岸系统、源头治超与安全监管平台、办公自动化系统等来提升管理水平、提高办事效率；构建具有口岸物流信息发布、在线交易、智能分析等综合性功能的，辐射内蒙古自治区以及国内和蒙古国、俄罗斯其他物流节点城市的口岸物流公共信息交换平台，为口岸物流效率提升奠定基础。

5. 大力培养、引进口岸物流专业技术和管理人才

一方面,应由自治区出台扶持与考核机制,引导高等院校、培训机构、行业协会以及口岸物流企业重视、开展口岸物流人才培训。充分调动和发挥高等院校的作用,积极开设口岸物流专业,并与物流企业合作开设口岸物流订单班,培养复合型、高素质专门人才;发挥行业协会的组织协调作用,沟通建立产学研间的合作平台;引导口岸物流企业开展人才的培训和考核工作,将专业人才培训常规化。

另一方面,自治区应建立人才引进机制,积极引进沿海地区高层次、业务熟练的口岸物流技术和管理人才,并鼓励企业以智力资本入股或参与分红、支付住房补贴等多种灵活方式吸引口岸物流管理和物流工程技术方面的复合型、应用型人才,以及熟悉国际贸易规则、国际物流尤其是口岸物流业务运作的专业技术与管理人才。

6. 积极推进内蒙古自治区与蒙俄口岸物流体系对接

口岸物流体系对接是推动口岸物流发展,进而服务物流便利化、实现贸易便利化的重要基础。因此,中方要在继续推进与俄罗斯、蒙古国的双边合作机制建设的基础上,加强与俄罗斯和蒙古国地方口岸管理部门的沟通和联系,建立形成定期会晤、信息通报及联合稽查制度,解决双方口岸基础设施建设和通关中存在的主要问题,重点是激励、推动对方完善口岸基础设施建设与联通,统一物流运营技术标准,尽快实现内蒙古自治区与蒙、俄口岸物流体系的对接,提高内蒙古自治区边境口岸物流与蒙、俄口岸物流的协同水平,优化通关物流环境。

第十六章

改革开放40年内蒙古自治区服务贸易发展历程与展望

经济的不断发展和产业的不断升级，一方面增加服务业的需求，另一方面也需借力服务业的供给。没有制造业的服务业是空心化的，没有服务业的制造业是大而不强的。因此，扩大服务业开放，做大服务贸易，成为新时代中国对外开放的不二选择。

2017年，中国服务贸易逆差接近1.8万亿元，达货物贸易顺差的56%。长此以往，我们的货物贸易顺差供养不起服务贸易逆差。2018年4月10日，国家主席习近平在博鳌亚洲论坛2018年年会开幕式上再次明确宣示，中国开放的大门不会关闭，只会越开越大。习近平指出，在扩大开放方面，中国将采取重大措施，其中包括大幅度放宽市场准入。国务院要求优先发展服务贸易，并在电信、旅游、金融等领域推出服务贸易开放举措。与此同时，海南自由贸易港的顶层设计公布。国务院印发粤津闽三大自贸区的升级版方案，探索更高水平的开放。

改革开放40年与内蒙古自治区发展70年也是内蒙古自治区服务贸易发展的历程。转变工作重心，在拨乱反正中扬帆起航；加快改革步伐，建立社会主义市场经济体制；抢抓历史机遇，实现新世纪跨越发展；全面深化改革，打造祖国北疆亮丽风景线。

第十六章 改革开放40年内蒙古自治区服务贸易发展历程与展望

一、中国服务贸易发展历程与内蒙古自治区建设

1978年,中国开启改革开放的伟大历程。1980年,深圳、珠海、汕头、厦门建立经济特区,拉开了中国对外开放的序幕,此后,沿海、沿江、沿边、内陆地区相继开放,形成了分步骤、多层次、逐步开放的格局。2001年,中国加入世界贸易组织,对外开放进入了历史新阶段。党的十八大以来,中国加快构建开放型经济新体制。2013年,提出共建"一带一路"倡议,推动经济全球化健康发展,同年,中国(上海)自由贸易试验区成立,探索中国对外开放的新路径和新模式;2015年,首个由中国倡议设立的多边金融机构——亚洲基础设施投资银行成立;2016年,人民币纳入特别提款权(SDR)货币篮子;2017年,首届"一带一路"国际高峰论坛在北京举办;2018年,国家主席习近平出席博鳌亚洲论坛年会开幕式并发表主旨演讲,宣布了一系列对外开放重大举措。40年来,对外贸易实现历史性跨越,区域开放布局不断优化,外商投资环境持续改善,对外投资合作深入推进,中国成功实现从封闭半封闭到全方位开放的伟大转折,中国开放的大门越开越大,中国经济深度融入全球经济[1]。服务贸易创新发展成为对外贸易增长新引擎。

(一)中国服务贸易发展历程

改革开放以来,中国服务贸易发展迅速,形成了较为完整的服务贸易体系,近年来随着服务业特别是生产性服务业发展水平的提高,中国专业服务领域国际竞争力不断增强,服务进出口平稳较快发展,行业结构持续优化,高质量发展特征逐步显现。自2014年起,中国已连续四年保持服务进出口全球第二大国地位。

1. 服务进出口规模持续扩大

服务进出口总量迅速增长。1982~2017年,中国服务进出口总额从46.9亿美元增长到6957亿美元,增长147倍,年均增长15.4%。其中,服务出口增长84.4倍,年均增长13.5%;服务进口增长230倍,年均增长16.8%。2013~2017年,中国服务贸易累计进出口3.2万亿美元,年均增长7.6%。其中出口

---

[1] 改革开放40年经济社会发展成就系列报告之三:《对外经贸跨越发展 开放水平全面提升》。

1.1万亿美元,年均增长2.5%;进口2.1万亿美元,年均增长10.7%。2017年,中国服务出口增幅达8.9%,是党的十八大以来出口的最高增速;出口增速比进口高5.5个百分点,7年来中国服务出口增速首次高于进口。

服务贸易国际地位大幅提升。据世界贸易组织统计,1982~2017年,中国服务出口世界排名由第28位上升至第5位;进口世界排名由第40位上升至第2位,并连续五年保持这一地位。2005~2017年,中国服务进出口占世界的比重由3.2%上升至6.6%,其中出口占比由3.2%上升至4.3%,进口占比由3.2%上升至9.1%。

《中国"一带一路"贸易投资发展研究报告》中的统计数据显示,2017年,中国与"一带一路"沿线国家服务贸易总额达977.57亿美元,同比增长18.4%,占中国服务贸易总额的14.1%。

2. 服务贸易结构优化升级

改革开放初期,中国服务进出口以旅行、运输和建筑等传统服务为主。1982年,三大传统服务占比超过70%,其中出口占比78.3%,进口占比64.9%。随着中国服务业的较快发展和对外开放的不断深入,以技术、品牌、质量和服务为核心的新兴服务优势不断显现,保险服务、金融服务、电信计算机和信息服务、知识产权使用费、个人文化和娱乐服务等发展迅速。1982~2017年,中国新兴服务进出口总额增长213倍,年均增长16.6%,高于服务进出口总额年均增速1.2个百分点,其中出口年均增长15.9%,进口年均增长16.3%。2017年,新兴服务进出口2161亿美元,同比增长9.3%,高于整体增速4.2个百分点,占比达31.1%,其中出口占比47.6%。新兴服务中电信计算机和信息服务、知识产权使用费以及个人文化娱乐服务同比分别增长20.1%、32.6%和21.8%。

整体来看,中国与"一带一路"沿线国家在建筑领域的服务贸易合作发展较快,未来还需要加强其他领域的服务贸易合作,从而推进"一带一路"服务贸易国际合作迈向更高水平。

服务贸易在"一带一路"建设中发挥着重要作用,未来可从提升合作水平、提高合作质量和效率、提升"一带一路"可持续性方面加强中国与沿线国家服务贸易和服务业的合作。"合作不能只停留在低质量、低水平、低层次的产能及普通加工和制造领域,也不应只是生产性的,还应加强生活性服务业合作。"在基础设施互联互通的基础上,下一步需要在劳工、环境、知识产权等方面加强制度对接,"其中较好的方式是促进多双边的贸易自由化和投资便利化,即达成更多的自贸协定,由此推动中国与沿线国家在服务贸易领域取得积极突破"。"一带一路"内涵主张包括服务业的全球化,即由服务业配置全球资源,由服务业决定全球价值链。

"一带一路"倡议的快速推进,知识产权保护和信息安全等市场环境的不断完善,人才、技术、资本等要素配置的持续优化,都为中国服务外包产业提升水平、拓展市场创造了巨大的发展空间。今后,有必要继续加强对服务外包产业发展的支持和引导,拓展服务外包产业的界定范围,明确将服务外包产业列入战略性新兴产业范畴。"应加大服务外包政策的支持力度,并最大限度地扩大政策覆盖面;进一步减税降费,支持服务外包企业做大做强;采取更加有效的措施,培养、引进高端及复合型人才,进一步提高人才集聚度。"

(二) 内蒙古自治区发展40年

改革开放40年来,内蒙古自治区各项事业实现了跨越式发展,始终如一地呵护了"模范自治区"的崇高荣誉。深入总结其历史经验有诸多深刻启示:解放思想、抢抓机遇是推进改革发展的先决条件;有效市场与有为政府协同是推进改革发展的关键因素;守望相助、团结奋斗是推进改革发展的根本基础;特色发展、转型发展是推进改革开放的必由之路;尽力而为、量力而行是推进改革发展的科学指针;党的领导、从严治党有机统一是推进改革开放的根本保证。

改革开放40年来,伴随着伟大祖国的前进脚步,内蒙古自治区各项事业跨越发展。经济实力显著增强,建立起门类比较齐全、三次产业均衡发展的现代经济体系,2017年地区生产总值达到1.6万亿元,人均63786元,比1978年分别增长75倍、54倍;基础设施大幅改善,城乡面貌发生翻天覆地的变化,62%的常住人口实现城镇化,多项民生指标达到或超过全国平均水平,2017年城乡居民收入比1978年分别增长117.6倍和96.4倍;民族文化繁荣兴盛,长调民歌、《格萨尔》等非物质文化遗产璀璨夺目,公共文化服务基本覆盖城乡,乌兰牧骑成为全国文化战线的一面旗帜;生态环境实现了由整体恶化到"总体遏制、有效好转"的历史性转变,库布其沙漠治理模式被誉为全球防沙治沙的奇迹和样板;民族关系团结和谐,创造了新中国史上众多的第一次和先进经验,赢得并始终如一地呵护了"模范自治区"的崇高荣誉,成为矗立在祖国北疆的一道亮丽的风景线。这是坚持走中国特色解决民族问题道路的成功范例,也是中国改革开放在民族地区光辉实践的典型缩影。回顾内蒙古自治区40年波澜壮阔的改革开放历程,既有高歌猛进的喜悦,也有艰辛探索的曲折,深入总结其历史经验,对于新时代建设亮丽内蒙古、共圆伟大中国梦具有诸多深刻的启示。

二、内蒙古自治区服务贸易繁荣发展

(一)内蒙古自治区服务贸易发展迅速

2017年1~12月,内蒙古自治区服务贸易进出口保持增长。2017年,内蒙古自治区服务贸易进出口总额为13.26亿美元,同比增长13.16%。其中,出口2.53亿美元,同比增长64.69%;进口10.73亿美元,同比增长5.38%。服务贸易进出口主要以旅行、其他商业服务、运输服务、建设为主。其中,旅行8.5亿美元,同比增长0.74%;运输服务1.91亿美元,同比增长70.9%;其他商业服务1.001亿美元,同比增长8.34%;建设0.974亿美元,同比增长82.07%。文化、金融、保险、电信、计算机和信息服务增长较慢。2017年,文化和娱乐服务进出口551.88万美元,同比增长10.45%;电信、计算机和信息服务进出口477.21万美元,同比减少6.64%;金融服务进出口275.79万美元,同比增长72.43%;保险服务进出口21.47万美元,同比减少72.78%。

2017年,全区规模以上服务业企业营业收入同比增长18.3%,营业利润由亏变赢增加99.1亿元,收入和利润继续保持快速增长,服务业重点领域发展良好。一是营业收入继续快速增长。1~12月,主要行业营业收入保持增长,其中交通运输、仓储和邮政业增长27.1%,租赁和商务服务业增长13.9%,科学研究和技术服务业增长10.1%。5个行业营业收入增速较上年同期有加快,其中交通运输、仓储和邮政业增速较上年同期快14.1个百分点,科学研究和技术服务业增速较上年同期快10.8个百分点,实现了恢复性增长,行业景气状态大幅改善。交通运输、仓储和邮政业对全区规模以上服务业营业收入增长拉动作用显著,共拉动增长15.3个百分点,对规模以上服务业营业收入增长贡献率达83.6%。二是营业利润保持高速增长。1~12月,全区规模以上服务业企业实现营业利润59.4亿元,与上年同期相比由亏变赢增加99.1亿元,营业利润保持高速增长。其中，租赁和商务服务业营业利润增长六倍以上，增速居各行业之首①。

（二）内蒙古自治区服务贸易相关统计制度完善，业务能力大幅提升

内蒙古自治区《2017年政府工作报告》明确提出政府重点工作之一就是加快发展现代服务业，把发展服务业作为扩大内需、调整结构和转变发展方式的重要战略任务，打造经济增长新的引擎。

发展全域旅游、四季旅游，实施"旅游+"战略，形成全要素、全产业链旅游发展模式。把绿色发展理念融入旅游业规划、建设和管理全过程。推进文化与旅游融合发展，提升旅游品位和内涵。建立旅游投融资平台和产业发展基金。加快旅游管理体制改革，建设智慧旅游体系，提高旅游管理服务水平。实施专业化、精准化营销，让内蒙古旅游享誉国内外。

培育新型金融主体，引进区外金融机构，发展壮大地方金融，完善多层次、广覆盖的金融体系。创新金融产品和服务，大力发展绿色金融。加快发展普惠金融，着力解决小微企业贷款难、农村牧区高利贷等问题。加快保险市场体系建设，提升保险业保障服务能力。做好防控金融风险工作，完善监测预警和应急处置机制，支持金融机构依法处置不良贷款，坚决守住不发生系统性、区域性风险的底线。

发展现代物流业，建设一批大型物流园区、物流配送中心和电子商务示范城市，完善旗县、苏木乡镇、嘎查村物流体系，积极培育第三方物流企业；发展健康养老产业，推进医养结合，扩大服务供给；发展会展业，形成一批各具特色和有影响力的会展品牌；发展健身休闲、竞赛表演、场馆服务等体育产业，建设体育产业示范基地；发展科技咨询、教育培训、法律服务、家政服务等产业，满足群众多样化需求②。

内蒙古自治区统计局2018年9月召开全区服务业统计数据联审暨业务培训班。当前服务业对整个经济发展的支撑作用越来越明显，服务业增加值在总量上和增速上都位于三次产业之首，服务业统计工作正面临着新形势、新要求。会议对上半年全区服务业发展情况及特点进行了分析解读，就全区上半年服务业各专

---

① 内蒙古统计局。
② 内蒙古自治区《2017年政府工作报告》。

业统计工作开展情况进行了全面、详细的总结，分析了当前工作中存在的问题，并对今后工作提出了五点要求：一是要继续完善调查单位名录库；二是不断提升统计数据质量，加强服务业统计改革创新；三是要深入调研，加强统计分析研究；四是提升服务业统计人员的业务水平；五是积极参与第四次经济普查。会议传达了全国服务业数据联审会、全国互联网经济统计和服务业经济运行分析会等会议精神；要求各盟市统计局高质量完成规模以上服务业统计、规模以下服务业统计、互联网经济统计和交通运输统计，并积极参与第四次经济普查。培训会对今年以来各盟市规模以上服务业工作开展情况及存在问题进行了通报，并对服务业统计的各项业务进行了培训。会上，各盟市统计局围绕培训内容，针对本地区服务业统计工作中面临的困境和如何加强数据质量控制的经验做法，以及如何做好第四次全国经济普查等相关工作进行了充分交流和讨论，提出了有针对性的意见和建议。各盟市统计局分管领导、服务业科主要负责人和业务骨干参加了此次培训。

附录

加快发展服务贸易文件汇总

中国积极主动提高服务业开放水平,已经与250多个国家和地区建立服务贸易往来。与此同时,中国服务贸易开放的广度和深度还在继续加大。国家、内蒙古自治区及其各盟市先后出台了《服务贸易发展"十三五"规划》等多项政策,积极主动扩大服务业开放,拓展服务贸易发展新空间,提升服务贸易发展质量。中国先后设定了上海等12个自贸试验区,在北京等17个地区开展服务贸易创新发展试点,在南京等31个地区建立服务外包示范城市,在海南探索建设中国特色自由贸易港,进一步推动了中国服务业对外开放。

附录一 国务院关于同意开展服务贸易创新发展试点的批复

国函〔2016〕40号

天津市、黑龙江省、上海市、江苏省、浙江省、山东省、湖北省、广东省、海南省、重庆市、四川省、贵州省、陕西省人民政府，商务部：

商务部关于开展服务贸易创新发展试点的请示收悉。现批复如下：

一、原则同意商务部提出的《服务贸易创新发展试点方案》，同意在天津、上海、海南、深圳、杭州、武汉、广州、成都、苏州、威海和哈尔滨新区、江北新区、两江新区、贵安新区、西咸新区等省市（区域）开展服务贸易创新发展试点。试点期为2年，自国务院批复之日起算。

二、试点建设要全面贯彻党的十八大和十八届三中、四中、五中全会精神，认真落实党中央、国务院决策部署，按照"四个全面"战略布局要求，牢固树立并贯彻落实创新、协调、绿色、开放、共享的发展理念，充分发挥地方在发展服务贸易中的积极性和创造性，推进服务贸易领域供给侧结构性改革，健全服务贸易促进体系，探索适应服务贸易创新发展的体制机制和政策措施，着力构建法治化、国际化、便利化营商环境，打造服务贸易制度创新高地。

三、有关部门和省、直辖市人民政府要适应服务贸易创新发展要求，坚持深化简政放权、放管结合、优化服务等改革，加强对试点工作的指导和政策支持，积极鼓励试点地区大胆探索、创新发展。

四、试点地区人民政府（管委会）要加强对试点工作的组织领导，负责试点工作的实施推动、综合协调及措施保障。按照《服务贸易创新发展试点方案》要求，重点在管理体制、促进机制、政策体系和监管模式方面先行先试，形成可复制可推广的经验，定期向商务部报送试点成果，为全国服务贸易创新发展探索路径。要结合本地实际，突出地方特色，制定试点工作实施方案，经省级人民政府批准同意后，报商务部备案。

五、国务院有关部门要按照职能分工，加强指导和服务。加强部门之间的沟通协作和政策衔接，深入调查研究，及时总结经验，指导和帮助地方政府切实解决试点中遇到的困难和问题，为试点建设创造良好的环境。商务部要加强统筹协调、跟踪分析和督促检查，适时对试点工作进行评估，重大问题和情况及时报告国务院。

国务院
2016年2月22日

附录二 商务部、发展改革委、教育部、科技部、工业和信息化部、财政部、人力资源社会保障部、税务总局、外汇局关于新增中国服务外包示范城市的通知

商服贸函〔2016〕208号

辽宁省、吉林省、江苏省、浙江省、福建省、山东省、河南省、广西壮族自治区、新疆维吾尔自治区人民政府：

为贯彻落实国务院常务会议精神和《国务院关于促进服务外包产业加快发展的意见》（国发〔2014〕67号），根据服务外包产业集聚区布局，统筹考虑东、中、西部城市，将中国服务外包示范城市数量从21个有序增加到31个，发展了增加中国服务外包示范城市的相关工作。经国务院批准，现将有关事项通知如下：

一、同意将沈阳市、长春市、南通市、镇江市、宁波市、福州市（含平潭综合实验区）、青岛市、郑州市、南宁市和乌鲁木齐市10个城市确定为中国服务外包示范城市，享受现有服务外包示范城市的中央财政专项资金、技术先进型服务企业税收优惠等支持政策。

二、为保持政策连贯性和延续性，"十三五"期间中央财政将利用现有财政资金渠道，支持示范城市服务外包公共服务平台建设，并依据服务外包示范城市综合评价结果对各示范城市进行差异化支持。

三、为充分发挥产业政策激励示范、淘汰落后的作用，经国务院同意，将研究制订服务外包示范城市末位淘汰的动态调整机制。请你们加强对示范城市发展服务外包产业的指导和支持，积极对接国家发展战略，提高公共服务水平，鼓励

产业创新发展，营造法治化、国际化、便利化营商环境，进一步发挥服务外包产业稳增长、促改革、调结构、惠民生的积极作用。

商务部、发展改革委、教育部、科技部、工业和信息化部、
财政部、人力资源社会保障部、税务总局、外汇局
2016 年 5 月 5 日

附录三 商务部 财政部 海关总署公告2018年第105号关于《服务外包产业重点发展领域指导目录（2018年版）》的公告

公告 2018 年第 105 号

为贯彻党的十九大关于"培育贸易新业态新模式"的精神，落实《国务院关于促进服务外包产业加快发展的意见》（国发〔2014〕67 号）关于"定期发布《服务外包产业重点发展领域指导目录》"的要求，明确服务外包产业发展导向，商务部、海关总署会同有关部门结合产业发展情况，在 2016 年发布《服务外包产业重点发展领域指导目录》（以下简称《指导目录》）的基础上，编制了《指导目录（2018 年版）》，现予以发布。

2016 年发布的《指导目录》同时废止。今后，《指导目录》将每两年修订一次。

商务部 财政部 海关总署
2019 年 1 月 10 日

附录四 《服务出口重点领域指导目录》

商务部公告〔2016〕第 58 号

为贯彻落实《国务院关于加快发展服务贸易的若干意见》（国发〔2015〕8 号），加强对服务出口重点领域的支持引导，为出台和落实服务贸易支持政策提供依据，商务部会同国务院有关部门定制了《服务出口重点领域指导目录》，已经国务院批准，现予以发布。

商务部
2016 年 10 月 25 日

附录五　关于在服务贸易创新发展试点地区推广技术先进型服务企业所得税优惠政策的通知

财税〔2016〕122 号

天津、上海、海南、深圳、浙江、湖北、广东、四川、江苏、山东、黑龙江、重庆、贵州、陕西省（直辖市、计划单列市）财政厅（局）、国家税务局、地方税务局、商务主管部门、科技厅（委、局）、发展改革委：

为加快服务贸易发展，进一步推进外贸结构优化，根据国务院有关决定精神，现就在服务贸易创新发展试点地区推广技术先进型服务企业所得税优惠政策通知如下：

一、自 2016 年 1 月 1 日起至 2017 年 12 月 31 日止，在天津、上海、海南、深圳、杭州、武汉、广州、成都、苏州、威海和哈尔滨新区、江北新区、两江新区、贵安新区、西咸新区等 15 个服务贸易创新发展试点地区（以下简称试点地区）实行以下企业所得税优惠政策：

1. 符合条件的技术先进型服务企业减按 15% 的税率征收企业所得税。

2. 符合条件的技术先进型服务企业实际发生的职工教育经费支出，不超过工资薪金总额 8% 的部分，准予在计算应纳税所得额时扣除；超过部分准予在以后纳税年度结转扣除。

二、本通知所称技术先进型服务企业须满足的条件及有关管理事项，按照《财政部　国家税务总局　商务部　科技部　国家发展改革委关于完善技术先进型服务企业有关企业所得税政策问题的通知》（财税〔2014〕59 号）的相关规定执行。其中，企业须满足的技术先进型服务业务领域范围按照本通知所附《技术先进型服务业务领域范围（服务贸易类）》执行。

三、试点地区人民政府（管委会）财政、税务、商务、科技和发展改革部门应加强沟通与协作，发现新情况、新问题及时上报财政部、国家税务总局、商务部、科技部和发展改革委。

四、《财政部 国家税务总局 商务部 科技部 国家发展改革委关于完善技术先进型服务企业有关企业所得税政策问题的通知》（财税〔2014〕59号）继续有效。

财政部　国家税务总局　商务部
科技部　国家发展改革委
2016年11月10日

附录六　商务部等13部门关于印发《服务贸易发展"十三五"规划》的通知

商服贸发〔2017〕76号

各省、自治区、直辖市、计划单列市及新疆生产建设兵团商务、宣传、发展改革、工业和信息化、财政、交通运输、卫生计生、海关、税务、统计、旅游、中医药部门，中国人民银行上海总部、各分行、营业管理部、省会（首府）城市中心支行、副省级城市中心支行：

《中共中央国务院关于构建开放型经济新体制的若干意见》（中发〔2015〕13号）明确提出提升服务贸易战略地位。发展服务贸易是推动外贸转型升级的重要支撑，是培育经济发展新动能的重要抓手，是推进大众创业、万众创新的重要载体，是努力构建开放型经济新体制的重要内容。为贯彻落实《中华人民共和国国民经济和社会发展第十三个五年规划纲要》《国务院关于加快发展服务贸易的若干意见》（国发〔2015〕8号）精神和工作部署，大力推动服务贸易创新发展，商务部会同有关部门制定了《服务贸易发展"十三五"规划》。现印发给你们，请结合当地情况制定具体工作方案，切实抓好贯彻落实。

商务部　中央宣传部发展改革委　工业和信息化部
财政部　交通运输部　卫生计生委　人民银行　海关总署
税务总局　统计局　旅游局　中医药局
2017年3月2日

附录七 商务部等5部门关于印发《国际服务外包产业发展"十三五"规划》的通知

商服贸发〔2017〕170号

各省、自治区、直辖市、计划单列市及新疆生产建设兵团商务、发展改革、教育、科技、工业和信息化主管部门：

《中共中央国务院关于构建开放型经济新体制的若干意见》（中发〔2015〕13号）明确提出"促进服务外包升级，提升服务跨境交付能力"。加快发展服务外包产业，对于推进经济结构调整，形成产业升级新支撑、外贸增长新亮点、现代服务业发展新引擎和扩大就业新渠道，具有重要意义。为贯彻落实《中华人民共和国国民经济和社会发展第十三个五年规划纲要》《国务院关于促进服务外包产业加快发展的意见》（国发〔2014〕67号）精神，促进服务外包转型升级和协调发展，商务部会同发展改革委、教育部、科技部、工业和信息化部制定了《国际服务外包产业发展"十三五"规划》。现印发给你们，请结合当地情况制定具体工作方案，切实抓好贯彻落实。

商务部 发展改革委 教育部
科技部 工业和信息化部
2017年4月28日

附录八 国家发改委关于印发《服务业创新发展大纲（2017~2025年）》的通知

发改规划〔2017〕1116号

各省（直辖市、自治区）人民政府，新疆生产建设兵团，中央编办，国务院有关部委、直属机构：

为深入贯彻习近平总书记关于供给侧结构性改革的重要讲话精神，落实党中央、国务院决策部署，推进服务业改革开放和供给创新，会同有关部门研究起草了《服务业创新发展大纲（2017~2025年）》（以下简称《大纲》）。经国务院同意，现印发你们。请按照《大纲》确定的指导思想、发展目标和重点任务，加强组织领导，分解落实责任，认真组织实施。

国家发展改革委
2017年6月13日

附录九　商务部、海关总署、税务总局、质检总局、外汇局关于促进外贸综合服务企业健康发展有关工作的通知

商贸函〔2017〕759号

各省、自治区、直辖市、计划单列市及新疆生产建设兵团商务主管部门、国家税务局、外汇局、广东分署、各直属海关，各直属检验检疫局：

为深入贯彻 2016 年中央经济工作会议关于注重用新技术新业态全面改造提升传统产业的要求，落实 2017 年政府工作报告关于促进外贸综合服务企业（简称综服企业）发展的部署，促进综服企业健康规范发展，帮助企业降低成本、开拓市场，推动外贸监管模式创新，提高贸易便利化水平，巩固外贸传统优势，培育外贸竞争新优势，现就有关事项通知如下：

一、综服企业定义

近年来，中国综服企业快速发展，通过创新商业模式，运用互联网、大数据等技术，为广大企业提供对外贸易专业服务。现阶段，综服企业是指具备对外贸易经营者身份，接受国内外客户委托，依法签订综合服务合同（协议），依托综合服务信息平台，代为办理包括报关报检、物流、退税、结算、信保等在内的综合服务业务和协助办理融资业务的企业。综服企业是代理服务企业，应具备较强的进出口专业服务、互联网技术应用和大数据分析处理能力，建立较为完善的内部风险防控体系。

二、政策保障

为解决综服企业反映集中的明确身份、分清责任等问题，各部门按照稳中求

进、责权相当、风险可控的原则,坚持问题导向,创新监管模式,不断完善适应综服企业发展的政策框架。

(一)商务部加强横向协作、纵向联动,推动各监管部门信息共享、执法互认和联合监管。

(二)海关总署将完善企业信用管理办法,制定更加符合综服企业特点的认证标准,支持综服企业健康发展。

(三)税务总局完善综服企业出口退(免)税管理办法,明确对综服企业开展的代理退税业务,可由综服企业代生产企业集中申报出口退税。生产企业为退税主体,承担主体责任,综服企业承担相应的连带责任。

(四)质检总局加强综服企业信用分类管理,创新支持和监管措施。

(五)外汇局对综服企业贸易外汇收支实施主体监管、总量核查和动态监测,综服企业原则上应遵循"谁出口谁收汇、谁进口谁付汇"的要求。

具体监管措施、企业分类管理标准等由各监管部门视需要另行制定发布。

三、工作要求

(一)各地方有关部门要切实加强对综服企业的政策指导、风险管控和信息服务,加强属地管理和综合监管。要因地制宜,主动施策,进一步出台支持措施,切实提高服务质量和便利化水平,为综服企业发展营造良好环境。

(二)各地方有关部门要指导综服企业强化责任意识,明确界定其与服务对象之间的权利义务关系,加强风险管控,完善内部机制,强化贸易真实性审核。要加强监管核查,指导综服企业严格守法合规,诚信经营,认真配合有关部门的监管核查工作。要鼓励综服企业积极创新服务、产品和商业模式,不断增强综合服务信息平台功能,提高服务水平。

有关部门将坚持在发展中规范、在规范中发展、稳中求进、包容审慎的原则,进一步强化横向协作、纵向联动,加强制度创新、管理创新和服务创新,进一步为综服企业发展营造良好的环境,不断探索促进综服企业发展的支持政策和管理模式。

商务部　海关总署　税务总局　质检总　外汇局
2017 年 9 月 25 日

附录十 内蒙古自治区人民政府关于印发自治区加快服务业发展若干政策规定的通知

内政发〔2013〕9号

各盟行政公署、市人民政府，自治区各委、办、厅、局，各大企业、事业单位：

现将《内蒙古自治区加快服务业发展若干政策规定》印发给你们，请结合实际，认真贯彻执行。

为进一步加大对服务业的支持力度，营造良好的发展环境，促进服务业发展提速、比重提高、结构提升，特作出如下规定：

一、凡国家法律法规未明令禁入的服务业领域，全部向外资、民间资本开放，并实行内外资企业同等待遇。各类投资者可以采用独资、合资、合作、合伙等方式，从事服务业经营。

二、除国家和自治区法律法规有明确规定的专项审批项目外，各类服务业企业登记注册时，一律不得设置前置许可审批事项。

三、组建服务业企业集团，母公司注册资本3000万元以上，拥有3个以上控股公司，合并注册资本5000万元以上，可予以办理集团登记。

四、在国家政策允许的范围内，个体工商户增值税、营业税起征点执行国家规定的最高上限。

五、对设在内蒙古自治区的鼓励类服务业企业（是指以《西部地区鼓励类产业目录》中规定的产业项目为主营业务，且其主营业务收入占企业收入总额70%以上的企业）减按15%的税率征收企业所得税。在《西部地区鼓励类产业目录》公布前，企业符合《产业结构调整指导目录（2005年版）》《产业结构调整指导目录（2011年版）》《外商投资产业指导目录（2007年修订）》《外商投资产业指导目录（2011年修订）》和《中西部地区优势产业目录（2008年修订）》范围的鼓励类服务业企业，经税务机关确认后，其企业所得税可按照15%税率缴纳。

六、对符合国家产业政策的服务业项目，该企业范围内的荒山、林地、湖泊等尚未利用的土地，缴纳城镇土地使用税确有困难的，经批准可减征或免征城镇土地使用税。利用改造的废弃土地开发符合国家产业政策的服务业项目，从使用月份起免缴城镇土地使用税。改造的废弃土地，以土地管理机关出具的证明文件为依据确定；具体免税期限由自治区地税部门在税法规定的期限内确定。

七、利用工业厂房、仓储用房、可利用的传统院落、传统商业街和历史文化保护街区等存量房产和土地资源，转型兴办现代物流、金融服务、商务服务、信息服务、研发设计、文化创意、旅游等新兴服务业，凡符合城市总体规划和历史文化街区保护规定的，原产权单位以划拨方式取得的土地使用权保持不变，5年内不对划拨土地的经营行为征收年地租。若发生出让行为，则依法补交土地出让金。

八、统筹使用自治区扶持服务业发展的各类资金，逐年增加自治区服务业发展引导资金规模，到2015年不低于2亿元。创新服务业政府投资方式，提高资金使用效益。

九、从2013年开始，各盟市每年营业税比上年增收部分，自治区按照现行转移支付办法返还给盟市，由盟市统筹安排用于支持服务业发展。

十、对新引进的世界500强企业总部和地区总部以及全国100强企业总部，或者其研发中心、销售中心、采购中心、结算中心，由自治区服务业发展引导资金分别给予1000万元和500万元的一次性奖励；对自治区本土100强企业新建3万平方米以上用于研发、销售、采购、结算的总部大厦，建成运营后由自治区服务业发展引导资金给予500万元的一次性奖励。

十一、对新获得国家驰名商标和自治区著名商标、中华老字号的服务业企业，由自治区服务业发展引导资金分别给予200万元和100万元的一次性奖励。对获得国家和自治区服务业标准化试点（示范）项目的企业，由自治区服务业发展引导资金分别给予100万元和50万元的一次性奖励。

十二、对工业企业分离后新设立的服务业企业，购置用于生产经营的固定资产，可按规定缩短折旧年限或加速折旧；对国家鼓励发展的服务业企业自有自用的房产和土地资源，缴纳房产税和城镇土地使用税确有困难的，按照税收管理权限，经批准可定期减征或免征房产税和城镇土地使用税。

十三、服务业企业为开发新技术、新产品、新工艺发生的研究开发费用，未形成无形资产计入当期损益的，在按规定据实扣除的基础上，按照研究开发费用的50%加计扣除；形成无形资产的，按照无形资产成本的150%摊销。

十四、经自治区认定的服务业集聚区，执行工业园区用地价格；缴纳城镇土地使用税确有困难的，经自治区地税部门批准可予以减免。

十五、对新引进和设立的银行、保险、证券、期货、信托等金融机构以及融资担保、融资租赁、消费信贷、第三方支付、典当、小额贷款等非金融机构，地方各级政府通过安排服务业发展专项资金予以支持。

十六、旅游企业组织旅游团到境外旅游，在境外改由其他旅游企业接团的，以全程旅游费减去付给该接团企业的旅游费用后的余额为营业额；旅游企业组织旅游团在境内旅游的，以收取的全部旅游费减去替旅游者支付给其他单位的房费、餐费、交通、门票或支付给其他接团旅游企业的旅游费后的余额为营业额；对区内外旅行社开展的旅游包机业务，地方各级政府通过安排服务业发展专项资金予以支持；对从事以农家乐、牧户游为主题的旅游项目，免收自治区批准的行政事业性收费。

十七、对获得国家3A级以上和国家标准化试点的自治区重点物流企业，争取列入国家试点物流企业名单，并享受相应的营业税优惠政策。

十八、自治区行政区域内，符合条件的跨区域经营的直营连锁企业，经审批可对总店和分店实行由总店向其所在地主管税务机关统一申报缴纳增值税。

十九、从事研发设计、知识产权、检验检测、科技成果转化、信息技术、数字内容、电子商务、生物技术等的高技术服务企业和主导或参与国际、国家、地方标准制修订的服务业企业，经认定享受高新技术企业所得税优惠政策。

二十、经自治区民政部门认定，功能设施达到自治区级示范标准的社会力量新办养老机构、社区居家养老服务机构，由自治区财政按照每张床位（30平方米含公共设施）给予6000元的一次性补助，并给予每张床位每月300元的运营经费补贴。对教育部门批准社会力量新办的托儿所、幼儿园，对其自用的房产、土地，缴纳房产税和城镇土地使用税确有困难的，经批准可予免税。对新办从事物业服务及家庭保洁、卫生保健、养老扶助、病人看护、家务管理、婴幼儿看护等的家庭服务企业，3年内免征企业所得税地方分享部分。

内蒙古自治区人民政府
2013年1月24日

附录十一　内蒙古自治区人民政府关于加快推进服务业发展的指导意见

内政发〔2013〕80号

各盟行政公署、市人民政府，自治区各委、办、厅、局，各大企业、事业单位：

"十二五"时期是内蒙古自治区全面建成小康社会的关键时期，也是加快调整经济结构、转变经济发展方式的攻坚时期。加快服务业发展是扩内需、稳增长、防风险、转方式的有效途径，也是扩大就业、满足人民群众日益增长的物质文化生活需要的内在要求。近年来，在自治区党委、政府的大力推动下，全区服务业保持了平稳较快发展，但目前服务业发展仍相对滞后，在国民经济中的比重相对较低，与工业化、信息化、城镇化和农牧业现代化快速发展的形势不相适应。为贯彻落实国家服务业发展"十二五"规划和自治区"8337"发展思路，现提出如下意见。

一、指导思想、基本原则和发展目标
二、主要任务
三、保障措施

内蒙古自治区人民政府
2013年8月14日

附录十二　内蒙古自治区人民政府关于加快发展生产性服务业促进产业结构调整升级的实施意见

内政发〔2015〕52号

各盟行政公署、市人民政府，自治区各委、办、厅、局，各大企业、事业单位：

生产性服务业是现代工业、农牧业的重要支撑，是全球产业竞争的战略制高点。内蒙古自治区生产性服务业发展相对滞后，规模小、功能弱、水平低，对工业化和农牧业现代化发展的支撑性不强。加快发展生产性服务业是深入落实自治区"8337"发展思路、推动产业结构转型升级、提高经济增长质量和效益的重要举措,也是有效激发内需潜力、扩大社会就业、改善人民生活的客观要求。为认真贯彻落实《国务院关于加快发展生产性服务业促进产业结构调整升级的指导意见》(国发〔2014〕26号)精神,加快内蒙古自治区重点领域生产性服务业发展,引领产业向价值链高端提升,现提出如下实施意见。

  一、总体要求
  二、主要任务
  三、政策措施
  四、组织实施

内蒙古自治区人民政府
2015年5月4日

附录十三　内蒙古自治区人民政府关于加快科技服务业发展的意见

内政发〔2015〕142号

各盟行政公署、市人民政府,自治区各委、办、厅、局,各大企业、事业单位:

  为贯彻落实《中共中央、国务院关于深化体制机制改革加快实施创新驱动发展战略的若干意见》(中发〔2015〕8号)和《国务院关于加快科技服务业发展的若干意见》(国发〔2014〕49号)精神,推进创新驱动发展战略的实施,现就加快科技服务业发展提出以下意见。

  一、总体目标
  二、重点任务
  三、保障措施

内蒙古自治区人民政府
2015年12月25日

附录十四 内蒙古自治区人民政府关于促进服务外包产业加快发展的实施意见

各盟行政公署、市人民政府，自治区各委、办、厅、局，各大企业、事业单位：

大力发展服务外包产业，积极承接国际服务外包业务，是优化经济结构、转变外贸增长方式的重要途径，是大力发展现代服务业，扩大社会就业，推动大众创业、万众创新的重要举措。根据《国务院关于促进服务外包产业加快发展的意见》（国发〔2014〕67号）精神，为推动内蒙古自治区服务外包产业加快发展，结合自治区实际，现提出以下意见。

一、总体要求

（一）发展目标。力争到2019年，培养一批复合型、国际性服务外包人才，培养一批拥有自主知识产权、自主品牌的服务外包企业，建设3～4个主导产业突出、创新能力强、示范效应好、基础设施完善、辐射区域广、承接能力强、规模性聚集的服务外包产业园区，创建1～2个国家级服务外包示范城市。积极承接离岸服务外包业务，服务外包产业规模持续快速增长，国际服务外包业务规模年均增长20%以上；产业结构进一步优化，高技术含量、高附加值的服务外包业务占比不断提高。

（二）发展重点。积极承接国际服务外包业务，吸引跨国公司地区总部、研发中心、服务中心及全球著名培训中心和咨询公司落户内蒙古自治区。重点发展软件开发和信息技术服务外包、研发设计外包、物流外包和金融后台服务外包，大力培育本土服务外包企业，提升内蒙古自治区服务外包的规模和质量。做强信息技术服务外包（ITO），做大通信和电子软件研发外包规模，大力发展智能电网、云计算、物联网等领域的软件研发、技术支持、基础信息技术服务等外包，以及业务流程外包（BPO）和知识流程外包（KPO）。

二、重点工作

（一）规划建设服务外包产业园区。提升整合内蒙古自治区现有呼和浩特市云计算产业基地、包头市内蒙古稀土高新区软件园区、鄂尔多斯市云计算产业园、赤峰市蒙东云计算产业园等产业园区资源，统筹规划、突出重点，建设各具特色的服务外包产业园区，形成相对集中的服务外包产业集群。支持园区采取多元化的资本运作模式，拓宽资本运营渠道，在土地供应、城市规划、市政建设等方面，优先满足服务外包园区和服务外包企业的需求。

（二）积极引进和培育服务外包企业。坚持引进和培育并举的方针，在引进国内外大型知名服务外包企业的同时，大力扶持本地服务外包企业，扩大企业规模，壮大企业实力，加快培育一批具有国际先进水平的骨干龙头品牌企业。支持特色明显、承接业务持续能力较强的中小型服务外包企业发展，形成聚集效应。利用内蒙古自治区高校和科研院所比较集中的优势，挖掘人才和技术潜力，为服务外包企业提供有力技术支撑，提高服务外包承接能力。

（三）拓展服务外包市场。积极采取有效措施，开拓境内外服务外包市场，扩大在岸和离岸业务总量。大力开拓日韩、北美、欧洲服务外包市场，积极承接北京等服务外包发展先进地区服务外包产业转移，积极融入环渤海及京津冀服务外包产业集聚区，增强内蒙古自治区服务外包产业发展实力。

（四）做好服务外包发展规划。研究制订《内蒙古自治区国际服务外包产业发展"十三五"规划》，明确"十三五"期间服务外包产业的重点领域、主要任务和保障措施等。科学谋划服务外包产业集聚区布局，尽快形成产业集聚，发挥引领带动作用。有关部门要将服务外包产业集聚区的教育资源，物联网、大数据、云计算和移动互联、新技术应用的基础设施，以及企业的技术、管理和商业模式创新项目等纳入相关"十三五"规划。

三、保障措施

（一）健全协调机制。建立自治区商务厅牵头、有关部门参加的自治区服务外包产业发展部门联席会议制度，统一组织领导全区服务外包产业发展相关工作，研究解决服务外包产业发展中遇到的困难和问题。

（二）加大财政支持力度。完善现有财政资金政策，优化资金安排和使用方向，加大对国际服务外包业务的支持，鼓励开展国际服务外包研发、人才培训、资质认证、公共服务等。充分发挥财政资金的杠杆引导作用，引导社会资本加大对承接国际外包服务业务企业的投入，扩大服务出口。

（三）积极申报国家级服务外包示范城市。对申报成为国家级服务外包示范城市的，参照中央扶持资金项目，给予1∶1的配套资金支持。对获得自治区级服务外包示范城市的，按国家级服务外包示范城市支持资金的50%给予支持。

（四）简化核准登记程序。对从事服务外包的企业，工商部门办理服务外包企业准入审批和企业登记时，根据企业申请，可以在公司名称和经营范围中使用"服务外包"字样，核定承接服务外包业务的相关内容，方便企业按照国际惯例承接服务外包业务。

（五）支持服务外包企业开拓国际市场。积极组织企业参加境外服务外包投资促进活动，鼓励服务外包企业海外并购，中小企业国际市场开拓资金重点支持服务外包企业开拓国际市场，积极打造服务外包境外对接促进交流平台，利用各种渠道建立境外营销中心和接包网络。

（六）支持校企结合的服务外包人才培训和实习项目。鼓励高等院校、职业学校开设服务外包课程，开展服务外包培训和实训项目。经自治区有关部门认定后，对应届大学（含大专）毕业生和尚未就业的大学毕业生参加服务外包培训，按照内蒙古自治区就业政策有关规定，给予一定比例的补贴；对其他新上岗员工参加服务外包岗前技能培训，给予不超过培训费用50%的补贴。

（七）加强人才队伍建设。积极吸引海内外服务外包人才，大力引进服务外包高端人才。支持高校以人才需求为导向调整优化服务外包相关专业和人才培育体系，依照服务外包人才相关标准组织实施教学活动，进行课程体系设置改革试点，引导大学生创新创业。鼓励高校和企业创新合作模式，积极开展互动式人才培养，共建实践教育基地，加强高校教师与企业资深工程师的双向交流。全面提升从业人员能力和水平，支持符合条件的服务外包企业通过开展校企合作录用高校毕业生，建立和完善内部培训体系。各级政府将服务外包高级人才纳入引智范围，享受引进人才方面的优惠政策；对引进的领军和高端人才给予创业资金和住房条件支持；对发展内蒙古自治区服务外包产业有突出贡献的给予奖励。凡来内蒙古自治区创办服务外包企业，或被服务外包企业聘为中层以上管理、技术人员的海外人才，有关部门应在出入境、居留、落户、医疗、保险等方面给予相应待遇，提供相应便利。

（八）加强知识产权保护和统计信息服务。加强知识产权保护，依法打击侵权行为，为服务外包企业创造良好的经营环境。鼓励服务外包企业拥有自主知识产权，自主开发关键和核心技术，增强国际竞争力。建立完善知识产权公共服务体系，在知识产权创造、运用、保护和管理方面为服务外包企业提供专业、便捷的信息服务。做好服务外包统计工作，研究建立服务外包统计指标体系，加强分析调研，为服务外包企业、政府和社会提供服务外包信息服务。

（九）加大宣传力度。加大对服务外包产业发展的宣传力度，借助各类新闻媒体以及网络媒体等多种新闻媒介，大力宣传内蒙古自治区国际服务外包产业特色、集聚园区、特色企业、人才优势以及促进服务外包发展的政策措施，为内蒙古自治区服务外包产业的发展创造良好环境。

内蒙古自治区人民政府

2016 年 2 月 2 日

附录十五　内蒙古自治区人民政府关于印发加快发展对外文化贸易实施方案的通知

内政发〔2016〕24 号

各盟行政公署、市人民政府，自治区各委、办、厅、局，各大企业、事业单位：

现将《内蒙古自治区加快发展对外文化贸易实施方案》印发给你们，请结合实际，认真贯彻执行。

内蒙古自治区人民政府

2016 年 2 月 5 日

附录十六　内蒙古自治区人民政府关于加快发展服务贸易的实施意见

内政发〔2016〕57 号

各盟行政公署、市人民政府，自治区各委、办、厅、局，各大企业、事业单位：

加快发展服务贸易是促进外贸转型升级的重要支撑，是推进供给侧结构性改革的重要抓手,是大众创业、万众创新的重要载体。为贯彻落实《国务院关于加快发展服务贸易的若干意见》(国发〔2015〕8号)精神,加快发展内蒙古自治区服务贸易,扩大服务贸易规模,提升服务贸易质量和效益,打造服务贸易竞争新优势,结合自治区实际,现提出以下意见。

一、总体要求

(一)指导思想。深入贯彻党的十八大和十八届三中、四中、五中全会精神,认真落实党中央、国务院的决策部署,围绕"扩规模、优结构、增动力、强基础"主线,以深化改革、扩大开放、鼓励创新为动力,培育服务贸易新业态,拓展服务贸易新领域,优化服务贸易结构,扩大服务贸易规模,夯实服务贸易工作基础,健全服务贸易促进体系,促进自治区服务贸易集聚发展、跨越式发展。

(二)发展目标。服务业开放水平进一步提高,服务业利用外资和对外投资范围逐步扩大、质量和水平逐步提升。服务贸易规模日益扩大,到2020年,全区服务进出口总额达到20亿美元,服务贸易占对外贸易的比重进一步提升。服务贸易结构日趋优化,新兴服务贸易出口占比不断提高,实现新兴服务贸易与传统服务贸易协调快速发展。

二、主要任务

(一)扩大服务贸易规模。巩固和扩大旅游、建筑等传统劳动密集型服务出口领域的规模;重点培育运输、通信、金融、保险、计算机和信息服务、咨询、研发设计、节能环保、环境服务等资本技术密集型服务领域发展;积极推动文化艺术、广播影视、新闻出版、教育、文化创意、数字出版、动漫游戏、演艺娱乐、创意设计、工艺美术等文化服务及衍生产品出口;加强蒙中医药、体育、餐饮等特色服务领域的国际交流合作。

(二)优化服务贸易结构。开拓服务贸易新领域,积极发展基于互联网、物联网和智能制造的服务业;大力培育研发设计、专业服务和咨询服务,以及健康旅游、互联网金融、跨境电子商务等面向出口的服务产业;逐步提升资本技术密集型服务和特色服务等高附加值服务在服务进出口中的占比。

(三)深化俄蒙服务贸易合作。依托国家"一带一路"发展战略,充分发挥满洲里、二连浩特、策克等沿边口岸优势,大力发展国际运输物流服务;重点扩大蒙中医药、信息服务、蒙文软件等特色服务出口。在俄罗斯、蒙古国建立蒙中医医疗服务机构和文化产品境外营销网络，支持文化企业在俄罗斯、蒙古国兴办文化实体。支持内蒙古自治区高校与俄罗斯、蒙古国教育机构开展合作办学项目。鼓励有条件的企业以带资承包、总承包、BOT等方式在蒙古国、俄罗斯开展基础设施建设，带动设备、技术、资金及劳务输出。

（四）加快服务贸易功能区建设。发挥现代服务业和服务贸易集聚作用，规划建设自治区服务贸易功能区。依托呼和浩特经济技术开发区、包头稀土高新技术产业开发区、赤峰蒙东云计算中心、赤峰保税物流中心、赤峰市敖汉中蒙药高新技术产业园、鄂尔多斯文化创业园区、满洲里综合保税区、内蒙古国际蒙医医院等园区、单位优势，积极发展研发设计、服务外包、文化、旅游、创意设计、影视、数字动漫、蒙中医药服务贸易，打造若干特色鲜明、具有较强国际竞争力的服务贸易功能区，逐步形成区域分工协作、优势互补、错位竞争、均衡协调的服务贸易发展格局。以呼和浩特市、包头市、赤峰市、鄂尔多斯市、满洲里市、二连浩特市等城市为重点，打造特色鲜明、具有较强国际竞争力的自治区服务贸易中心城市。

（五）培育服务贸易市场主体。鼓励企业通过兼并、收购、重组、上市等多种方式扩大规模和提升层次，形成一批具有较强国际竞争力的服务贸易龙头企业。加强与国际服务企业战略合作，吸引世界500强企业、境外大型企业在内蒙古自治区设立贸易总部。支持有特色、善创新的中小型服务企业发展，引导中小企业融入全球供应链。

（六）进一步扩大服务业开放。充分发挥外资企业在发展服务贸易中的地位和作用，有序扩大金融、教育、文化、蒙中医药等服务业领域对外开放，提升自治区服务产业发展水平和国际竞争能力。鼓励外资参与育幼养老、建筑设计、会计审计、商贸物流等服务业领域。

（七）积极推动服务贸易企业"走出去"。支持具有较强竞争优势的服务业企业通过新设、并购、合作等方式在境外开展投资合作，兴办服务产业实体，建立服务业产品营销网络，增加境外商业存在。发挥区位优势，围绕"一带一路"沿线国家的市场需求，积极推动企业在蒙古国、俄罗斯及中亚、西亚、东欧等国家开拓市场，支持企业在建筑、运输、旅游、文化、商务咨询、跨境电子商务、分销服务等方面"走出去"开展投资合作。

（八）大力发展服务外包。按照《国务院关于促进服务外包产业加快发展的意见》（国发〔2014〕67号）精神和自治区相关工作部署，将呼和浩特市、包头市、赤峰市作为自治区服务外包重点发展城市，规划建设一批服务外包产业示范园区，发展壮大服务外包企业，提高服务外包承接能力。坚持"引进来"与"走出去"并举方针，在引进国内外大型知名服务外包企业的同时，采取有效措施，大力扶持本地服务外包企业，特别是龙头服务外包企业，培育一批服务外包品牌企业，支持服务外包企业积极开拓国际市场。

三、政策措施

（一）完善财税政策。充分利用外经贸发展专项资金等政策，加大对服务贸易发展的支持力度，重点支持成长性强、发展潜力大、结构优化的服务贸易业务。完善扶持政策，改进支持方式，创新财政资金使用方式，引导带动社会资本进入，激发市场主体的内生动力和活力。结合全面实施"营改增"改革，按规定对服务出口实行零税率或免税，鼓励扩大服务出口。

（二）创新金融服务。落实国家金融机构对服务贸易企业支持政策，创新发展适应自治区服务贸易特点的金融产品和服务，推动服务贸易发展。鼓励政策性金融机构在现有业务范围内，加大对自治区服务贸易企业开拓国际市场、开展国际并购等业务的支持力度，支持服务贸易重点项目建设。鼓励商业银行按照风险可控原则支持服务贸易发展，利用资本市场拓展服务贸易企业直接融资渠道。将服务贸易企业纳入自治区出口信用担保体系，为服务贸易企业在国外开展业务提供信用保险和相关担保服务。

（三）提高便利化水平。建立和完善与服务贸易特点相适应的口岸通关管理模式。探索对会展、拍卖、快递、演艺、运输、旅游、文化、国际展品、艺术品、电子商务快件等特殊物品的监管模式创新，完善跨境电子商务通关服务。加强金融基础设施建设，便利跨境人民币结算，鼓励境内银行机构和支付机构扩大跨境支付服务范围，支持服务贸易企业采用出口收入存放境外等方式提高外汇资金使用效率。加强人员流动、资格互认、标准化等方面的国际磋商与合作，为专业人才和专业服务"引进来"和"走出去"提供便利。为外籍高端人才办理在华永久居留提供便利，为赴蒙古国义诊及就诊提供最大化便利。

（四）培育促进平台。积极开展有效的服务贸易交流促进活动，培育服务贸易交流合作平台。借鉴首届中国—蒙古国博览会成功经验，进一步支持自治区"走出去"与"引进来"举办的重点展会、博览会发展，创建服务贸易品牌展会，积极创建培育服务贸易交流合作平台。鼓励企业、产业园区、经济技术开发区开展多种形式的服务贸易促进活动，深化国内外交流合作。组织和支持企业赴境外参加服务贸易相关领域重点展会，组成专业团组开展境外业务交流洽谈活动，推动贸易规模的扩大。利用中国（北京）国际服务贸易交易会、中国（上海）国际技术进出口交易会、中国国际软件和信息服务交易会等促进平台，推介自治区服务贸易优势领域和重点企业，开展交流，寻求合作，宣传展示自治区服务贸易品牌和企业形象。

四、保障体系

（一）强化组织领导。建立由发展改革、教育、经济和信息化、财政、交通运输、商务、文化、旅游、国税等部门参加的自治区服务贸易工作联席会议制度，联席会议办公室设在自治区商务厅。各地区要充分认识发展服务贸易的重要意义，结合本地区实际，积极培育发展服务贸易特色优势产业。各有关部门要密切协作，形成合力，促进产业政策、贸易政策、投资政策的良性互动，积极营造大力发展服务贸易的政策环境。

（二）完善统计工作。各地区、各有关部门要按照国家有关服务贸易统计工作规定，结合实际，逐步建立反映本地区服务贸易发展特点的统计指标体系。创新服务贸易统计方法，建立重点服务贸易企业统计直报制度，加强政府部门之间的数据信息共享与交流，定期发布服务贸易统计信息加强服务贸易发展的趋势分析为服务贸易企业提供市场信息服务。

（三）强化人才培养。各地区、各有关部门要大力培养服务贸易人才，加快形成政府部门、科研院所、高校、企业联合培养人才的机制。加大对核心人才、重点领域专门人才、高技能人才和国际化人才的培养、扶持和引进力度。鼓励高等院校国际经济与贸易专业增设服务贸易相关课程。鼓励各类市场主体加大人才培训力度，开展服务贸易经营管理和营销服务人员培训，建设一支高素质的专业人才队伍。

（四）优化发展环境。各地区、各有关部门要积极营造全社会重视服务业和服务贸易发展的良好氛围。清理和规范服务贸易相关法规规章和规范性文件，培育各类市场主体依法平等进入、公平竞争的营商环境。推动行业协会、商会建立健全行业经营自律规范、自律公约和职业道德准则，规范会员行为，推进行业诚信建设，自觉维护市场秩序。

内蒙古自治区人民政府
2016 年 5 月 21 日

附录十七　呼和浩特市人民政府关于印发《呼和浩特市现代服务业发展三年行动计划（2016～2018）》的通知

呼政发〔2016〕41 号

各旗、县、区人民政府，经济技术开发区管委会，市有关部门、企业：

　　《呼和浩特市现代服务业发展三年行动计划》已经市政府（2016）第 18 次常委会议研究同意，现印发给你们，请结合实际，认真遵照执行。

市人民政府办公厅
2016 年 9 月 28 日

附录十八　包头市人民政府办公厅关于印发包头市文化产业中长期发展规划的通知

包府办发〔2014〕114 号

各旗、县、区人民政府，稀土高新区管委会，市直有关部门、单位，中直、区直企事业单位：

　　《包头市文化产业中长期发展规划（2014～2020）》已经市政府 2014 年第 8 次常务会议研究通过，现印发给你们，请结合实际，认真贯彻落实。

市人民政府办公厅
2015 年 6 月 1 日

附录十九 包头市人民政府关于印发包头市加快发展对外文化贸易实施意见的通知

包府发〔2016〕78号

各旗、县、区人民政府，稀土高新区管委会，市直有关部门、单位，中直、区直企事业单位：

经市人民政府同意，现将《包头市加快发展对外文化贸易实施意见》印发给你们，请结合实际，认真贯彻落实。

市人民政府办公厅
2016年7月21日

附录二十 鄂尔多斯市人民政府关于印发"十三五"时期文化发展规划纲要的通知

鄂府发〔2016〕242号

各旗区人民政府，康巴什新区管理委员会，市人民政府各部门，各直属单位，各大企事业单位：

现将《鄂尔多斯市"十三五"时期文化发展规划纲要》印发给你们，请结合实际，认真组织实施。

鄂尔多斯市人民政府
2016年11月23日

附录二十一 鄂尔多斯市人民政府办公厅关于印发"十个一"文化工程实施方案的通知

鄂府办发〔2016〕94号

为深入贯彻"四个全面"战略布局，扎实推进"五个共同"伟大事业，大力推动文化新闻出版广电事业繁荣发展,全面落实农村牧区"十个全覆盖"工程,不断丰富人民群众精神文化生活,充分展示鄂尔多斯文化改革发展新成果,通过实施"十个一"文化工程,既作为向自治区成立70周年献礼工程,又作为"十三五"期间全市文化新闻出版广电工作重要抓手,汇聚文化发展新动力,打造文化发展新高地,为全市转型发展、创新创业提供强大的精神动力和文化支撑。结合我市实际,制定本方案。

一、指导思想

全面贯彻落实党的十八大和十八届三中、四中、五中全会和习近平总书记系列重要讲话精神,认真落实自治区党委九届十四次全委(扩大)会议和市委三届五次、六次、七次全委会议精神;坚持以人民为中心的工作导向,以"五个共同"伟大事业为行动指南,大力弘扬社会主义核心价值观,高扬"爱我鄂尔多斯"旗帜,创作生产优秀文艺作品,传承保护优秀传统文化,积极推进公共文化服务标准化、均等化,推动文化产业创新发展,加快文化和旅游、科技深度融合发展,努力开创文化新闻出版广电工作新局面。

二、实施内容

"十个一"文化工程:编撰一套鄂尔多斯百科全书;创建一批公共文化服务标准化示范地区和单位;打造一批群众文化活动品牌项目;建设一个鄂尔多斯文化信息资源大数据平台;培育一批产值千万元以上文化产业项目;每年创作一部优秀舞台艺术作品(包括晚会);每年推出一组原创优秀歌曲;每年扶持一组微电影;每年制作一部纪录片;每年拍摄一部反映我市经济社会发展的影视剧。

三、实施安排

"十个一"文化工程计划分步骤、分阶段实施,既有短期任务,也有长期目标,部分成果于2017年完成,向自治区成立70周年献礼。

(一)编撰一套鄂尔多斯百科全书。编撰出版一套涵盖鄂尔多斯人写的和写鄂尔多斯的文献典籍、社会科学、自然科学、文学艺术等各领域著作的百科全书,暂定书名为《金冠文库》。成立编委会,对入选书目进行遴选,按行业或地区分类编写,计划到2017年出书100本,之后逐年成书。

（二）创建一批公共文化服务标准化示范地区和单位。为做好文化部国家公共文化服务标准化验收工作，全面落实《鄂尔多斯市基本公共文化服务实施标准（2015~2020）》，在全市选择一批公共文化服务基础条件较好的地区和单位，创建一批公共文化服务标准化示范区地区和单位，为全市整体实现现代公共文化服务标准化体系发挥引领和示范作用。2016年组织开展首批示范地区和单位创建工作。采用"以奖代投"的方式，奖励建成的示范地区和单位。

（三）打造一批群众文化活动品牌项目。每年组织举办乡村文化节（那达慕）、"百日消夏"广场文化活动、"爱我鄂尔多斯"系列群众文化电视赛事、"的节日"、企业文艺会演等群众文化活动，打造一批特色鲜明、形式多样、彰显地方文化内涵、群众广泛参与的群众文化活动品牌。

（四）建设一个鄂尔多斯文化信息资源大数据平台。创新"文化+大数据"传播方式，整合各类文化资源信息，建设一个鄂尔多斯文化信息资源大数据平台（下称平台），实现我市文化资源在全球范围内互通共享。2016年寻找平台建设合作企业，并争取获得国家相关文化产业扶持资金。平台到2018年基本建成，之后做好平台完善、管理运营等相关工作。

（五）培育一批产值千万元以上文化产业项目。"十三五"期间，紧紧围绕文化旅游、文艺演出、文化娱乐、创意设计、广告会展、民族工艺品、影视动漫、体育竞技业八大文化产业，重点培育一批年产值千万元以上的文化产业项目。2016年，编制《鄂尔多斯"十三五"文化产业发展规划》，做好文化产业项目调研、摸底等基础性工作，确定文化产业重点扶持项目，积极为文化企业争取各项扶持经费。

（六）每年创作一部优秀舞台艺术作品（包括晚会）。以创作艺术精品为主攻方向，整合创作资源，每年推出一部优秀舞台艺术作品（包括晚会）。2016年重点完成民族舞剧《库布其》排演工作，向自治区成立70周年献礼。

（七）每年推出一组优秀原创歌曲。每年推出一组近年来我市文艺工作者及文艺爱好者创作的歌颂祖国、讴歌时代、赞美家乡、传递正能量的原创歌曲。2016年，通过成立专家指导小组、举办"爱我鄂尔多斯"原创歌曲大赛等方式，精选一组优秀原创歌曲作品，制作成专辑出版发行。

（八）每年扶持一组微电影。通过出台相关扶持政策、举办微电影节等方式，每年扶持创作生产一组（20部左右）体现鄂尔多斯特色、具有优秀人文品格、思想性艺术性俱佳的优秀微电影作品。

（九）每年制作一部纪录片。充分利用鄂尔多斯地区丰富的历史文化遗产资源，每年制作推出一部专题纪录片，传承历史文脉，保护利用文化遗产资源，宣传推广鄂尔多斯民族文化。2016年重点完成"西口文化"专题纪录片拍摄，并启动青铜器专题纪录片拍摄等工作，争取在2017年5月底前完成拍摄，并在中央电视台播出，向自治区成立70周年献礼。

（十）每年拍摄一部反映我市经济社会发展的影视剧。加强民族题材影视创作，弘扬鄂尔多斯优秀精神品质，每年争取推出一部反映我市经济社会发展的影视剧节目。2016年，与内蒙古电影集团合作拍摄影片《母亲的肖像》（暂定名），争取2017年5月底前在"母亲节"期间上映，向自治区成立70周年献礼。

四、工作要求

（一）加强组织领导。"十个一"文化工程，是当前和今后一个时期全市文化新闻出版广电事业与产业建设发展的"主抓手"，是文化工作"虚功实做"的创新举措，要将"十个一"文化工程纳入全市"十三五"文化发展规划。各旗区、市直各有关部门要把"十个一"文化工程作为繁荣文化事业、发展文化产业和满足群众多层次精神文化需求的有效途径和重要载体，高度重视，加强领导，明确责任，细化措施，确保各项工程建设任务真正落到实处、取得实效。

（二）强化实施保障。市直各有关部门要认真落实中央、自治区及市委、市人民政府关于文化改革发展重大政策方针，强化政策保障与经费投入，积极争取上级各项扶持经费，确保各项工程建设任务执行到位、落实到位、保障到位。要按照因地制宜、因需设置的原则，合理规划建设文化基础设施，坚决避免重复建设和资源浪费。

（三）加强工作落实。"十个一"文化工程由市文化新闻出版广电局牵头组织实施，各旗区、市直各有关部门要积极配合支持，并将"十个一"文化工程提到重要议事日程，根据各自职能职责制定各项工程具体实施方案，完善工作措施，确保"十个一"文化工程顺利实施，圆满完成。

鄂尔多斯市人民政府办公厅

2016年8月21日

附录二十二　兴安盟行政公署印发《兴安盟关于加快发展对外文化贸易的实施方案》的通知

兴署字〔2017〕54号

各旗县市人民政府，盟直有关部门：

经盟行署同意，现将《兴安盟关于加快发展对外文化贸易的实施方案》印发给你们，请各地、各有关部门，认真贯彻落实。

兴安盟行政公署
2017年4月28日

附录二十三　满洲里市人民政府办公厅关于印发《满洲里市加快发展对外文化贸易实施细则》的通知

满政办字〔2016〕74号

各区政府（管委会），各有关部门：

经市政府同意，现将《满洲里市加快发展对外文化贸易实施细则》印发给你们，请结合实际，认真抓好贯彻落实。

特此通知！

满洲里市人民政府
2016年8月1日

参考文献

[1] 曹新向，李永文．会展旅游发展研究［J］．人文地理，2004（10）．

[2] 陈吉祥．印度服务外包业向乡村转移的成因、效果及启示［J］．南亚研究季刊，2012（4）．

[3] 陈锦峰．浅析中国金融服务贸易自由化现状［J］．福建商业高等专科学校学报，2010（1）：29 – 32．

[4] 陈锦哲，刘子钦．中印金融服务贸易国际竞争力比较研究［J］．中国集体经济，2015（22）：165 – 166．

[5] 陈宪，殷凤．国际服务贸易（第2版）［M］．北京：机械工业出版社，2017．

[6] 戴军，韩振．新常态下承接一带一路国际服务外包的竞争力研究——基于八大经济区域面板数据的分析［J］．技术经济与管理研究，2016（2）．

[7] 戴军，武红阵，严世清，韩振，白云真．"一带一路"倡议与中国对外援助转型［J］．世界经济与政治，2015（11）．

[8] 邓晓虹．中国金融服务贸易国际竞争力研究［M］．北京：对外经济贸易大学出版社，2010．

[9] 邓瑶．中国金融服务贸易发展的SWOT分析［J］．中国商贸，2011（3）．

[10] 董雯雯．中印服务贸易的比较研究［J］．吉林省教育学院学报（上旬），2015（4）．

[11] 杜俊娟．中国第三产业行业波动的实证检验［J］．统计观察，2011

（22）：96-99．

［12］冯宪．"互联网+"与服装定制创新［J］．浙江纺织服装职业技术学院学报，2015（4）．

［13］龚友国．转变外贸增长方式服务贸易是有效途径之一［N］．中国企业报，2010-11-11（012）．

［14］郭晶．会展业对民族地区经济发展的拉动效应分析——以内蒙古为例［J］．内蒙古科技与经济，2014（12）．

［15］郝晓兰．内蒙古发展会展旅游的SWOT分析与战略选择［J］．前沿，2003（12）．

［16］胡日东，苏梽芳．中国服务贸易与GDP关系的实证分析［J］．中国流通经济，2005（12）．

［17］黄翠翠．安徽省生产性服务业创新发展路径研究［J］．铜陵学院学报，2017（1）．

［18］惠田．中国服务贸易结构优化问题研究［D］．首都经济贸易大学硕士学位论文，2014．

［19］霍旭康．互联网金融创新发展问题思考［J］．现代商业，2016（26）．

［20］李芳芳．也谈中国服务贸易的国际竞争力［J］．国际商贸，2017（3）．

［21］李宏兵，文磊．服务业双向投资提升了中国企业创新竞争力吗［J］．国际经贸探索，2016（3）．

［22］李杰．加快战略性新兴服务业　促进产业结构转型［J］．中国集体经济，2017（28）．

［23］李庭辉．中国国际服务外包发展现状与趋势［J］．全球化，2017（8）．

［24］李元．中国第三产业及内部结构动态变化实证研究［D］．吉林大学博士学位论文，2014．

［25］林丽．创新发展机制加快服务业务科学发展［J］．现代经济信息，2012（22）．

［26］刘庆云，段晓宇．服务业开发模式与中国的路径选择［J］．济南大学

学报（社会科学版），2016（4）．

［27］刘伟，李绍荣．产业结构与经济增长［J］．中国工业经济，2002（5）：14－21．

［28］刘文．GATS 与中国高等教育服务贸易［J］．山西财经大学学报（高等教育版），2006（1）：51－54．

［29］刘显世．山东会展业发展研究［D］．山东大学博士学位论文，2017．

［30］刘晓杰，杜晓娟．会展服务［M］．北京：化学工业出版社，2009．

［31］卢进勇．"走出去"战略与中国跨国公司崛起——迈向经济强国的必由之路［M］．北京：首都经济贸易大学出版社，2012．

［32］陆燕．世界服务贸易发展结构和趋势［J］．国际经济合作，2011（8）．

［33］罗立彬．服务业 FDI 与东道国制造效率［M］．北京：经济管理出版社，2012．

［34］马晓亚，马颖．新兴服务业发展的对策研究［J］．现代商业，2014（14）．

［35］马学玲．中国金融服务贸易发展研究［J］．中国商贸，2011（23）：214－215．

［36］牛禄青．新兴服务业迎曙光［J］．新经济导刊，2013（9）．

［37］商务部中国服务外包研究中心．中国服务外包发展报告［M］．北京：中国商务出版社，2015．

［38］商务部中国服务外包研究中心．中国服务外包发展报告［M］．北京：中国商务出版社，2016．

［39］沈子曦．刍议金融服务贸易在中国经济发展中的地位与作用［J］．甘肃金融，2011（10）．

［40］宋岩．中国教育服务贸易的发展研究：基于国际比较的 SWOT 分析与实证检验［D］．山东大学硕士学位论文，2009．

［41］苏伦高娃．内蒙古会展经济发展情况分析［J］．内蒙古水利，2011（2）．

［42］苏小莉，陈景新．中国金融服务贸易影响因素与发展策略研究［J］．商业时代，2012（5）：45－47．

［43］王力．中国服务外包发展报告［M］．北京：社会科学文献出版社，2011.

［44］王婷婷．中国金融服务贸易国际竞争力评价［J］．对外经贸，2012（2）．

［45］王文佳，左宇珊．美国服务贸易发展对中国的启示［J］．对外经贸，2014（2）．

［46］王晓红．实现服务外包产业的跨越发展与整体提升［J］．国际贸易，2010（10）．

［47］王晓红．中国服务外包产业发展报告［M］．北京：社会科学文献出版社，2013.

［48］王雪．内蒙古会展业发展措施分析［J］．中国管理信息化，2011（12）．

［49］王自芳．河南服务业发展面临的问题分析及对策研究［J］．河南科技大学学报，2016（3）．

［50］威海市人大财政经济委员会．关于服务贸易创新发展情况的调查报告［EB/OL］．威海市人民代表大会常务委员会网，http：//www.weihairenda.cn/art/2017/7/10/art_3749_946668.html，2017-07-01.

［51］魏琪嘉．促进新兴服务业健康发展的政策建议［J］．商业经济，2013（18）．

［52］文思君，唐守廉．基于经济与科技创新力指标的高等教育服务贸易预测模型研究［J］．科学管理研究，2015（4）．

［53］吴晓求等．全球金融变革中的中国金融与资本市场［M］．北京：中国人民大学出版社，2010.

［54］武晋军．服务外包促产业升级［J］．企业管理，2012（1）．

［55］夏杰长．中国新兴服务业发展的动因与政策建议［J］．学习与探索，2012（5）．

［56］向志渊，靳云卿．民营养老机构循环滚动创新发展的探讨［J］．价值工程，2014（2）．

［57］谢智安．中国对外服务贸易发展现状与提升途径［J］．价格月刊，2015（6）．

[58] 熊庆年，王修娥. 高等教育国际贸易市场的形成与分割 [J]. 教育发展研究，2001（9）：44-49.

[59] 杨长湧. 中国利用美国直接投资前景及对策研究 [J]. 宏观经济研究，2016（2）.

[60] 杨娇. 内蒙古会展业发展与运作研究 [J]. 经济论坛，2012（2）.

[61] 杨文杰. 中国承接服务外包和产业结构升级的实证研究 [J]. 中国经贸导刊，2010（14）.

[62] 杨英法. 金融服务智能化中手写汉字的识别难题及其应对 [J]. 科技纵览，2015（1）：265，287-289.

[63] 尹婷婷. 全市服务贸易首破百亿美元 [N]. 成都日报，2016-02-24.

[64] 应丽君. 关于中国会展旅游的思考 [J]. 旅游科学，2003.

[65] 袁雅丽. 提升中国金融服务贸易国际竞争力的对策研究 [D]. 河北师范大学硕士学位论文，2010.

[66] 袁雨晴. 内蒙古服务业发展现状及存在问题研究 [J]. 黑龙江生态工程职业学院学报，2016（2）：48-49.

[67] 岳杰洁. 中国金融服务贸易竞争力分析 [J]. 中国市场，2010（49）：184-186.

[68] 张国军. 中国境外消费教育服务贸易发展现状及对策 [J]. 中国高教研究，2014（1）.

[69] 张华伦. 产品贸易视角下武汉市服务外包的策略研究 [J]. 企业经济，2013（3）.

[70] 张慧文. 金融服务业集群竞争力评价研究 [J]. 上海金融，2010（10）.

[71] 张丽珉. 经济新常态下内蒙古第三产业发展的"短板"与"长足" [J]. 经济研究，2016（6）：6-7.

[72] 张路瑶. 印度服务贸易影响因素研究 [D]. 东北财经大学硕士学位论文，2013.

[73] 张日培. 服务于"一带一路"的语言规划构想 [J]. 云南师范大学学报（哲学社会科学版），2015（4）.

[74] 张雅凤. 内蒙古会展旅游发展中政府职能研究 [D]. 内蒙古大学硕

士学位论文，2014.

[75] 张彦俊，魏景赋. 中国金融服务贸易的动态比较优势演进论考［J］. 商业经济，2011（23）．

[76] 张云. 关于中国价格认证的问题分析与对策探讨［J］. 新经济，2016（29）．

[77] 章宁. 中国对美离岸服务外包影响因素与竞争力研究［M］. 北京：经济科学出版社，2011.

[78] 赵瑾. 全球服务贸易发展未来走势明朗［N］. 经济日报，2017 - 02 - 18.

[79] 赵若锦. 中国服务贸易存在的问题及对策分析［J］. 改革与战略，2017（1）．

[80] 赵锡军. 中国金融服务贸易的未来发展之路［J］. 中国经贸，2011（2）：24 - 25.

[81] 赵向华. 消费转型下连锁企业创新发展探讨［J］. 商业经济研究，2017（5）．

[82] 郑炜. 服务贸易创新发展试点愈显"国际范"的杭州又一次走在全国前列［N］. 每日商报，2017 - 01 - 16.

[83] 中国服务外包研究中心. 中国服务外包发展报告［M］. 北京：中国商务出版社，2012.

[84] 中国服务外包研究中心. 中国服务外包发展报告［M］. 北京：中国商务出版社，2014.

[85] 中国与全球化智库. 中国留学发展报告蓝皮书（2016）［R］. 北京：社会科学文献出版社，2016.

[86] 周春发. 国内会展旅游研究进展［J］. 桂林旅游高等专科学校学报，2001（14）．

[87] 2016 年杭州服务外包与服务贸易发展情况［EB/OL］. 中国服务贸易指南网，http：//tradeinservices. mofcom. gov. cn/i/2017 - 03 - 01/295422. shtml，2017 - 03 - 01.

[88] ［英］阿瑟·刘易斯. 经济增长理论［M］. 北京：商务印书馆，2002.

[89] Hiroaki S. Therise of service employment and its impact on aggregate pro-

ductivity growth [J]. Structural Change and Economic Dynamics, 2007, 18: 438-459.

[90] Jane Knight, 罗高屏. 高等教育服务贸易——对GATS相关内涵的述评[J]. 经济资料译丛, 2005 (3): 77-96.